“十二五”职业教育国家规划教材
经全国职业教育教材审定委员会审定

新编21世纪高等职业教育精品教材 ● 工商管理类

+ BUSINESS
ADMINISTRATION

组织行为学

（第四版）

主　编 ● 孙晓岭
副主编 ● 聂　珂　邹心之

中国人民大学出版社
·北京·

图书在版编目（CIP）数据

组织行为学/孙晓岭主编．--4版．--北京：中国人民大学出版社，2023.3

新编21世纪高等职业教育精品教材．工商管理类

ISBN 978-7-300-31430-3

Ⅰ.①组… Ⅱ.①孙… Ⅲ.①组织行为学—高等职业教育—教材 Ⅳ.①C936

中国国家版本馆CIP数据核字（2023）第021829号

"十二五"职业教育国家规划教材

经全国职业教育教材审定委员会审定

新编21世纪高等职业教育精品教材·工商管理类

组织行为学（第四版）

主　编　孙晓岭

副主编　聂　珂　邹心之

Zuzhi Xingweixue

出版发行	中国人民大学出版社		
社　　址	北京中关村大街31号	**邮政编码**	100080
电　　话	010－62511242（总编室）		010－62511770（质管部）
	010－82501766（邮购部）		010－62514148（门市部）
	010－62515195（发行公司）		010－62515275（盗版举报）
网　　址	http://www.crup.com.cn		
经　　销	新华书店		
印　　刷	北京溢漾印刷有限公司	**版　　次**	2009年6月第1版
开　　本	787 mm×1092 mm　1/16		2023年3月第4版
印　　张	16.5	**印　　次**	2024年1月第2次印刷
字　　数	375 000	**定　　价**	49.00元

第四版前言

今天，随着科技进步，组织的内外部环境处于激烈的变化中，全球化、网络化、数字化、柔性化、扁平化等新特点出现在组织行为的各个层面，给组织行为管理带来挑战。作为一门以组织中人的心理和行为发展规律为研究对象的学科，“组织行为学”的研究目的是帮助管理者掌握组织中个体心理及行为发展规律，提高对个体行为预测、引导、控制的能力，协调个体、群体、组织之间的相互关系，有效地达成组织目标。面对环境的巨变，新旧组织快速更替变化，如何帮助学生——未来的管理者既能掌握组织行为的基本理论框架和理论知识，又能与现实紧密结合、与时俱进，成为第四版教材修订过程中编者最为关注的问题。

本书积极发挥教材培根铸魂的重要作用，做到知识传授与品德修养相互促进的高度统一。本书以习近平新时代中国特色社会主义思想为指导，全面融入党的二十大精神，在进行相关知识阐释的过程中，始终把提高学生的思想道德素质与专业素养融为一体，培养学生诚实守信、爱岗敬业等优秀品质。

本教材每一版都一直以学生为主导，以激发学生学习兴趣，拉近学生与“组织行为学”的距离，提高学生自我认知、学以致用的能力为出发点。此次修订，通过对每章“引例”“延伸阅读”“管理故事”“课堂讨论案例”“认知与行为测试”“案例分析”等内容的更新，一方面希望通过提供近年研究新成果及新实例，为学生开阔视野带来新视角；另一方面希望培养学生关注身边管理实际、追踪企业发展、勤思考多实践的能力。

本次修订，保持了原有教材框架、体例及风格，同时加强立德树人的育人目标与编写要求，侧重于职业素养提升与数字化建设。本次修订增加了“微课时间”栏目，并将原来的“认知与行为测试”栏目改用二维码来进行测试，增强便利性和趣味性。

第四版修订具体分工如下：深圳职业技术学院孙晓岭负责制定修订方案、全书统稿及第一章、第八章至第十章的修订编写，聂珂负责第二章至第四章的修订编写，邹心之负责第五章至第七章的修订编写工作。

在本次修订过程中，编者参阅和吸收了国内外书籍、网站等众多相关专业领域的研究成果及较新的实践案例，在此向有关作者一并表示感谢。

由于编者水平有限，不足之处在所难免，欢迎大家不吝赐教。

编者

目　录

第一篇　绪　　论

第二篇　个体行为

第三篇 群体行为

第四篇 组织行为

第一篇

绪　论

第一章

组织行为学概述

◎ 学习目标

知识目标

1. 理解组织行为学基本概念。
2. 熟悉组织行为学的发展历程及核心理论。
3. 了解组织行为学面临的挑战及最新发展趋势。

能力目标

1. 能正确看待并处理个体与组织的关系。
2. 能对组织中人的行为给予高度关注。

引例

史上最牛秘书

小胡无论如何也没有想到，她对老板陆某一封批评邮件的回复，会引起如此轩然大波，并使她一夜成名，被网民封为“史上最牛秘书”。

下班锁门引起总裁不满

4月7日晚，A公司大中华区总裁陆某回办公室取东西，发现没带钥匙。此时他的秘书小胡已经下班。陆某试图联系她未果，于是难抑怒火，在凌晨1时13分通过内部电子邮件系统给小胡发了一封措辞严厉且语气生硬的“谴责信”，内容如下：

“我曾告诉过你，想东西、做事情不要想当然！结果今天晚上你就把我锁在门外，我要取的东西都还在办公室里。你自以为是地认为我随身带了钥匙。从现在起，无论是午餐时段还是晚上下班后，你要跟你服务的每一名经理都确认无事后才能离开办公室，明白了吗?”

陆某在发送这封邮件的时候，同时抄送给了公司几位高管。

秘书针锋相对

4月10日下午1时48分，小胡致信陆某，并抄送A公司大中华区所有员工。邮件内容如下：

“第一，我做这件事是完全正确的，我锁门是从安全角度考虑的，如果丢了东西，我无法承担这个责任。第二，你有钥匙，自己忘了带，还要说别人不对。不要把自己的错误转移到别人的身上。第三，你无权干涉和控制我的私人时间，请你记住中午和晚上下班的时间都是我的私人时间。第四，如果公司要求我加班是为了工作以外的事情，我无法做到。第五，虽然是上下级的关系，也请你注意一下你说话的语气，这是做人最基本的礼貌问题。第六，我并没有猜想或者假定什么，因为我没有这个时间也没有这个必要。”

邮件被数千人转发

这封回复邮件从A公司内部流出，在短短一周之内，被数千企业白领接收和转发，几乎传遍了中国所有知名外企。很多人还在邮件上留下“真牛”“解气”“骂得好”之类的点评。

4月25日，北京某平面媒体对此事做了报道。该报道立即被全国各媒体转载和门户网站转帖，并成为各个论坛热议的头条。

对当事人的影响

邮件被转发出A公司后不久，陆某就更换了秘书，小胡也离开了公司。尽管网上力挺小胡的声音超过了八成，但该企业人力资源部的管理层却并不买账。小胡在接受采访时说：“这事儿闹得太厉害，我已经找不到工作了。”

事件被曝光后，有网友贴出了陆某的简历和工作业绩，其中不乏人身攻击的言语。5月9日，几大网站均贴出了题为“A公司大中华区总裁陆某离职”的消息。报道称，“据A公司内部人士透露，陆某离职的消息已经于昨天在公司内部宣布，公司总部专门派人来调查过相关的事件，他的继任者目前还没有宣布”。

资料来源：刘戈．白领邮件惹职场是非．文摘报，2006-04-30.

通过上述案例，请思考：

1. 你如何评价秘书小胡及其上司陆某的行为？
2. 在这一事件中，小胡、陆某及A公司三者中谁是赢家？为什么？
3. 你认为员工与组织之间是怎样的关系？

第一节　组织行为学基本概念

当今社会中，组织活动影响我们的生活如此之深，以至于任何一个人已不能脱离组织而独立存在。组织正在使人们的生活、工作和认识发生重大的变革，现代社会中的组织正在受到前所未有的挑战。因此，将组织作为对象对组织行为进行深入系统的研究，探讨组织内部结构和演变的规律性，研究组织活动中个体、群体行为的各种因素及相互关系，对于保证人类社会活动的有序进行、增进组织活动的有效性、提高人们的生活质量和福利都是非常重要的。

一、组织行为的概念

组织行为是指人们作为组织成员（不管是普通员工还是管理人员）所表现出的行为。然而，组织成员的行为并不完全属于组织行为。组织成员的业余活动，如娱乐、交友、恋爱、健身、购物等都不是组织行为。组织行为是指各类组织的每位成员在工作过程中表现出的所有行为。我们可以把组织行为分成以下两种。

(一) 微观组织行为

微观组织行为是组织内某一个体或群体的行为，它包括：

(1) 个体行为，如态度、能力、人格、动机、压力、认知、学习等。

(2) 人际行为，如沟通、领导、谈判等。

(3) 群体行为，如群体动力、工作团队等。

(4) 群际行为，如冲突、权利、政治活动等。值得注意的是，群际行为有时很难与人际行为相区分。

(二) 宏观组织行为

宏观组织行为是指所有组织成员作为一个整体活动时表现出的行为，如组织结构、组织文化、组织变革、组织发展、组织学习等。

根据组织行为与组织目标的关系，也可把组织行为分成以下两种：

一是正向组织行为。正向组织行为是指组织成员表现出的一切有利于组织目标实现的行为，如尽职尽责、遵守规章制度等。作为正向组织行为的一种特例，组织公民行为是指组织成员主动、自发、自愿地为组织的成功而付出的额外努力行为，如不计报酬加班、帮助同事完成任务、为公司成长献计献策等。组织管理者必须注意奖励、鼓励、保护正向组织行为，使其持续发生。

二是反向组织行为。反向组织行为是指组织成员表现出的所有阻碍组织目标实现的行为，如迟到、缺勤、偷窃、暴力、欺骗等。组织管理者必须采取各种有效的惩戒措施抑制、消除或减少反向组织行为。

二、组织行为学的概念

(一) 组织行为学的定义及关联学科

组织行为学是一门尚处于不断探索和发展中的学科。对于这样的学科，曾有许多学者从不同侧面对其下定义，但至今还没有统一的定义。

美国管理学者斯蒂芬·罗宾斯在其所著的《组织行为学》一书中，对组织行为学做了如下的定义：组织行为学是一个研究领域，它研究个体、群体以及组织对组织内行为的影响规律，其目的是应用这些知识来提高组织的效能。

一方面，组织行为学作为管理科学（含人力资源管理学、组织管理学）的一个重要组成部分，有其深厚的理论基础；另一方面，组织行为学还具有跨学科性。对组织行为学有贡献的学科包括行为科学（含心理学、社会学、人类学）、社会科学（含政治学、经济学、伦理学），各学科对组织行为学的影响如表 1-1 所示。

表 1-1　与组织行为学密切相关的学科

学科	具体学科	主要影响和涉及研究领域
管理学	人力资源管理学	培训、绩效评估、员工选聘
	组织管理学	组织理论、组织技术、组织变革、组织文化

续表

学科	具体学科	主要影响和涉及研究领域
行为科学	心理学	激励、领导、知觉、个性、个体决策、工作满意度、态度、工作压力、工作设计
	社会学	群体动力、群体行为、团队建设、沟通、行为改变、态度改变、群体决策
	人类学	价值观比较、态度比较、跨文化研究、组织文化、组织环境
社会科学	政治学	冲突、组织内权力与政治
	经济学	领导有效性、工作绩效
	伦理学	激励、领导、沟通的伦理问题

资料来源：陈国海，方华，刘春燕．组织行为学．北京：清华大学出版社，2003.

延伸阅读

神话还是科学

假设你在大学里选修了微积分课。上课第一天，老师让你们拿出一张纸并回答以下问题："如果该函数为凸曲线，当它的一阶导数为零时，为什么它的二阶导数为负?"你可能回答不了，并且可能会这样问老师："我怎么知道？这正是我要选这门课的原因呀!"

现在换一个场景。假设你在组织行为学的课堂上，上课第一天，老师让你们拿出一张纸并回答以下问题："为什么今天对员工的激励方法与 30 年前的不同?"你可能会不大情愿，但你还是会提笔写出来。无疑，对这个有关激励的问题，你还是可以说出点东西的。

上面两个场景表明，在教授组织行为学课程时，我们面临一个挑战，那就是你在学习这门课前已经有了很多信以为真的先入观念，而且可能认为自己对人类的行为颇有了解。但通常，在学习微积分、物理学、化学，甚至会计学等课程时，不会出现这类情况。因此，与许多其他学科不同的是，组织行为学不仅要向你介绍全套的概念与理论，还要面对很多业已接受为"事实"的内容，它们是你多年来对人类行为和组织所形成的解释。例如，"你无法教会一个老员工学习新技能""快乐的员工就是高效率的员工""三个臭皮匠，顶个诸葛亮"。组织行为学课程的一个目的是，用具有科学依据的结论取代那些流行的、人们通常不加思考就接纳了的观念。

资料来源：斯蒂芬·罗宾斯，蒂莫西·贾奇．组织行为学．16 版．北京：中国人民大学出版社，2016.

（二）组织行为学的研究对象

组织行为学的研究对象是人的心理和行为的规律性。人的行为与心理密不可分，心理活动是行为的内在依据，行为是心理活动的外在表现，因此，必须把两者作为统一体进行研究。

组织行为学的研究范围是一定组织中的人的心理与行为的规律，这就说明组织行为学并不是研究一切人类的心理和行为的规律，而只是研究一定组织范围内的人的心理与行为的规律，这种组织范围包括工厂、商店、学校、机关、军队、医院、农村等所有的组织。研究这种组织中人的心理和行为的规律，不仅是研究单个人的心理和行为，而且要研究聚集在一起的人的心理和行为。因此，组织行为学的研究对象又可分为：个体心理与行为、群体心理与行为以及整个组织的心理与行为。

（三）组织行为学的研究目标

组织行为学研究的目标是在掌握一定组织中人的心理和行为规律性的基础上，提高描述、理解、预测、引导人的行为的能力。

描述行为，即系统地描述人们在不同条件下是如何做出行为的，达到这一目标，管理者就能以共同的语言与组织中人们的工作行为进行交流。

理解行为，即理解人们为什么这么行动。如果一个管理者只能谈论员工的行为而不能理解员工行为的原因或动机，那么他就会在管理员工的过程中受到挫折。

预测行为，即预测人们将来的行为。理论上讲，一个管理者应该具有预测员工将来可能会做些什么的能力，例如预测哪些员工是高产出的，哪些员工可能会低产出或偷工减料。

引导行为，即引导组织中员工的行为，并开发出一些组织需要的人的行为。由于管理者负责员工的绩效产出，因此，他们需要对员工的行为、技能开发、团队作用、生产率产生影响，能够通过他们及员工所做出的行为来改进或提高组织绩效。

描述、理解、预测和引导组织成员的行为是一个有机系统，组织行为学通过此目标的实现，发现影响组织成员绩效的因素，从而有效地管理组织成员的行为，提升组织绩效。

（四）组织行为学的特征

组织行为学作为一门独立的学科，具有以下四个特征。

1. 跨学科性

组织行为学以心理学、社会学、人类学等学科中的概念、原理、模式和方法为主要知识基础，同时吸取经济学、政治学、历史学等社会科学中关于论述人类行为的内容，来研究组织成员的行为。

2. 系统性

组织行为学并不是由各门学科七拼八凑地组合而成的，而是有其完整的系统性。它既包括对组织环境中人的行为的层次性的研究——从组织中的个体行为到组织中的群体行为，再到组织行为（从整个组织角度研究其成员行为），同时，它也具有其自成一体的基本理论和概念。

3. 科学性

组织行为学中虽不排斥直觉判断和推测，但是结论却是通过科学的方法研究得出的。

4. 应用性

组织行为学是管理科学的重要组成部分，有明确的实践取向，它能帮助管理者理解、识别、预测和控制组织成员的行为。

第二节　组织行为学的历史沿革

组织行为学作为一门独立的、专门研究组织系统及人的心理和行为规律的科学，产生于 20 世纪 50 年代至 60 年代的美国，其形成却可以追溯到 19 世纪末 20 世纪初。

一、工业心理学的诞生——雨果 · 芒斯特伯格的贡献

1912 年，心理学家雨果 · 芒斯特伯格把研究成果整理成《心理学和工业生产率》一书。在书中，他提出加强管理的科学性，特别是更好地理解和应用心理学，提出把心理学应用于管理领域。

二、人际关系理论——霍桑实验

工业心理学的研究，仅限于工业个体心理学的研究，考虑的层面还比较狭窄。20 世纪 20 年代中期至 30 年代初期，美国哈佛大学教授 E. 梅奥等人在美国西方电气公司的霍桑工厂进行了有关职工行为的一系列实验，开始了工业社会心理学的研究，从而加强了研究的深度和广度，为组织行为学的诞生奠定了实验和理论基础。霍桑实验得出四条结论：

（1）职工是“社会人”，企业应注意从社会心理角度调动职工的积极性。

（2）企业中存在着“非正式组织”，管理者应当给予足够重视。

（3）生产效率主要取决于员工的积极性，而员工积极性的提高又主要取决于员工的态度以及企业内部的人际关系。

（4）新型的企业领导应具备两方面的能力，即解决经济问题的能力和处理人际关系的能力。

这四条结论构成了早期行为科学——人际关系学理论的基本要点，也是行为科学发展的理论基础。霍桑实验创建了人际关系学，同时也对行为科学的发展产生了巨大的影响。

微课时间

霍桑实验

请思考：

1. 根据视频，请总结霍桑实验的主要内容及结论。
2. 结合身边实例，说说你从霍桑实验中获得哪些启发。

三、人际关系理论的发展——道格拉斯·麦格雷戈的 Y 理论

1960 年，道格拉斯·麦格雷戈写了《企业的人性面》，提出有关人性和人的行为的假设对于决定管理人员的工作方式是极为重要的。管理人员以他们对人性的假设为依据，会用不同的方式来组织、控制和激励员工。基于这种思想，麦格雷戈提出了有关人性的两种截然不同的观点：一种是消极的 X 理论，即人性本恶；另一种是积极的 Y 理论，即人性本善。X 理论阐述了独裁式的管理风格，而 Y 理论则阐述了民主式的管理风格。如表 1-2 所示。

表 1-2　麦格雷戈的 X 理论和 Y 理论

对工作中人的过时假设（X 理论）	对工作中人的现代假设（Y 理论）
1. 大多数人不喜欢工作，即使能做，他们也尽量逃避	1. 工作是一种天然的活动，就像娱乐和休息一样
2. 大多数人在愿意工作之前都受到惩罚的强制和威胁，他们工作时要求具体的指导	2. 如果人们对目标做出承诺，他们就能够自我指导和自我控制
3. 大多数人实际上情愿被管理，他们尽量逃避责任，没有什么进取心，只对安全感兴趣	3. 如果人们的付出得到回报，他们一般都会忠诚于组织目标；典型的员工能学会接受责任并寻找责任；这一代人的典型特点是富有想象力、灵感和创造力

其后，20 世纪 90 年代中期，曾开展了一项对全美许多行业总计 10 227 名员工的调查，其研究结果指出，在麦格雷戈的 Y 理论假设下，管理者的工作会做得更好。根据员工的观点，X 理论管理实践是生产效率改进和员工表现良好的主要障碍。

四、从管理心理学到组织行为学

美国斯坦福大学教授莱维特于 1958 年开始用“管理心理学”这个名称来代替原来的“工业心理学”，并使之成为一门独立的学科。根据莱维特的想法，之所以这样更名，就是想引导人们考虑这样一个问题，即如何领导、管理和组织一大批人完成特定的任务。

20 世纪 60 年代初，莱维特在一篇文章中首先提出了“组织心理学”的概念，其目的也是要强调社会心理学，尤其是群体心理学在企业界日益显著的作用。此后不久，美国心理协会第 14 分会——“工业心理学分会”改名为“工业和组织心理学分会”，其目的是既要研究个体差异，又要研究组织行为，研究组织内任何群体的行为。

随着管理心理学从个体到群体再到组织研究的演变，其研究机构也发生了变化，即从原来各大学的心理学系转到管理学系。在研究的过程中，这些学院的教师队伍又吸收了社会心理学家、社会学家和人类学家等加入其中。从这批人中产生出来的研究项目，开始取名为“组织行为学”。至此，组织行为学作为一门学科公开问世。在美国的管理学院中，几乎所有的研究个体、群体行为的小组都取名为“组织行为学小组”。在西欧、北欧、日本等地区和国家均普遍应用组织行为学，每年还在此方面出版大量书籍。

20 世纪 70 年代后期，组织行为学的理论开始传入我国。不少理论工作者、教育工作者和实际工作者对行为科学做了大量介绍和评论。20 世纪 80 年代以来，在我国

各地许多高校管理系和研究会组织了专门的研究小组，开设了“行为科学”“管理心理学”“组织行为学”课程，专门培养这门学科的人才，并开展科研工作。许多研究人员在管理实践中借鉴、应用西方研究成果，逐步创建了有中国特色的组织行为学。特别是进入 21 世纪以来，我国很多高校和学者在这方面的研究取得了令人瞩目的成绩，组织行为学也已经成为各高校管理类专业的核心课程。

第三节　组织行为学的研究方法和一般模型

一、组织行为学的研究方法

传统组织行为学家关心的是组织理论内部的逻辑一致性，即设法保证得出的结论是从一系列数据中合乎逻辑地推演出来的，在大多数情况下，这些数据来自实验室实验，而不是来自现实的组织及其行为。20 世纪 30 年代至 70 年代末，这种实验室研究方法在组织行为研究中颇为盛行。但到了 20 世纪 70 年代末和 80 年代初，组织行为学以实验室实验为基础的传统方法理论体系受到质疑和挑战，人们认为这种方法得出的结论并不适合现实的组织，理论脱离实际。由此引发了组织行为学研究方法转向外部有用性的体系，这种以现实有效性为基础的研究方法面向现实的组织，强调研究的现实意义，发展一种直接与现实组织相联系的概念模型。具体研究方法除了实验室实验或现场实验等传统方法外，还包括经验总结法、观察法、实验法、现场研究法、案例比较法等。

（一）经验总结法

经验总结法是用组织行为学的理论和知识，进行归纳、总结的一种研究方法。优秀企业家和管理者在实践中积累了丰富的管理经验，他们的管理经验在媒体发表后产生很大的社会影响，但由于他们可能缺乏管理理论及组织行为学的知识，其经验有一定的局限性，有时缺乏普遍意义和推广价值。这就需要组织行为学家与管理者合作，开展咨询活动，从理论上提高管理者的经验，使之科学化，总结后再加以推广。

（二）观察法

所谓观察法，就是用感觉器官（如视觉、听觉、嗅觉等）有目的地观察研究对象的行为，从而分析其心理活动及行为的方法。

采用观察法时，一般要求观察者在自然条件下进行。观察者作为旁观者或中立者，不改变被观察者的日常生活条件，对其行为也不加以人工的干预和控制，而只是等待被观察者的行为“自行发生”。

观察法不同于日常生活中那种片段的、随意的观察，它作为一种基本的研究方法，是按一定步骤进行的，其具体步骤为：(1) 观察前，必须明确观察的目的，制订详细的观察计划，选好观察对象，做好各种准备工作。(2) 在观察过程中，必须有选择性和针对性，既要全面了解，又要重点深入，详细记录被观察者的各种行为表现。

（3）观察结束后，必须对所观察到的事实加以认真整理、分析、概括，得出合理的结论。

观察法的最大优点是使用方便、所得材料真实，因而得到广泛的应用。但由于它只能了解到一些表面现象，很难通过这些表面现象去进一步把握行为的本质特征，因此，实际使用时，还必须与其他方法结合起来，才能取得更好的效果。

（三）实验法

实验法是研究者有目的地在严格控制的环境中或在创造一定条件的环境中，诱发被试者产生某种心理现象或行为，以研究人的心理活动规律和行为规律的一种方法。按实验地点的性质不同，实验法可分为实验室实验法和现场实验法。实验室实验法是在人为制造的实验室环境中进行的，通常研究的变量也是有限制的，其特点是能较明确地反映变量之间的因果关系，但因为现实中很少有像实验室那样的环境，所以实验室实验法往往会失去一定的真实性和普遍性。现场实验法在自然的组织环境中进行，这种方法较为有效，所得的结论也具有普遍性意义，但组织实验的难度较大。

（四）现场研究法

现场研究法是在现有组织的环境范围之内进行研究，通常与实际工作者合作共同完成的方法。现场研究法所用资料包括观察者记录的组织成员的行为、组织成员填写的问卷、谈话记录或录音、书面文件、各种有关产量和质量的报表等。现场研究也包括研究者出于研究目的的挂职行为，研究者以某一层次的真正管理者的身份出现，参与企业的某些实际管理过程，从而在管理一线获得机会，超前识别并解决管理过程中的组织行为问题。

（五）案例比较法

案例比较法是将若干案例比较后得出一般性的结论的方法。这种方法在于认识和描述不同组织结构中的基本相同点，对这些相同点的收集和分析可以产生一些能够作为预测未来发展的工具及可应用于其他类似的或可比较情景的一般结论。可见，案例比较法有其广泛的实用价值。

然而，案例比较法容易陷入局部状况的详细描述而忽略宏观总体，所以，我们在运用该方法时必须注意三点：

（1）案例要选准，选择那些代表性强、对于所研究的问题有针对性的典型案例，而不要选那些极端的、特殊的对象，这样才能保证研究的结果具有普遍意义。

（2）对案例的研究结果进行推理时，要实事求是，遇到不同的情况需具体问题具体分析，切忌主观臆断、以偏概全。

（3）要注意案例与全局的关系，尤其要注意把握各种关系的发展变化状况，以便及时调整研究方案。

上述几种方法各有特点，既可单独使用，也可几种方法同时兼用，以便相互补充，取长补短，但无论采用哪种方法，都必须基于研究对象的具体情况而定。就个体而言，不同的个体由于其自身的经历、背景、文化层次及能力大小的不同，对同一外部刺激的反应会有差异；就群体而言，由于其目标追求、凝聚程度及人际关系状况的不同，对同一种研究方法的配合程度也会不同；就组织而言，不同的组织，其环境条件、气氛以及领导的水平等往往差别很大，尤其是环境条件，会直接影响组织成员对外部刺激的不同反应。因此，在实际研究过程中，必须具体问题具体分析，这样才能保证研究效果的提高。

二、组织行为学的一般模型

模型是对现实的抽象，是对真实世界的一些现象的简化表征。图 1－1 展示了组织行为学的基本模型。

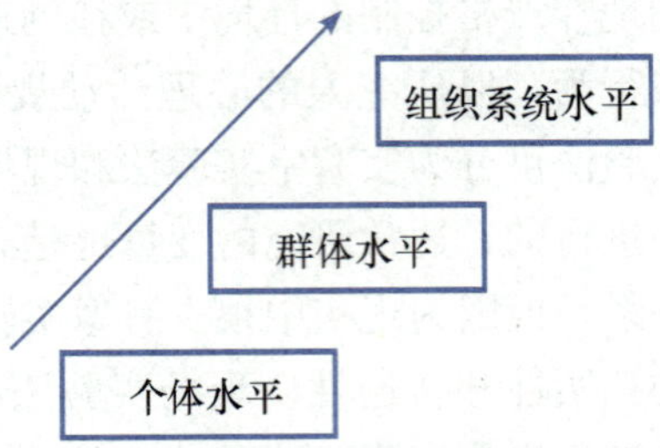

图 1－1　组织行为学的基本模型

组织行为学在三种水平层面研究一定组织中人的行为：(1) 个体水平，主要研究个性特征、知觉、价值观和态度以及能力对个体行为的影响；(2) 群体水平，主要研究沟通模式、领导方式、权力和政治、群体间关系和冲突水平如何影响个体和群体行为；(3) 组织系统水平，主要研究正式组织的设计、技术和工作过程、组织文化、工作压力水平对个体、群体和组织行为的影响。这三种水平的每一层次都建立在前一种水平之上。群体的概念来自对个体行为的讨论；而在讨论个体和群体行为时，又会涉及组织结构的限制。

个体、群体和组织心理和行为的结果总是通过特定的外部有效性表现出来，从而显示心理和行为（自变量）与其行为有效性（因变量）之间的某种因果关系。根据哈克曼对行为有效性的研究，如果以下三个标准得到满足，就可以说个体、群体或组织在有效地从事工作：(1) 组织的产出（产品或服务）超过那些接受、评价或使用这种产出的个体或群体所需要的最低质量或数量标准；(2) 从事目前工作的经历有助于提高组织进一步完成新工作的能力；(3) 组织中的人在本组织中工作所获得的经验，有利于他们自身的成长和满足程度的提高。能够体现这些行为有效性的指标比较常见的有：生产率、缺勤率、流动率、组织公民行为、工作满意度。

简单来讲，以上指标测量结果的有效程度，就能说明个体、群体、组织心理和行为的有效程度。组织行为学模型就在于通过定量的数学方法揭示个体、群体或组织的心理和行为（自变量）及其行为有效性（因变量）之间的相互关系。

延伸阅读

组织行为学模型中的因变量说明

因变量是我们要解释或预测的关键因素，它受到一些其他因素的影响。组织行为学中有哪些主要的因变量？长期以来，学者们倾向于强调生产率、缺勤率、流动率和工作满意度。近年来，这一系列因变量中加入了第五个因素——组织公民行为。下面我们详细考察一下这些概念，以保证我们理解它们的意义以及它们成为突出的因变量的原因。

1. 生产率

如果组织能够实现它的目标，其生产率就高。要做到这一点，就必须以最低的成本完成输入向输出的转换。因此，生产率意味着对效果和效率两方面的关注。

例如，如果一家医院能成功地满足病人的需要，就是有效果的，如果它能以低成本做到这一点，就是有效率的。如果医院的管理者想在现有员工的基础上通过减少病人占用病床的平均时间，或增加每天医生对病人的诊断数量来提高医院的产出，我们就可以说这家医院是高生产率的。一家商业公司如果能实现其销售目标或市场份额目标，它就是有效果的，但它的生产率还取决于实现这些目标的效率如何。对组织效率的测量指标可以是投资回报率、单位销售额的盈利和人均单位时间的产出。

2. 缺勤率

缺勤指的是没来上班的现象。据估计，每年由于缺勤造成的损失，美国的公司为 400 亿美元，加拿大的公司为 120 亿美元。在工作水平上，一个文秘人员缺勤一天，会使工作效率下降并增加主管的工作负担，这会给美国雇主带来几百美元的损失。这些数字说明，降低缺勤率对组织来说十分重要。

3. 流动率

流动是指员工永久地离开一个组织，这可能是主动行为，也可能是非主动行为。高流动率导致招募、选拔和培训费用的提高。另外，当有知识和有经验的人才流出时，高流动率也意味着组织的有效运作受到影响，组织必须重新找到能够替代他们的人来填充空缺的岗位并承担责任。

4. 组织公民行为

组织公民行为是一种由员工自由决定的行为，它不包括在员工的正式工作要求当中，但这种行为无疑会促进组织的有效运作。

成功的组织需要那些愿意比一般的工作职责做得更好的员工——他们会达到比期望更高的业绩水平。在当今社会中，动态的工作场所有两个特点：其一是灵活性成为关键；其二是任务越来越多地在工作团队中进行。此时，组织更需要那些表现出“良好公民感”行为的员工，这些员工对他们的工作群体提出建设性意见、回避不必要的冲突、爱护组织财产、对规章制度除了尊重其表面意思之外还尊重其实质、可以容忍与工作有关的偶尔不快和麻烦。

组织希望并且需要员工主动从事那些工作说明书中没有规定的内容。有证据表明，拥有这种员工的组织比没有这样员工的组织工作水平更高。因此，组织行为学把组织公民行为也作为一种因变量。

5. 工作满意度

我们考察的最后一个因变量是工作满意度，即员工相信他理应得到的报酬与他实际得到的报酬之间的差距。与前面四个因变量不同，工作满意度代表的是态度而不是行为。那么，为什么工作满意度会成为一个主要的因变量呢？原因有两点：首先，它是与绩效有关的重要因素；其次，组织行为学研究者对它有价值偏爱。

多年来，管理者一直认为存在这样一个基本原则：对工作满意的员工比对工作不满意的员工生产率要高。虽然许多证据对这个假设的因果关系提出质疑，但我们仍然可以这样认为：在现代社会中，不应该只关心生活数量，即关心高生产率和物质的获得，还应该关心生活质量。那些持有强烈人本主义价值观的研究者认为，工作满意度应该是一个组织的合理目标。工作满意度不仅与缺勤和流动负相关，而且作为组织，有责任为员工提供富有挑战性的工作，使员工从工作中获得满足。因此，虽然工作满意度代表的是态度而不是行为，但组织行为学研究者们仍然把它看成是重要的因变量。

资料来源：斯蒂芬·罗宾斯．组织行为学．10版．北京：中国人民大学出版社，2005.

第四节　组织行为学面临的挑战与新的发展趋势

一、组织行为学面临的挑战

如前文所述，组织行为学可以帮助我们更好地对个体、群体以及组织的行为作出解释和预测，并为实现个体、群体和组织的发展提供科学帮助。随着外部环境的变化，如全球化竞争、劳动力多元化、组织边界的模糊化、技术创新给管理带来的变化、员工面临工作与生活的冲突、组织道德伦理体系的缺位等问题，均需要组织行为学对其进行理论解释，并为实践工作提供指导和帮助。

（一）全球化

全球化意味着整个世界摆脱了国界的限制，地球变成了一个真正无边界的世界。社会与政治剧变引导着组织对商业活动的方式进行变革，并且鼓励其成员进行全球化的思考。在全球化的背景下，企业的经营视野不再局限于本国，取而代之的是全球化的经营视野。企业组织在更广阔的全球性地域范围内经营，其员工也来自不同的文化背景。文化差异是每一家在全球市场上竞争的企业所面临的关键问题之一。事实上，在经济全球化的今天，在组织中如何实现跨文化管理，正是组织行为学所面临的一大挑战。组织中个体的复杂性与来源的多元化，要求组织行为学结合相应文化情境来实现对个体行为的预测和管理。

（二）多元化

对组织而言，员工队伍的多元化一直是一个重要课题。在知识经济时代，人的价值日益显现，而人们之间的矛盾也日益突出。目前，组织的构成在性别、种族、国籍等方面正变得越来越多样化。员工在工作时不可能把自己的文化价值观和生活方式偏好放在一边，组织所面临的挑战是通过认识和研究不同的生活方式、家庭需要和工作风格来使自己适应各种各样的人群。组织管理者必须承认差异，以保证员工用稳定和提高生产率的方式对差异做出反应。同时，这种员工背景的多元化既是社会发展的结果，反过来又提高了组织的创造性和革新精神，通过鼓励不同的观点来改善决策质量，促进了社会的包容与进步。

在今天的组织中，还有一个重要的现实就是代际多元化。近年来，员工出生年代的多元化现象，已经越来越严重地影响组织管理的各个方面。如何对组织中的“00后”进行管理已经成为企业管理尤其是人力资源管理中所面临的新问题。伴随社会的发展与转型，“00后”的价值观与行为方式跟上几代人有了较大的差别，过去行之有效的管理方法在他们身上应用时效果完全不同。

（三）组织边界的模糊化

组织边界的模糊性与开放性，要求组织行为学重新审视组织面临的经济、文化背景。在全球一体化的今天，组织行为学研究的客体发生了变化。在传统经济中，组织行为学研究人在封闭组织中的行为，而随着知识经济的到来，组织在信息化、网络化革新进程中越来越趋向于开放，组织内的物理、技术、社会和个人等因素持续与外部环境中的各种因素发生联系，尤其是外部的经济、文化环境。这就使得传统的组织行为学研究必须转向对开放型组织的考察。这种组织边界的模糊性与开放性，要求组织注重分权，要求员工职业素质的提高，要求由重视组织需要转变为重视组织需要与员工需要的平衡等。

（四）技术创新

新技术和快速的技术革新使管理者面临更大的挑战。在一个技术迅速变化的环境中，管理者必须对员工的工作压力给予更多的关注，并帮助他们应付这种压力。同时，技术变革也对员工的适应性提出了新的要求。为了让员工快速适应技术的变化，而不是抵制变革，需要采取相应的措施来帮助员工适应技术变革，如参与变革的全过程、培训、在组织内部成立支持团队等。技术创新与变革对管理也提出了新的要求。过去的管理特点是，长期的稳定伴随着偶尔的、短期的变革；今天的情形正好反过来了，管理的特点是长期的、不断的变革伴随着短期的稳定。

因此，今天的管理者和员工都必须学会应对技术创新带来的变化，他们必须学会在充满灵活性、自发性和不可预测性的环境中生活。组织行为学的研究为我们在这方面提供了一些重要启迪，帮助我们更好地理解在一个不断变化的工作环境中，如何克服变革的阻力，如何更好地创设组织文化，使得组织在变化的环境中茁壮成长。

（五）工作与生活的冲突

20世纪六七十年代的经典员工形象是：周一至周五出现在工作场所，每天的工作时间为8～9个小时，工作地点和工作时间清晰明确。然而，如今的员工已经远非如此。员工开始抱怨工作与非工作之间的界限变得越来越模糊，它导致了很多与个人生活的冲突和压力。

员工日益感到，工作正在挤压着自己的个人生活，他们对此很不快乐。例如，最近的研究表明，员工希望在工作中得到灵活的时间安排，以使他们更好地处理工作与生活的冲突。另外，下一代员工很可能会表现出对同样问题的关心。大多数在校大学生说，在工作与个人生活之间保持平衡是他们的首要职业目标。除了工作之外，他们还需要“生活”。无法帮助员工实现工作与生活平衡的组织会发现，它们越来越难以吸引并留住有能力和有积极性的员工。

（六）组织面临新的道德难题

企业的社会责任是一种义务，这种义务要求企业在其运营的社会环境中，以符合道德规范的方式行事。人们希望组织采取对社会负责的行动，这些行动包括保护环境、促进劳动者保护和支持社会公益事业、投资社区等。例如，国际商业机器公司（IBM）等公司借调管理者给社区学校，教授自然科学与数学；中国电信等公司通过“村村通”来承担社会责任。

值得一提的是，我国修订的《劳动合同法》对企业提出了一些新要求。有不少优秀的企业，原本就积极主动承担社会责任，无论对内对外，均能兼顾企业和社会的效益，兼顾企业主和工人的利益，和谐经营。可是有些企业，特别是那些经营不善的小企业，总是绞尽脑汁地钻法律空子，非法用工、虐待工人、克扣工资、不签劳动合同、随意解雇员工等现象屡见不鲜。在新法律法规下，这些都不可能再成为企业盈利的空间。

二、组织行为学新的发展趋势

自 20 世纪 80 年代以来，组织理论研究者特别注重与其他学科理论成果的集成创新，组织研究呈现出跨学科研究的趋势。伴随组织行为学在个体、群体与组织等多个层面研究的不断深入，组织行为学的研究边界不断向更广的范围发展。因为研究员工的积极特性与绩效之间的关系，引出了人们对积极组织行为学的研究，积极组织行为学强调对人类心理优势的开发与管理。因为研究组织与环境之间的行为和相互关系，导致了组织生态学的产生。组织生态学把组织放在一个生态系统内来研究整个系统内各组织之间的行为和相互关系，从而不仅可以预测某个组织的绩效和命运，还可以预测整个生态系统的绩效和命运。

（一）积极组织行为学

1. 积极心理学的兴起

在心理学研究领域，长期以来，全社会都过分关心人们出现了什么问题，研究和实践的注意力也几乎全都投入到如何确定和治疗心理问题及纠错方面。后来，以原美国心理学会主席塞利格曼为首的心理学家开始意识到一种积极的、用于发掘人类优点的取向的必要性和重要性。因此，他们发起了积极心理学运动，其目的就是把心理学研究中的至少一部分侧重点从生活中最糟糕的事物转移到生活中最美好的一些事物上。积极心理学目前在西方心理学界引起了普遍的兴趣和关注，主要集中研究积极的情绪和体验、积极的个性特征、积极的心理过程对生理健康的影响以及培养天才等方面。

2. 积极组织行为学的出现

以工作领域中的绩效改进为目标，结合以往研究中严重的消极倾向，组织行为学家卢桑斯意识到有必要将上述的思潮和取向引入组织行为研究中。他将这种以积极心理学运动为基础和出发点的、全新的、积极取向的组织行为学模式称为积极组织行为学（positive organizational behavior，POB）。具体而言，积极组织行为学是对积极导向的，且能够被测量、开发和有效管理，从而实现提高绩效目标的人力资源优势和心理能力的研究和应用。该定义包含了卢桑斯设定的用于确定 POB 所研究领域及概念的标准。具体而言，POB 研究的概念不仅要与积极性相联系，而且必须存在有效的测量和开发方法，最重要的是能够有助于提高工作领域的绩效。其中易于开发这一标准要求 POB 所包括的概念是状态性的，因此就排除了传统组织行为学中人格、态度和动机等特质性变量，而且，POB 所包括的概念既适用于管理者的开发，也适用于普通员工的开发。积极组织行为学家的使命就是发现、确认符合上述标准的积极心理能力，并将其与重要的组织结果联系起来。

（二）组织生态学

组织生态学（organizational ecology）的研究是以达尔文的自然选择观为基础的，将生态学的理论移植到对组织的分析之中。在其研究发展中，逐渐融入了经济学、管理学的分析，它是 20 世纪 70 年代以后从社会学发展起来的一种新组织理论，运用生态学及其他相关学科的概念、模型、理论和方法对组织结构及其所受环境影响进行研究。

公认的组织生态学开山之作是汉南和弗里曼在 1977 年发表的论文《组织种群生态学》。发展至今，组织生态理论的研究基本可以分为两个层次：第一个层次是组织生态学，主要研究组织的各种变化率，如出生（建立）率和死亡（解散）率等，进而研究、解释组织的各种变化率之间的关系；第二个层次是组织的群体生态学，主要研究单个组织之间的联系如何影响整个组织群体的特性。

1. 组织生态的层次结构①

当代组织生态学研究对象可以分为四个层次结构，即组织个体（organizational individual）、组织种群（organizational population）、组织群落（organizational community）和组织生态系统（organizational ecosystem）。

（1）组织个体生态学。

组织个体生态学是以单个组织为对象，重点研究组织内部构成组织生态的要素对组织结构、行为及结果的影响规律。

（2）组织种群生态学。

组织种群生态学是以多个具有某种相同特征（主要是外部环境依赖关系相同）的组织集合（即种群）为对象，重点研究种群的结构、行为及作用结果的基本规律。

---

① 梁磊，邢欣．论组织生态学研究对象的层次结构．科学学研究，2003（12）．

（3）组织群落生态学。

组织群落生态学以多个组织种群集合为对象，重点研究种群之间的结构、行为、作用结果以及与环境之间关系的基本规律。组织群落生态学也是组织生态学研究中发展得比较早、成果比较丰富的领域。

（4）组织生态系统。

在现代生态学中，所谓生态系统是指在一定时间和空间内，由生物群落与其环境组成的一个整体，各组成因素间借助物种流动、能量流动、物质循环、信息传递和价值流动而相互联系、相互制约，并形成具有自调节功能的复合体。而生态系统生态学（ecosystem ecology）则是以生态系统为对象，研究生态系统的组成要素、结构与功能、发展与演替，以及人为影响与调控机制的生态科学。客观地说，在组织生态学的研究中，组织生态系统这一层次的研究还未充分开展起来，但是现实的需要和理论的发展却要求从更高层次、更加完整的角度来对组织生态系统及相关问题进行分析。

2. 种群生态理论[①]

在很多书中，组织生态学也被称为种群生态学（population ecology）。种群生态学是生物学的一个分支，来源于达尔文的生物进化论，强调自然对生物物种的选择和决定性影响。这一理论的分析对象为所有组织的生存如何适应环境的问题，重点不在于个别组织如何改变，而是整个社群（community）或全种群（population）组织的变化。因此，可以说种群生态学是组织的社会生物学（sociobiology）理论，组织就是组织的社会生物学中的“物种”。

根据种群生态学的观点，环境是组织成功或失败的重要决定因素。组织必须满足环境的需要，否则就会被淘汰。变异、选择和保留的过程本身就是组织的一个进化过程，它所带来的是新组织形式在组织种群内的建立。当然应对这种环境需要的一个有效方法就是采用标杆瞄准的方法，即研究别的组织如何比自己做得更好，并且就此尽力模仿或改进的方法。

种群生态理论认为，企业种群像生物种群一样容易受环境的影响，企业环境的变动会使企业种群像生物种群一样绝种。种群生态理论从不同的角度表明组织如何在变化的环境中生存下来，它解释了新的组织如何进入已有组织留下的领地，以及新组织形式的多样化是怎样有利于社会的。

延伸阅读

21 世纪以来我国组织行为学研究热点问题

谭力文、伊真真、效俊央于 2016 年 1 月在《科技进步与对策》上发表《21 世纪以来国内组织行为学研究现状与趋势——基于 CSSCI（2000—2013）文献的

① 刘延平．多维审视下的组织理论．北京：清华大学出版社，2007.

科学计量分析》，文章通过对关键词词频与共现进行分析，发现：

第一，组织行为学研究除秉承强调生产率的传统之外，更加关注工作生活质量，有关组织承诺、工作满意度、组织公民行为、心理契约、工作压力等方面的研究成为热点话题。

第二，绩效问题一直是学者们关注的焦点话题，这是因为组织行为学本质上是一门关注、增进组织有效性的学科，而绩效作为衡量组织有效性的重要指标必然会受到学者们的广泛关注，关于绩效的研究是从组织绩效、团队绩效、工作绩效等多个层面展开的。

第三，伴随着21世纪知识经济时代的到来，研究组织如何适应新的知识经济环境，增强自身竞争力，延长组织寿命，成为学术界和实践界关注的焦点，组织学习、知识共享、知识管理等与知识相关的话题不断涌现。

第四，关于创新的研究成为一大热点，创新绩效、组织创新、创新行为等成为热点话题，这是因为在知识经济时代，组织只有通过持续不断的创新，才能持久地获取、维持企业核心竞争力。

第五，关于变革型领导、领导成员交换、交易型领导、家长式领导等领导力方面的研究一直是该领域最重要的话题，原因或许在于，领导者是推动企业发展和变革的主要动因，而领导力则是保证组织成员适应变化、提高绩效的重要素质。

资料来源：谭力文，伊真真，效俊央．21世纪以来国内组织行为学研究现状与趋势——基于CSSCI（2000—2013）文献的科学计量分析．科技进步与对策，2016（1）。

职业素养提升

1. 组织行为学是所有管理者的必修课

管理的本质是对人的管理。知人善任是各级管理者的基本职能。习近平总书记曾说："用人得当，首先要知人。知人不深、识人不准，往往会出现用人不当、用人失误……"① 如何有效地识别、理解、预测和引导人的行为，正是组织行为学的研究目标。

2. 学习组织行为学要遵循权变观，注重本土化

组织行为学诞生于西方，主要是以市场经济相对发达的西方社会作为研究对象，因此我们在学习过程中不能完全照搬，需要结合国情有鉴别地吸收，与中华民族的传统文化和中国国情相结合，实现组织行为学的本土化。

① 习近平．习近平谈治国理政．北京：外文出版社，2014：418-419.

本章知识结构图

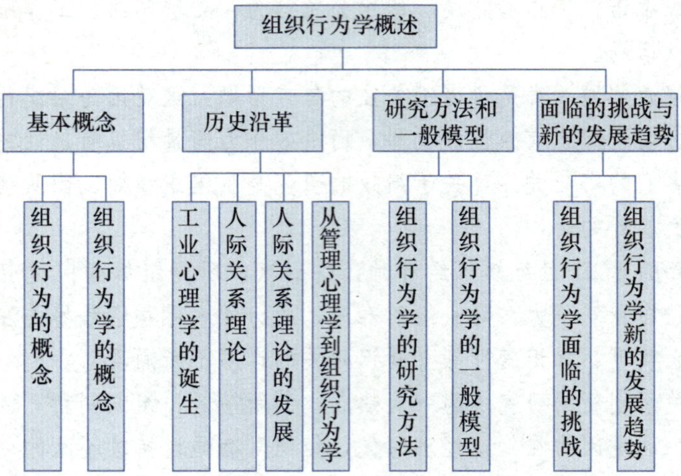

复习思考题

1. 组织行为学的研究对象、研究内容是什么？
2. 简述组织行为学与其相关学科的关系。
3. 简述组织行为学的发展历程，并说明霍桑实验有哪些贡献。
4. 组织行为学的主要研究方法有哪些？
5. 简述组织行为学面临的挑战与最新发展趋势。

认知与行为测试

扫一扫做测试："人性假设测验"。

团队作业

我的期望

一、背景

无论是在一次沟通、一次活动还是在一个项目中，只有知道对方到底想要什么，才能做到有的放矢，才能在相互满足需求的过程中实现最佳的效果。"组织行为学"是一门很有趣的课程，为了提高教学效果，也为了帮助每位同学达到自己的学习目的，需要了解同学们的需求与期望。

二、基本要求

（1）参与人数：集体参与。

（2）时间：10 分钟左右。

（3）场地：教室内。

（4）道具：笔；“我的期望卡”（建议任课教师在开展团队作业前印制好）。

（5）应用：“组织行为学”课程教学的沟通与交流；引导学生参与制定团队学习目标。

三、作业规制和程序

（1）在结束第一章的教学任务，同学们对组织行为学的整体框架有所了解后使用。

（2）任课教师营造宽松、信任的氛围，并进行团队作业讲解。

（3）任课教师给每一位学生发一张“我的期望卡”，给他们 2 分钟左右的时间，填写学习“组织行为学”课程的目的是什么，想要从课程中得到什么。

（4）任课教师请学生分享自己的学习目的，并对具有代表性的问题进行归纳汇总。

我的期望卡

姓名：________________ 学号：________________

我的期望

1. ________________
2. ________________
3. ________________
4. ________________
5. ________________
6. ________________

案例分析

十字路口的女主管

“妈妈，你要是不用上班该多好啊！那样我们就能一直在一起了。”嘟嘟叹道。

谢丽慈爱地抚摸着女儿柔软的头发：“妈妈要上班的，宝贝，等你长大就懂了。”

跟女儿一起度过一个周末之后，谢丽意识到自己其实很想守在女儿身边。五六年来满腔热忱地拼命工作的情境，在她的脑海里迅速掠过。

谢丽原是一家小型广告公司的高级客户经理，后来被现在的雇主——一家颇有名望的休闲服饰零售公司看中并挖了过来，领导一个市场营销团队，并协助公司推出一个新的服装系列，来吸引追求新奇时尚的年轻顾客。

谢丽很高兴能够摆脱让人晕头转向的广告代理工作，而领导一伙有才华的时装设计师、文案和媒体专业人员，也让她更有成就感。谢丽在还怀着嘟嘟的时候被提升为营销总监。当时上司马志伟对她说，公司希望她生完孩子还回去工作，于是谢丽不敢有半点懈怠，在嘟嘟刚满三个月的时候就把她交给保姆，回公司上班了。

谢丽在新职位上干得得心应手，威信也越来越高。可是她和丈夫方明都要上班，照顾孩子的事有时的确让她焦头烂额。一年半前，方明出长差，嘟嘟得了感冒，后来发展成病毒性支气管炎，连保姆也病了。整整十天，谢丽要下厨给孩子和保姆做饭，清理加湿器，还要在她俩此起彼伏的咳嗽声中工作。那一段时间的工作业绩自然不那么理想。

于是，她向马志伟要求获得一些弹性工作时间。马志伟的回答是：“公司可以在工作时间上给予你一定灵活性，可是，你看看周围，不管是我们公司还是其他公司，高管中有几个是弹性工作的？如果晋升对你来说很重要，那就别走那条路。”然后，马志伟暗示，公司将再次提拔谢丽。

原本谢丽一直在考虑是否该辞职，给嘟嘟和自己更多的亲子时间，但现在她有点吃惊地发现，有望身居要职竟然令自己很兴奋，但她随即沮丧地摇了摇头——假如不能确立好自己的价值取向和人生目的，就永远都无法在工作与家庭之间做出取舍。

然而几天后，马志伟却说：“原来想让你来担任的那个新职位现在没有了。注意，只是暂时的，并不是永久没有了。对此我非常遗憾，我知道你很不容易，也正在考虑下一步怎么办。只是，千万不要一时冲动。”

“一时冲动!?”谢丽简直忍不住要笑出声来，她要是真一时冲动就好了。突然，一个念头在她脑中闪现，她问上司：“这是否跟我多次提出在家工作有关？”

“不，不，当然没有关系。我知道刘总很欣赏你，我敢肯定这只是个时间问题。我们非常重视你，绝不想失去你。”刘总是公司的CEO。

谢丽的眉头拧紧了。她需要做出决定，就现在。

问题：

1. 你认为谢丽现在应该怎么做？为什么？

2. 结合案例，你如何看待女性在职场中的工作与生活平衡问题？请分别从员工和组织角度给出建议。

第二篇

个体行为

第二章
个性与行为

◎ 学习目标

知识目标

1. 掌握个性的概念与影响因素。
2. 了解个性的相关理论。
3. 了解个性如何与职业相匹配。
4. 掌握个体的价值观与态度对行为的影响。

能力目标

1. 能认识个体行为的差异性和复杂性。
2. 能根据个体行为特征进行基本人格特质分析。
3. 能运用态度、价值观相关理论分析管理实例。

引例

航空公司如何选人?

在酒店一楼的会议室里，某航空公司的招聘负责人何西正审视着13个女士和3个男士，思索着谁有“真材实料”成为公司的乘务员。他并不是要从他们身上找出乘务员所具备的技巧和经验，而是要挖掘某种极其抽象而又十分重要的东西，即活力、幽默和信心的完美结合，以便适合公司为顾客服务的卓越企业文化。

自成立以来，公司一直是业内有口皆碑的航空公司。它的成功引来众多关注，包括对其招聘过程的关注。公司在考察应聘者时，首先让应聘者填写一份反映人格特征的问卷，然后由应聘者组成小组一起完成一个情景模拟测验，考官通过观察，给每位应聘者打分。其中被认为有潜力的人会被邀请参加下一轮面试。在这次招聘中，何西及其同事看中了一个精干、活跃而又不颐指气使的女士和一位镇定自若、有主见、自信而有领导才能的年轻男士。

资料来源：张德，吴志明．组织行为学．大连：东北财经大学出版社，2016.

通过上述案例，请思考：

1. 该航空公司在招聘时为什么更看重应聘者的一些抽象的特质?
2. 你觉得自己属于哪种个性特质？你的特质更适合于哪些职业?

第一节　个性的基本概念

人与人之间在生理上、个性上都存在很大差别。组织行为学中所讲的个体差异，主要是指人与人之间在个性心理特征上的差别。具体地讲，这些差别包括气质差异、能力差异和性格差异等。只有当个性与工作相匹配时，个体的能力才能充分发挥，才能取得满意的工作绩效。因此，在实际工作中，企业要充分利用和发挥每个员工的个性特点，将其安排到合适的岗位上，并根据岗位职责要求，下达合理的工作任务，这样才可能直接激发出员工的工作热情。

一、个性的概念

个性在组织行为学中的基本概念与我们日常所说的个性不完全相同，有其特定的含义。组织行为学中的个性，也可称为人格，是个人在认知、情感、意志等心理活动过程中所表现出来的相对稳定而又区别于他人的心理特点，也叫心理特征。这些特征主要包括需要、动机、价值观和完成任务的能力、气质、性格、情绪、自我知觉、角色行为、态度等，如图 2－1 所示。

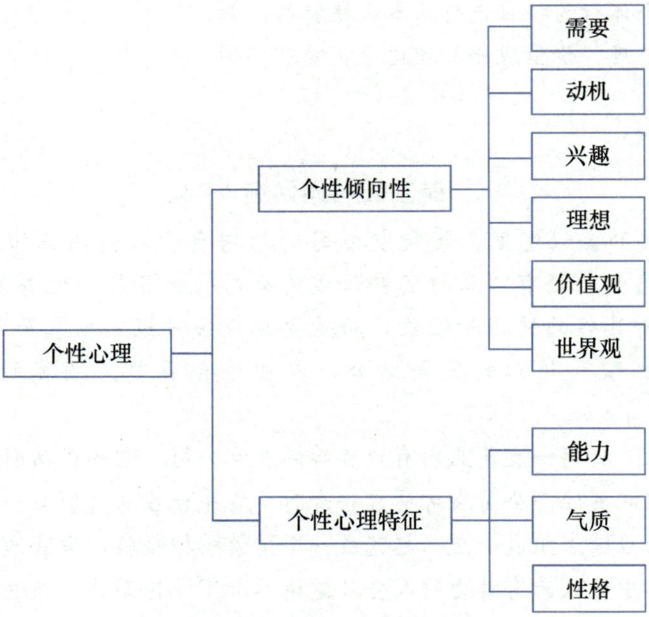

图 2－1　个性心理的主要内容

二、个性的影响因素

个性的形成与发展受到很多因素的影响，每个人个性形成的原因也不完全一样。研究结果表明，有些个性特征几乎纯粹是先天的，另一些个性特征又几乎都是后天的。但是，大多数个性特征是在先天遗传和后天环境这两种因素共同影响下形成的。

微课时间

DNA 的力量

请思考：

1. 基因对人的性格影响有多大？
2. 你同意“基因检测就是科学算命”这一说法吗？为什么？

（一）先天遗传因素

先天遗传因素是指由遗传基因决定的因素，它是个性发展的自然前提。人的个性特征在很多方面可以从染色体上的基因分子结构得到解释。近年来，由于基因工程的发展，许多研究证实了遗传和个性之间确实存在相当密切的关系，如智力、敏感性、语言、数学、音乐等才能都与遗传有关。还有研究结果表明，神经系统的某些遗传特征可能影响到某些个性的形成，加速或延迟某些行为方式的产生和发展。研究发现，母亲的某些心理病理症状与孩子的胆小、退缩的性格特征有关。例如，母亲患有恐惧失调和旷野恐惧症或焦虑和抑郁症，她们的孩子胆小、退缩的比例明显高于其他孩子。由此可见，遗传因素对人个性的形成是有明显影响的。表 2 - 1 列出了常见的一些性格特征与基因的关系。

表 2 - 1　性格特征与基因的关系

性格表现	受基因影响程度/%
外向（急躁、和蔼、喜欢引人注目）	61
保守（传统，尊敬权威，守纪律）	60
忧郁（易忧伤、灰心、感情脆弱、敏感）	55
创新（喜欢在更高的层次思考问题）	65
孤僻（爱独处，总感到被人利用，被生活抛弃）	55
乐观（自信、愉快、快乐）	54
谨慎（逃避风险、宁可费事也求平安）	51
好斗（爱实施暴力，爱报复）	48
事业心强	46
条理性强	43
热情好客	33

（二）后天环境因素

后天环境因素是指个体成长过程中的外部因素，包括当时的社会、文化、政治、经济背景，家庭社会经济地位，父母教养方式，朋友和社会群体的互动，是决定个性的主要因素。

另外，还有研究表明，不同的饮食环境对人的个性也会产生影响。表 2－2 列举了某些个性缺陷与饮食之间的关联。

表 2－2 个性缺陷与饮食的关联

症状表现	病因
易怒、易激动	盐分、糖分摄取过量，蛋白质及钙不足，喜欢吃零食，口味重
依赖性强、消极、懒惰	糖分摄取过量
顽固而无法变通	不爱吃蔬菜，偏爱肉类等高脂肪食品
优柔寡断，拿不定主意	鱼的摄入量过多，氨基酸缺乏，维生素不足
无法保持平静，觉得焦躁不安	盐分摄取过量以致水液代谢异常
猜疑，对别人不信任	热量摄入较低，钙质不足或糖分过量
以自我为中心，任性	偏食引起营养不良，或暴饮暴食

三、个性的理论

个性的理论主要有两类：一类是个性类型理论，另一类是个性特质理论。个性特质理论是在个性类型理论的基础上发展起来的。

（一）个性类型理论

个性类型理论往往根据一个人的某一特征或者特质来描述个性。例如，如果某人迷恋权位，则说他是权力型的人；如果某人看问题总是能够考虑到好的一面，则认为他是乐观型的人。古罗马医生盖伦提出的四种气质类型就属于最早的类型理论，他根据希腊医生希波克拉底的“体液说”提出了四种气质类型，即多血质（具有过多的血液，充满活力和动力）、胆汁质（具有过多的黄胆汁，容易激怒）、黏液质（具有过多的黏液，使人迟缓或者懒惰）、抑郁质（具有过多的黑胆汁，通常表现为忧郁和悲哀）。各种气质类型的特点主要体现如下。

1. 多血质

强而平衡，灵活性高。多血质人情感和情绪发生迅速，表露于外，极易变化，灵活而敏捷，活泼好动，但往往不求甚解。工作适应力强，讨人喜欢，交际广泛。容易接受新事物，也容易见异思迁而显得轻浮。

2. 胆汁质

强而不平衡。胆汁质人情感和情绪发生迅速，爆发力很好。同时，情感和情绪消失得也快，情绪趋于外向。智力活动灵敏有力，但理解问题容易粗枝大叶。意志力坚强，不怕挫折，勇敢果断，但容易冲动，难以抑制。工作热情高，表现得雷厉风行，顽强有力。

3. 黏液质

强而平衡，灵活性低。黏液质人情绪比较稳定，兴奋性低，变化缓慢，内向、喜欢沉思。思维和言行稳定而迟缓，冷静而踏实。对工作考虑细致周到，坚定地执行自己已经做出的决定，往往对已经习惯了的工作表现出高度热情，而不容易适应新的工作和环境。

4. 抑郁质

弱性，易抑制。抑郁质人情绪体验深刻，不易外露。对事物有较高的敏感性，能体察到一般人所觉察不到的东西，观察事物细致。行动缓慢、多愁善感，也易于消沉，干工作常常显得信心不足，缺乏果断性。交往面较窄，常常有孤独感。

因不同气质类型的人表现出的个性特点截然不同，所以在企业组织中，与具有不同气质类型的人的沟通也需讲究技巧。

第一，和多血质人的沟通。基于多血质人活泼、好动、反应灵敏、心思敏感的这些特点，和这类人沟通的最好方法是“引蛇出洞”。这类人不喜欢太过主动、直接的表达，但如果有人能够带个头的话，他们会很乐意跟随，既不张扬，也不落后。所以，“引蛇出洞”是与之沟通的方法之一。

第二，和胆汁质人的沟通。基于胆汁质人易冲动、易兴奋、精力旺盛的特点，与这类人沟通应采取“表扬激将，批评冷处理”的方法。这类人由于易激动、急躁，所以，当面的表扬、激将能够给他们带来极大的动力，促使其做出决定，或采取行动；但在批评方面，应采取个别指出，“冷处理”的方法。

第三，和黏液质人的沟通。黏液质的人喜欢用事实说话，讲究逻辑，做事有分寸，所以，和他们沟通只要能够在一开始做到“以理服人”，就能彻底“捕获他的心”。和这类人沟通不需要很花哨的说话技巧，但需要很实在的沟通内容，他们不喜欢繁杂的程式，但要求符合严密逻辑的内容。所以，和他们沟通之前，需做好充分准备，以应付黏液质人步步为营、考虑大局的气质特征。

第四，和抑郁质人的沟通。因为抑郁质人敏感的心思往往令人意想不到，所以和他们沟通之前，应做好充分的准备，既包括对沟通内容的准备，也包括对沟通对象的了解。搞清楚对方的各种喜好，以便在沟通时有的放矢地说话，而不要在得罪了对方后才去补救。对这类人的激励应该用温柔表达、婉转表扬的方式。他们不喜欢在大庭广众之下受到赞扬，这样会令他们感到不安，但含蓄的表达绝对不会影响表扬效果。同样，批评也要千万小心，稍稍点拨即可，否则对他们来说可能是个沉重的打击。

课堂讨论案例

安静的力量

如果有人用“内向”来形容你，你会有何感想？根据普遍流行的社会期许来判断，大多数人更愿意被贴上“外向”的标签。虽然正态分布如此显示，但实际上全世界一半以上的人更内向。内倾性有其优点，但从很多方面来说，这是一个属于外向者的世界。苏珊·凯恩在她的畅销书《安静》中如是说。

在书中，凯恩提出三个论点：

1. 我们自认为是外向者。内倾性通常不受欢迎，部分原因是外向的人喜欢掌控局面，更善于改造环境，使其符合自己的意愿，现代生活中，许多重要机构都是为那些喜欢参与集体项目、喜欢高强度刺激性的人而设计的。

2. 内向的驱动是隐蔽的。鉴于现在的社会规范和社会结构，内向的人往往要隐藏自己的内倾性，被迫成为秘密内向者——行为处事都以理想中的外倾性为标准，尽管这与他们的本性相悖。好好考虑一下，如果有人说“你也太不爱说话了吧”，那他们几乎就是在暗示，好像不安静才是应有的表现。

3. 外倾性并没有那么好，也不是万全之策。对内倾本性的压抑，使全世界众多内向者感到痛苦，却无法发挥内倾者的诸多优点。在选举领导者的时候，我们常常会忽视那些安静而有想法的人，而大量的集体工作也许会压制个人的创造力，我们也许还把表面当成真相。（凯恩写道：“不要把自信或者口才好当作有想法的表现。”）社会也许会在无意中逼迫人们冒不必要的险，不加思考就采取行动，或者把短期利益看得高于一切。

凯恩并不反对外向。她只是认为，应该鼓励人们做自己，这就是说，外倾性和内倾性都应该得到认可和尊重。她总结道：“下次再见到一位面色沉静、声音柔和的人士，你要提醒自己，也许他正在脑海中解一个方程式，写一首十四行诗，或者设计一款帽子。也就是说，他也许是在利用安静的力量。”

资料来源：斯蒂芬·罗宾斯，蒂莫西·贾奇．组织行为学．16版．北京：中国人民大学出版社，2016.

思考题：

1. 你会把自己归为内向型还是外向型？你认识的人是怎么描述你的？
2. 你希望自己比现在更外向或更内向吗？为什么？
3. 你认同凯恩的观点吗？为什么？

（二）个性特质理论

个性特质理论认为人的行为不受其类型的制约，而是由一种稳定的特质支配，使得个人在变化的环境中产生一致的反应。

美国心理学教授雷蒙德·卡特尔提出了人格的16种根源特质。根据这16种根源特质，他编制了16种人格因素测验（16PF）。卡特尔认为：人的行为之所以具有一致性和规律性，是因为每一个人都具有根源特质。为了测量这些根源特质，他首先从各种字典和有关心理学、精神病学的文献中找出约4 500个用来描述人类行为的词汇，从中选定171项特质名称，让大学生应用这些名称对同学进行行为评定、因素分析后，最终得到16种人格特质。卡特尔认为这16种特质代表着人格组织的基本构成。

卡特尔16PF测验是评估16岁以上个体人格特征最普遍使用的工具，广泛适用于各类人员，对测评对象的职业、级别、年龄、性别、文化等方面均无限制，现已应用于人力资源管理、职业规划、教育辅导、心理咨询等领域。卡特尔16PF测验设计科学，可靠性强，不仅可以对个体的个性特征和能力水平进行客观评估，还能检测出个体的心理健康程度、创造力及适应新环境的能力。这对于个体调整生活状态、进行职业规划等方面具有重大的指导意义。

卡特尔16种个性特质包括以下内容：

A. 乐群性　B. 聪慧性　C. 稳定性　E. 恃强性
F. 兴奋性　G. 有恒性　H. 敢为性　I. 敏感性
L. 怀疑性　M. 幻想性　N. 世故性　O. 忧虑性
Q_1. 实验性　Q_2. 独立性　Q_3. 自律性　Q_4. 紧张性

各项心理特质高、低分者和高分者呈现的特征如表 2-3 所示。

表 2-3　卡特尔 16 种个性特质的特征

心理特质	低分者特征	高分者特征
A. 乐群性	缄默、孤独	乐群、外向
B. 聪慧性	迟钝、学识浅薄	聪慧、富有才识
C. 稳定性	情绪、激动	情绪、稳定
E. 恃强性	谦虚、顺从	好强、固执
F. 兴奋性	严肃、审慎	轻松、兴奋
G. 有恒性	权宜、敷衍	有恒、负责
H. 敢为性	畏缩、退却	冒险、敢为
I. 敏感性	理智、着重实际	敏感、感情用事
L. 怀疑性	信赖、随和	怀疑、刚愎
M. 幻想性	现实、合乎常规	幻想、狂放
N. 世故性	坦白直率、天真	精明能干、世故
O. 忧虑性	安详沉着、有自信心	忧虑抑郁、烦恼多
Q_1. 实验性	保守、服膺传统	自由、批评激进
Q_2. 独立性	依赖、随群	自主、果断
Q_3. 自律性	矛盾冲突、不明大体	知己知彼、自律严谨
Q_4. 紧张性	心平气和	紧张、困扰

第二节　个性与职业的匹配

个性对一个人的心理活动产生巨大的影响，可以说，人的绝大部分心理活动都是由个性决定和支配的。一个人做什么、不做什么、怎么做，也是由个性决定的。个性影响个体活动的动力、种类、过程、方式和结果，因此，个性与职业的匹配问题成为早期组织行为学家研究的一个重要课题。

一、气质与职业的匹配

上一节已经提到了四种气质类型，众多专家和学者将各种气质类型的特点及各种职业的要求相对照，建立了气质类型与职业之间的匹配关系，如表 2-4 所示。

表 2-4　气质类型与职业选择

类型	气质特点	工作特点	适合职业
多血质	活泼、好动、敏感	适合具有社交性、文艺性、多样性的工作，要求反应敏捷且均衡的工作，而不太适宜做需要细心钻研的工作；工作适应度广泛	外交人员、管理人员、驾驶员、医生、律师、运动员、新闻记者、冒险家、服务员、侦查员、警察、演员等
胆汁质	热情直率、外露、急躁	适合做反应迅速、动作有力、应激性强、危险性较大、单独而费力的工作；不适宜从事稳重、细致的工作	出色的导游员、勘探工作者、推销员、节目主持人、演讲者、外事接待人员等
黏液质	稳重、自制、内向	适合做有条不紊、刻板平静、难度较高的工作；不适宜从事剧烈多变的工作	外科医生、法官、管理人员、出纳员、播音员、会计、统计员等
抑郁质	安静、情绪不易外露、办事认真	适合做持久细致的工作；不适宜做要求反应敏捷、处理果断的工作	技术员、打字员、排版员、检查员、化验员、编辑、机要秘书、保管员等

在现实生活中，大多数人都是近似于某种气质，同时又具有其他气质的一些特征。所以，在判断某一个体的气质和行为模式时，需要综合以上各种特征，放到一定环境中进行具体的分析。

另外，气质类型本身并无优劣之分，每一种气质类型都有积极和消极的成分。例如，黏液质的个体表现迟缓、冷淡和缺乏活力是其不足，但这种气质的个体在沉着、自制和毅力方面的表现又是其他类型所不及的。实验研究证明，气质特点只能影响智力活动方式，不能预先决定个体的成就和智力发展的高低。

延伸阅读

善用人短

在一次工商界的聚会中，几个老板大谈自己的经营心得。其中一个说：“我手下有三个不成才的员工，现在我正准备找机会将他们炒掉。”“为什么要这样做呢？他们为何不成才？”另一位老板问道。“一个整天嫌这嫌那，吹毛求疵；一个杞人忧天，老是害怕工厂有事；另一个浑水摸鱼，整天在外面游荡鬼混。”第二个老板听后想了想，就说：“既然这样，你就把这三个人让给我吧！”

第二天，这三个人到第二个老板的公司报到。新的老板开始分配工作：喜欢吹毛求疵的人，负责管理产品质量；害怕出事的人，负责安全保卫；喜欢游荡的人，负责商品宣传，整天在外面跑来跑去。三个人一听，岗位的分配和自己的个性相符，不禁大为兴奋，兴冲冲地走上新岗位。

过了一段时间，由于这三个人的卖力工作，工厂的经营业绩直线上升，生意蒸蒸日上。扬长避短是用人的基本方略。然而，在现实生活中，人的长处和短处并不是绝对的，没有静止不变的长，也没有一成不变的短。在不同的情境和条件下，长与短都会向自己的对立面转化。用人的关键有时候并不在于用这个人而不用那个人，而是要根据每个员工的个性和能力的差异合理地分配工作，使每一位员工都能在最适当的位置上发挥最大的潜能。

二、性格与职业的匹配

性格是一个人对现实的态度和习惯性的行为方式。社会中没有两个性格完全相同的个体，即使是同一性格特征的人，不同的人表现也会不一样。例如，同是勇敢、鲁莽的性格，张飞粗中有细，李逵横冲直撞、不顾后果。性格一旦形成就比较稳定，在个体的生活实践中经常表露出来。

性格是个体的本质属性，在个体心理特征中起核心作用。性格对气质和能力的影响是很大的，它能使三者结合成个体心理特征这一有机整体。

（一）性格与气质的关系

气质和性格所反映的是人的本质属性的不同侧面：气质多反映个性的自然属性，而性格反映了社会环境对人的影响，可塑性比前者大。在社会意义的评价上，气质无好坏之分，无论哪种气质类型的人都可以取得显著成就；而性格则有好坏之分（如勤奋比懒惰好、真挚比虚伪好），对事业有显著影响。

气质和性格相互影响，密切相关。首先，气质可以影响性格的表现方式，使同一性格内容有不同的表现色彩。例如，助人为乐的性格特点在不同气质类型的人身上表现形式不一：胆汁质者表现为热情、豪爽、快速、有力的助人方式；多血质者能灵活机动地帮助人想出各种解决问题的方法；黏液质者不露声色、脚踏实地地给予支持；抑郁质者从细枝末节处发现对方的难处，给予细致的关怀。虽然表现方式各异，但都有共同的性格内容。其次，气质可以影响性格形成的难易和速度。例如，胆汁质者容易形成勇敢的性格；黏液质者容易形成自制力。此外，性格可以在一定程度上调控、掩盖或改造气质，使气质的消极因素得以抑制，积极因素得以发展。具有意志坚强的性格特征的人，胆汁质者可克制急躁；黏液质者能鼓起勇气；多血质者能尽量使自己脚踏实地一些；抑郁质者能减少自己的消极情结。

（二）霍兰德职业兴趣理论

约翰·霍兰德于1959年提出了职业兴趣理论，认为人的个性类型、兴趣与职业密切相关，兴趣是人们活动的巨大动力，人们若对其职业有兴趣，就可以提高积极性，积极地、愉快地从事该职业，且职业兴趣与个性之间存在很高的相关性。

该职业兴趣理论主要从兴趣的角度出发来探索职业指导的问题。霍兰德明确提出了职业兴趣的人格观，使人们对职业兴趣的认识有了质的变化。这个职业兴趣理论提出之前，关于职业兴趣测试和个体分析的研究是相对独立进行的。该职业兴趣理论主要对以下6种不同类型的人及特性进行了分析。

1. 社会型（S）

共同特征：喜欢与人交往、不断结交新的朋友、善言谈、愿意教导别人。关心社会问题、渴望发挥自己的社会作用。寻求广泛的人际关系，比较看重社会义务和社会道德。

典型职业：喜欢与人打交道的工作，能够不断结交新的朋友，从事提供信息、启迪、帮助、培训、开发或治疗等事务，并具备相应能力。如教育工作者（教师、教育行政人员）和社会工作者（咨询人员、公关人员）。

2. 企业型（E）

共同特征：追求权力、权威和物质财富，具有领导才能。喜欢竞争、敢冒风险、有野心、有抱负。为人务实，习惯以利益得失、权力、地位、金钱等衡量做事的价值，做事有较强的目的性。

典型职业：喜欢要求具备经营、管理、劝服、监督和领导才能的工作，并具备相应的能力。如项目经理、销售人员、营销管理人员、政府官员、企业领导、法官、律师。

3. 常规型（C）

共同特点：尊重权威和规章制度，喜欢按计划办事，细心、有条理，习惯接受他人的指挥和领导，自己不谋求领导职务。喜欢关注实际和细节情况，通常较为谨慎和保守，缺乏创造性，不喜欢冒险和竞争，富有自我牺牲精神。

典型职业：喜欢要求注意细节、精确度、有系统、有条理的工作，具有记录、归档、根据特定要求或程序组织数据和文字信息事务的职业，并具备相应能力。如秘书、办公室人员、记事员、会计、行政助理、图书馆管理员、出纳员、打字员、投资分析员。

4. 实际型（R）

共同特点：愿意使用工具从事操作性工作，动手能力强，做事手脚灵活，动作协调。偏好于具体任务，不善言辞，做事保守，较为谦虚。缺乏社交能力，通常喜欢独立做事。

典型职业：喜欢使用工具、机器，需要基本操作技能的工作。对要求具备机械方面才能、体力或从事与物件、机器、工具、运动器材、植物、动物相关的职业有兴趣，并具备相应能力。如技术性职业（计算机硬件人员、摄影师、制图员、机械装配工）和技能性职业（木匠、厨师、技工、修理工、农民、一般劳动者）。

5. 调研型（I）

共同特点：思想家而非实干家，抽象思维能力强，求知欲强，肯动脑，善思考，不愿动手。喜欢独立的和富有创造性的工作。知识渊博，有学识才能，不善于领导他人。考虑问题理性，做事喜欢精确，喜欢逻辑分析和推理，不断探讨未知的领域。

典型职业：喜欢智力的、抽象的、分析的、独立的定向任务，要求具备智力或分析才能，并将其用于观察、估测、衡量、形成理论、最终解决问题的工作，并具备相应的能力。如科学研究人员、教师、工程师、电脑编程人员、医生、系统分析员。

6. 艺术型（A）

共同特点：有创造力，乐于创造新颖、与众不同的成果，渴望表现自己的个性，实现自身的价值。做事理想化，追求完美，不重实际。具有一定的艺术才能和个性，善于表达、怀旧，心态较为复杂。

典型职业：喜欢的工作要求具备艺术修养、创造力、表达能力和直觉，并将其用于语言、行为、声音、颜色和形式的审美、思索和感受，具备相应的能力，不善于事务性工作。如艺术方面（演员、导演、艺术设计师、雕刻家、建筑师、摄影家、广告制作人）、音乐方面（歌唱家、作曲家、乐队指挥）、文学方面（小说家、诗人、剧作家）。

然而，大多数人都并非只有一种性向（比如，一个人的性向中很可能是同时包含着社会性向、实际性向和调研性向这三种）。霍兰德认为，这些性向越相似，相容性越强，则一个人在选择职业时所面临的内在冲突和犹豫就会越少。为了帮助描述这种情况，霍兰德建议将这六种类型分别放在一个六边形的每一角，如图 2-2 所示。

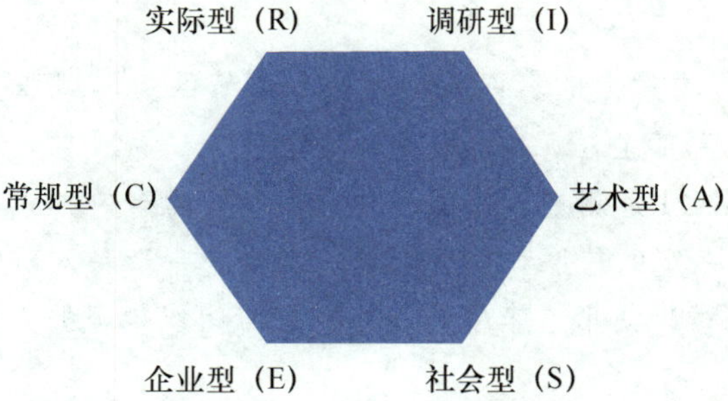

图 2-2　六种类型关系图

（1）相邻关系，如 RI、IR、IA、AI、AS、SA、SE、ES、EC、CE、RC 及 CR，属于这种关系的两种类型的个体之间共同点较多，实际型（R）、调研型（I）的人就都不太偏好人际交往，这两种职业环境中也都较少有机会与人接触。

（2）相隔关系，如 RA、RE、IC、IS、AR、AE、SI、SC、EA、ER、CI 及 CS，属于这种关系的两种类型个体之间共同点较相邻关系少。

（3）相对关系，在六边形上处于对角位置的类型之间即为相对关系，如 RS、IE、AC、SR、EI 及 CA。相对关系的人格类型共同点少，因此，一个人同时对处于相对关系的两种职业环境都兴趣很浓的情况较为少见。

人们通常倾向于选择与自我兴趣类型匹配的职业环境，如具有实际型兴趣的人希望在实际型的职业环境中工作，可以最好地发挥个人的潜能。但职业选择中，个体并非一定要选择与自己兴趣完全对应的职业环境。原因有两个：一是因为个体本身常是多种兴趣类型的综合体，单一类型显著突出的情况不多，因此评价个体的兴趣类型时，也时常以其在六大类型中得分居前三位的类型组合而成，组合时根据分数的高低依次排列字母，构成其兴趣组型，如 RCA、AIS 等。二是因为影响职业选择的因素是多方面的，不完全依据兴趣类型，还要参照社会的职业需求及获得职业的现实可能性。因此，在进行职业选择时，个体会不断妥协，寻求与其相邻的职业环境，甚至相隔的职业环境，在这种环境中，个体需要逐渐适应。但如果个体寻找的是相对的职业环境，意味着个体所进入的是与自我兴趣完全不同的职业环境，则工作起来可能难以适应，或者难以做到工作时觉得很快乐，甚至可能会每天工作得很痛苦。

延伸阅读

MBTI 16 种人格类型指标

迈尔斯-布里格斯类型指标（Myers-Briggs type indicator，MBTI）是测验组织中个体人格的另一个流行的方法。MBTI 包含四个基本维度，每个维度又可分为外向的-内向的、领悟的-直觉的、思考的-情感的，以及判断的-感知的，这些维度组合成 16 种典型的人格类型，如：感知-思考型，彻底、有逻辑、实用且可应用。典型职业：审计人员、质量控制监察员或者安全工程师。

直觉-思考型，有创造力的、独立的、批判性的。典型职业：律师、系统分析员、大学教授。

感知-情感型，重承诺的、负责的、有良知的。典型职业：谈判员、社会工作者、药品监察员。

直觉-情感型，有魅力的、以人为本的、友好的。典型职业：政治家、公共关系专家、人力资源部主任。

研究表明，MBTI 是测量沟通类型和交往偏好的有效方式，但在人格属性方面，MBTI 还存在一定的信度和效度问题，有待进一步深入研究，但这并未影响众多组织管理者持续地使用它来了解人格类型与组织效率的关系。

三、能力与职业的匹配

能力指的是个体能够顺利完成某种活动的心理条件。英国的心理学家查尔斯·爱德华·斯皮尔曼提出了能力的二因素结构理论，他认为人在顺利完成某种活动时，要具备一般能力和特殊能力。一般能力是指我们常说的智力，它包括观察力、记忆力、抽象概括能力等，而特殊能力是指处理某些专业领域问题的特殊能力，例如，音乐能力、绘画能力、数学计算能力等。某种一般能力在某种活动领域得到特殊发展，就可能成为特殊能力的组成部分，而特殊能力在得到发展的同时，也将带动一般能力的发展。

（一）一般能力及其测量

有关智力的具体构成，不同学者有不同的观点。例如，美国心理学家瑟斯顿提出基本心智能力构成的七个维度，即算术、言语理解、知觉速度、归纳推理、演绎推理、空间视知觉以及记忆力。表 2-5 列出了这七种维度及其适用的工作范例。

表 2-5　智力维度与工作范例

维度	描述	工作范例
算术	快速而准确的运算能力	会计：在一列项目中计算增值税
言语理解	理解读到的和听到的内容，理解词汇之间关系的能力	工厂管理者：推行企业政策
知觉速度	迅速而准确地辨认视觉上异同的能力	火灾调查员：鉴别纵火责任的证据和线索

续表

维度	描述	工作范例
归纳推理	确定一个问题的逻辑后果，以及解决这一问题的能力	市场调查员：对未来一段时间内某一产品的市场需求量进行预测
演绎推理	运用逻辑来评估某种观点或价值的能力	主管：在员工提供的两项不同建议中做出抉择
空间视知觉	当物体的空间位置变化时，能想象出物体形状的能力	室内装饰师：对办公室进行重新装饰
记忆力	保持和回忆过去经历的能力	销售人员：回忆顾客的姓名

总体来说，不同的工作要求员工有不同的智力水平。信息处理复杂、信息加工量大的工作，可能需要较高的总体智力水平和言语能力，但高的智力水平并非所有工作的必备条件。其实，很多工作都具有高度的规范性，很少有机会表现出差异，处理这类工作时，高的智力水平与工作绩效之间可以说是无关的。但是，研究也表明，无论什么水平的工作，在言语理解、算术、空间视知觉方面的测试分数，都是工作熟练性的有效预测指标。因此，如果能有效测量出具体维度的分值，对预测工作绩效来说还是很重要的。

（二）特殊能力及其测量

随着社会分工越来越精细，形成了不同实践领域所需要的专门能力。然而，智力测验只提供了对人们一般能力的了解，远远不能满足不同领域对于人员选拔和使用的迫切需要。特殊能力测验正是在这种背景下应运而生的，它对职业选择、人员配置都有重要意义，但这种测验发展较晚，不少测验尚未成形，测验的标准化问题也尚未得到满意解决。

特殊能力的测量具有较强的针对性，每种测验只针对一个特定的职业或特定的能力倾向，我们以企业管理人员的能力测验为例，如表 2-6 所示，在各维度上的比较分析结果显示，在管理胜任能力的人际激励能力和用人能力维度上，管理人员的得分较高；在时限控制和紧迫感维度上得分则较低。在创新能力、人际激励能力、时间计划能力、表达能力和决策能力等维度上，随着管理层次的上升，其得分也逐渐增高。中层管理人员体现出较强的协调能力。

表 2-6　不同组织层次管理胜任能力各维度的平均值与统计检验

能力类型	基层管理人员	中层管理人员	高层管理人员	F 统计检验
创新能力	3.99	4.26	4.51	7.19**
表达能力	3.35	3.68	4.08	10.52*
决策能力	3.71	3.89	4.33	9.38**
人际激励能力	4.20	4.34	4.49	3.92*
用人能力	3.92	4.22	4.40	11.09*
协调能力	3.77	4.01	3.83	2.70
时限控制和紧迫感	2.31	2.10	2.38	1.56
时间计划能力	3.83	4.00	4.38	3.85*

注：* 代表存在显著差异，** 代表存在非常显著差异。

（三）能力与职业的匹配

我们已经知道，人们的能力水平各不相同，并表现在不同的方面。同时，不同的工作又对能力有不同的要求。员工的工作绩效取决于两者之间的相互作用。当能力与工作彼此匹配时，员工的工作绩效水平就会提高。当两者匹配不良时，出现的结果很显然，无论员工的态度多么诚恳或工作积极性多高，最终还是无法胜任工作。

不过，当员工的能力远远超过工作要求而造成能力与工作要求不匹配时，也会出现问题。这种情况会降低员工的工作满意度，尤其当员工渴望施展自己的才华时，他们会因工作的局限性而灰心丧气，甚至降低工作质量。管理学家布兰查德曾引用过一个例子来说明这个问题。20 世纪美国建立第一个农业大工厂时，因为当时劳动力过剩，所以雇用保安人员时，工厂规定的最低标准为：高中毕业，至少有三年警察或工厂警卫的经验。但按这个标准雇用的保安人员工作后，由于感到农业工厂的保安工作（只检查进出大门的证件）单调乏味，表示无法容忍，因而对工作不负责任，离职率极高。后来，工厂雇用了那些初中毕业的人来担任这个工作，他们对工作十分满意，也十分珍惜，工作敬业、负责，缺勤率、离职率很低，保卫工作做得十分出色。

课堂讨论案例

东方广告公司的内部招聘

东方广告公司成立于 1990 年，是中国图书进出口公司投资创办的专业性广告公司。公司拥有一批年富力强、经验丰富的专业人员，可以为客户提供从市场调查、营销策划、广告策划、创意设计到媒体代理、印刷制作、展览设计等全程、全方位的服务。

多年来，东方广告公司依托集团公司良好的品牌效应、雄厚的经济实力和规范的经营作风，始终以“客户的成功就是我们的成功”作为市场化运作的服务宗旨，为日本天龙音响、中国海尔集团等中外著名企业提供优良的服务，并得到了它们的赞誉。

现在公司广告编辑的职位空缺，汤杰和王德是两位候选人。东方广告公司的老总王斯达的要求是：“这个职位需要一位具有良好品质的人。他将要和办公室里所有的人打交道，要求他不仅能够和其他人融洽相处，还能够协调工作，并且在紧迫的时间内按时完成任务。”

以下是汤杰、王德的基本情况。

汤杰，男，35 岁，江苏无锡人。毕业于某外国语学院英语专业。在中学时成绩优秀，积极参加各种学生活动，同时还是学校足球队的队长。后来汤杰进入外国语学院，在英语专业学习的同时，还学习了韩语和日语，并以优异的成绩毕业。在校时，他还是学院学生会的主席。汤杰毕业后，应聘于东方广告公司，工作了 13 年，拥有良好的工作记录，是公司拓展新业务、开发国际市场的典型人才。他精通英语、韩语和日语。他曾被市广告协会授予“优秀广告人”的荣誉称号。

王德，男，38 岁，辽宁凤城人。毕业于某大学新闻专业。在中学时，他很少参加课外活动，中学毕业时，成绩在班上位于前 10 名。在大学时，他攻读的是新闻专业，在学生活动中表现十分活跃。毕业后到东方广告公司工作，已经为东方公司效力 15 年，并且拥有良好的工作记录。他认为：优秀的广告人应该具备三种能力，即创造力、合作力、执行力。世界上任何一个职业，可能都需要创造力，但是没有哪一种职业像广告人一样对创造力的要求这么高。无论是广告作品，还是广告策划活动，都离不开创造力。创造力能带来新的概念、新的想法、新的点子、新的创意。他开朗、谦虚、自律、自信，不甘于现状，锐意进取，凭着执着、诚信、创新的经营理念，闯出了一片新天地。他曾被省广告协会授予"优秀广告人"荣誉称号。

资料来源：周喻弘．组织行为学案例精选精析．北京：中国社会科学出版社，2008.

思考题：

1. 在人事决策中，对汤杰和王德的能力、气质、性格如何进行分析和比较？
2. 广告人必须具备怎样的素质才能应对挑战？
3. 汤杰和王德谁更适合东方广告公司广告编辑的职位？为什么？

第三节　价值观与态度

价值观和态度在个体行为中极其重要，因为它们影响着个体的行为与决策。对一个企业来说，员工的价值观和态度直接决定了他是否愿意以及多大程度愿意为企业及客户提供服务，也决定了他是否愿意融入组织文化，和组织一同发展。组织的领导者应运用有效的方式和途径，使员工树立新的、共同的价值观和正确的态度，尽可能统一员工的行为，实现组织的最高目标。

一、价值观

（一）价值观的定义

价值观是一种观念，是人们衡量自己行为与目标的参照点与选择标准，可以视为个人行为选择的终极原因。当人们接触某一事物时，会赋予这一事物一定的价值，并将外在事物转化为自己内部的价值观念。人总是不断按照自己的价值标准对周围事物进行评价，如对幸福、平等、自由、宗教信仰、政治制度、社会风气、功名利禄、自尊、诚实等因素进行评价，以判断事物的是非、善恶、重要性等。这些因素在人的心目中又会有主次轻重之分，久而久之，人们便形成一个庞大的价值观念体系，并以此为基础进行职业选择。

价值观取决于人生观和世界观。一个人的价值观是从出生开始，在家庭和社会的影响下逐步形成的。一个人所处的社会生产方式及所处的社会地位、经济环境对其价值观的形成有决定性的影响和作用。当然，报刊、电视、广播、网络等宣传的观点，以及父母、老师、朋友和英雄人物的观点和行为，对于一个人的价值观也有不可忽视的影响和作用。后一种影响和作用，在人的幼年和少年时期显得更为突出。

在特定的时间、地点、条件下，人的价值观是相对稳定和持久的，比如，对某种人、物、事的好坏持有的评价和看法，在条件不变的情况下，这种评价和看法不会改变，但是，随着人们经济地位的改变，以及人生观和世界观的改变，这种价值观也会随之改变。

（二）价值观的类型

尽管人们的生活经历不同，价值观也各有差异，但会显示出一些共性，即有些人的价值观具有相似之处，可以归于同一类型。从事组织行为学研究和企业管理研究的专家都十分重视这一问题，提出了许多分类学说，在此主要介绍其中的两种分类。

1. 奥尔波特的价值观分类

美国心理学家高尔顿·奥尔波特和他的助手曾对人的价值观进行过研究，他们把人的价值观分为六种类型。

（1）艺术型。艺术型的人以感受事物的美为最大价值。

（2）经济型。经济型的人以谋求利益为人生最大价值。

（3）权力型。权力型的人以拿捏权力和利用别人为最大价值。

（4）社会型。社会型的人以帮助别人和人际协调为最大价值。

（5）宗教型。宗教型的人以超脱的生活和满意的体验为最大价值。

（6）理论型。理论型的人以探求知识真理和事物的本质为最大价值。

奥尔波特及其助手通过测量个体的价值观偏好，分析不同人群价值观偏好的差异性。通过这种方法，人们发现在不同的工作环境下这六种价值观对不同的人而言有不同的重要性。例如，其中的一项研究是比较牧师和采购代理商，毫无疑问，对于牧师而言，宗教型价值观是最重要的，而经济型价值观是最不重要的。相反，经济型价值观对于采购代理商却是最重要的。

2. 罗克奇价值观调查

1973 年，美国社会心理学家、精神病学家、密歇根州立大学教授罗克奇设计了罗克奇价值观调查表，它包括了以下两种价值观类型：

（1）终极性价值观，指的是个人价值和社会价值，用以表示存在的理想化终极状态和结果，它是一个人希望通过一生而实现的目标。

（2）工具性价值观，指的是道德或能力，是达到理想化终极状态所采用的行为方式或手段。

价值观调查表中包含 18 项终极性价值和工具性价值观，每种价值观后都有一段简短的描述，如表 2－7 所示。施测时，让被试者按其对自身的重要性对两类价值观分别排列顺序，将最重要的排在第 1 位，次重要的排在第 2 位，依此类推，最不重要的排在第 18 位。这种测试可测得不同价值在不同的人心目中所处的相对位置，或相对重要程度。罗克奇价值观研究是把各种价值观放在整个系统中进行的，因而更体现了价值观的系统性和整体性的作用。

表 2-7　罗克奇价值观调查表

终极性价值观	工具性价值观
舒适的生活（富足的生活）	雄心勃勃（辛勤工作、奋发向上）
振奋的生活（刺激的、积极的生活）	心胸开阔（开放）
成就感（持续的贡献）	能干（有能力、有效率）
和平的世界（没有冲突和战争）	欢乐（轻松愉快）
美丽的世界（艺术与自然的爱）	清洁（卫生、整洁）
平等（兄弟情谊、机会均等）	勇敢（坚持自己的信仰）
家庭安全（照顾自己所爱的人）	宽容（谅解他人）
自由（独立、自主选择）	助人为乐（为他人的福利工作）
幸福（满足）	正直（真挚、诚实）
内在和谐（没有内心冲突）	富于想象（大胆、有创造性）
成熟的爱（性和精神上的亲密）	独立（自力更生、自给自足）
国家的安全（免遭攻击）	智慧（有知识的、善思考的）
快乐（快乐的、闲暇的生活）	符合逻辑（理性的）
救世（救世的、永恒的生活）	博爱（温情的、温柔的）
自尊（自重）	顺从（有责任感、尊重的）
社会承认（尊重、赞赏）	礼貌（有礼的、性情好）
真挚的友谊（亲密关系）	负责（可靠的）
睿智（对生活有成熟的理解）	自我控制（自律的、约束的）

一些研究证实了罗克奇价值观在不同的人群中有很大的差异，相同职业或类别的人（例如公司管理者、工会成员、父母、学生）倾向于拥有相同的价值观。例如，一个研究比较了公司经营者、钢铁业工会成员和社区工作者的价值观，结果表明三组人的价值观有很多是重叠的。但是，这三类人群也存在显著的差异，如表 2-8 所示。

表 2-8　经营者、工会成员和社区工作者的价值观排列

经营者		工会成员		社区工作者	
终极性价值观	工具性价值观	终极性价值观	工具性价值观	终极性价值观	工具性价值观
1. 自尊	1. 正直	1. 家庭安全	1. 负责	1. 平等	1. 正直
2. 家庭安全	2. 负责	2. 自由	2. 正直	2. 和平的世界	2. 助人为乐
3. 自由	3. 能干	3. 快乐	3. 勇敢	3. 家庭安全	3. 勇敢
4. 成就感	4. 雄心勃勃	4. 自尊	4. 独立	4. 自尊	4. 负责
5. 快乐	5. 独立	5. 成熟的爱	5. 能干	5. 自由	5. 能干

社区工作者的价值偏好与其他两种人存在很大的差异，他们认为平等是最重要的终极性价值观，而公司经营者和工会成员却分别将这种价值排在第 14 位和第 13 位。社区工作者将助人为乐在工具性价值观里排第 2 位，其他两类人都将它排在第 14 位。

这些差异是很重要的，因为经营者、工会成员和社区工作者对公司所做的事情有不同的兴趣。当公司经营者与其他两类人中的股东坐在一起谈判或讨论有关公司的经济和社会政策时，他们可能从各自偏好的不同的个人价值观出发，在个人价值观相当

复杂的公司里，要想对某个具体问题或政策达成一致意见可能是相当困难的。

二、态度

（一）态度的定义

态度是指个体对外界的一种较为持久而又一致的内在心理和行为倾向。人们在认识客观事物或在工作交往中，总是对人或事件产生不同的反应，做出各种各样的评价，如赞成或反对、亲近或疏远、喜欢或厌恶、接纳或排斥等。这种对客观对象所表现出来的积极、肯定或消极、否定的心理倾向，是一种内在的心理准备状态，它一旦变得比较持久稳定，就会成为态度。

一般来说，态度是个体对客观事物、人和事件的某种评价性反应，它反映着一个人对某些事物的感受，例如，“我喜欢这份工作”“我讨厌这个人”等。态度是一个复杂的综合体，具有一定的内在心理结构，它是由认知、情感和行为倾向这三种心理成分构成的。

1. 认知成分

认知成分是指个体对态度对象的认识、理解和评价，是态度的理性或道理成分。比如“我们认为人力资源是企业获取竞争优势的核心”“他长得很帅气”，这种认知成分包括了对某种对象的认识、理性判断和信念。

2. 情感成分

情感成分是指个体对态度对象的喜爱或厌恶的情感体验。不管对态度对象的认知内容多么复杂，但个体的情感表达却十分简明，比如，“我喜欢挑战，不喜欢平庸”“我很喜欢他”。

3. 行为倾向成分

行为倾向成分也叫行为意向，是指个体对态度对象的反应倾向，是行为的准备状态。比如，“我要找领导谈谈”“我准备明天请他看电影”。需要说明的是，这种意向并非行为本身。人的行为是外显的行动，意向只是行为的必要条件，个体能否表现出外显行为，还要看其他因素，如社会规范、习惯、对行为结果的预期等影响。

在这三种心理成分构成中，认知成分是态度形成的基础，如果没有对态度对象的认知，就难以形成对该对象的态度；情感成分可以说是态度结构中的核心部分，一个人的态度往往会通过情感形式表现出来，正是由于不同的情感体验，形成了不同的态度；行为倾向成分则是态度含有的一种内在倾向，即一定的态度能够导致可以预见的相应的行为，当然，在有些情况下，态度与行为的表现也可能会不一致。

（二）态度对行为的影响

态度用于行为的指导和动力系统，对人的行为有直接而重要的影响。

1. 态度影响认知与判断

认知对态度的形成产生作用，态度一旦形成也会对认知产生反作用，有正面也有负面作用。以正确的价值观为基础的科学态度会对人的认知、判断产生积极的影响；而如果态度形成使人产生心理反应的惰性（如对人、对事物形成了僵化、刻板的态度），就会干扰、妨碍认知与判断的准确性，容易使人产生偏见、成见，导致判断失误。例如，对犯错误的人产生厌恶的态度，即便改好了也表示怀疑；少数人常常效仿多数人的观点，不管观点是否正确；有的人盲目模仿别人的言行，不管是否适用。

2. 态度影响行为效果

一个人热爱自己的工作，以稳定积极的态度对待工作，就会努力提高工作绩效。例如，一个人若以积极的态度对待学习，就容易激发其强烈的求知欲望，从而感知敏锐、观察细致、思维活跃，提高学习效果；反之，如果对学习持厌恶的态度，效率就会很低。

3. 态度影响忍耐力

忍耐力是指人对挫折的耐受、适应能力，它和人所从事活动的态度有密切关系。例如，追求真理、热爱科学的人，对实验的失败有较强的忍耐力；对团体有认同感、抱有忠诚态度的员工，当团体遭遇挫折时，能够休戚与共、风雨同舟，表现出较强的忍耐力；反之，出现挫折就会产生抱怨、牢骚，甚至辞职离去。

4. 态度影响相容性

在社会交往活动中，一个人对自己、对他人、对集体的态度，往往会影响他与群体的融合程度。同样，团体成员之间的相互态度，也影响团体的相容性和凝聚力。一般说来，如果人与人之间持有真诚、友好、热情、谦和、宽容、互助的态度，那么社会成员之间就会和睦相处，形成很高的相容性，组织内也会形成很强的凝聚力；反之，虚伪、冷漠、敌视、傲慢、苛求、尖刻的态度则会导致人际关系紧张，凝聚力下降。

（三）态度改变的理论

态度的三种成分通常是协调一致，共同起作用的。例如，了解到吸烟害处的人，如果反对吸烟，并且自己也不吸烟，就是取得了认知、情感、行为的一致。但是，态度的三个成分往往会显示出不能协调一致的结果。研究发现，态度的三个成分之间作用程度并不一样。一般来说，情感是态度的中心成分，它会决定行为倾向。关于态度的研究表明，即使一个人表明了自己对某个对象的态度，也不意味着他的行为与其表达的态度或观点相一致。从本质上讲，态度是一种与外显行为可能一致也可能不一致的主观经验。

针对态度的这种非一致性，出现了众多与态度改变相关的理论。以下介绍最具影响力的两种理论。

1. 费斯汀格的认知失调理论

20 世纪 50 年代末，美国社会心理学家列昂·费斯汀格提出了认知失调理论，也称认知不协调理论。这个理论试图用认知的观点对态度和行为之间的联系做出解释。人们有很多观念，其中有些观念相互之间是一致的，而有些可能是相互矛盾的，还有一些相互之间是没有联系的。相互矛盾的观念就是不协调，不协调会使人感到不舒服，所以，我们有一种倾向，就是把不舒服降低到最低限度。

认知失调理论认为，在我们的社会中，你的公开立场通常会与你的个人观点或信念大体一致。所以，如果你相信“X”，而公众立场为“非 X”，你就会感到认知不协调和不适。然而，假如你知道支持“非X”是由压力、报酬的许诺或者惩罚威胁所导致的，这种不协调就会有所削减。你越将不一致的行为视为由于自己的原因，你的不协调程度就越深。

有一种方法可以减少这种认知不协调的不快，就是改变你的个人观点以使它和行为一致（即改变立场）。费斯汀格认为当不协调较大时，态度和观点的改变也较多。考虑一下，假如有人给你一大笔钱，让你在公众面前发表与你真实观点相反的立场，你同意了，然后假定其他人也对你提出同样要求，但是给你很少的酬劳，尽管此事不值得一为，你仍然同意了。哪种情况下你的认知不协调更大呢？按照逻辑，在酬劳较少的条件下你的认知更不协调，因为你态度的前后矛盾缺少充足的理由。因此，按照费斯汀格的理论，你的个人观点在这种情况下会改变更多。

2. 海德的认知平衡理论

认知平衡理论是由心理学家海德在1958年提出的。他认为，人类普遍有一种平衡、和谐的需要，一旦人们在认识上有了不平衡和不和谐感，就会在心理上产生紧张和焦虑，从而促使他们的认知结构向平衡、和谐的方向转化。

认知平衡理论涉及一个认知对象与两个态度对象之间的三角形关系。例如，用符号P来表示认知主体，用符号O与X表示两个态度对象，O与X称为处于一个单元中的两个对象。认知主体P对构成一体的两个对象O与X的评价是带有情绪性的，即好恶、赞成与反对。

通常，认知主体对单元中两个对象的态度是趋向一致的，如喜欢某人，则对某人的工作也很赞赏；不喜欢某人，则认为他的朋友也不是好人。

为此，当认知主体对一个单元内两个对象看法一致时，其认知体系呈现平衡状态；当对两个对象持相反看法时，就产生不平衡状态。例如，喜欢某人，但对他的工作表现不能赞同，不平衡的结果会引起内心的不愉快和紧张。消除不平衡状态的办法是赞同他的工作表现，或不再喜欢此人，这就产生了态度转变的问题。

现将上述的P—O—X的关系列成图解形式，符号“＋”表示正的关系，符号“—”表示负的关系，那么，将会产生8种结构，其中4种是平衡的结构，4种是不平衡的结构，见图2-3。

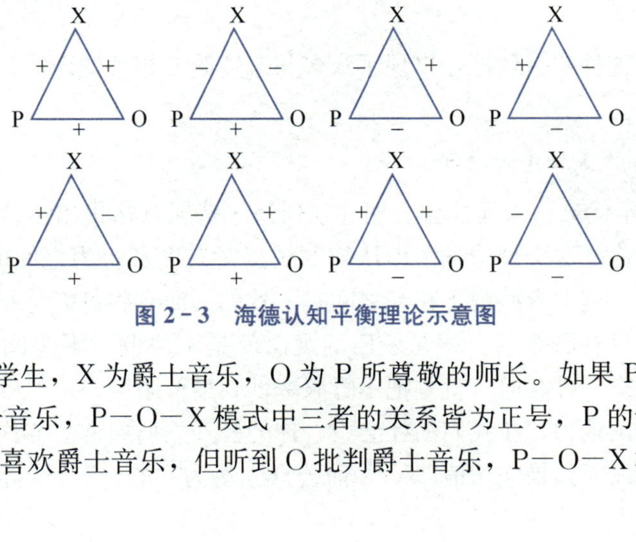

图2-3 海德认知平衡理论示意图

例如，P为学生，X为爵士音乐，O为P所尊敬的师长。如果P喜欢爵士音乐，听到O赞美爵士音乐，P—O—X模式中三者的关系皆为正号，P的认知体系呈现平衡状态。如果P喜欢爵士音乐，但听到O批判爵士音乐，P—O—X模式中，三者的关系为二正一负，这时 P 的认知体系呈现不平衡状态，不平衡状态会导致认知体系发生变化。

认知平衡理论的用处在于使人们可以用“最小努力原则”来预计不平衡所产生的效应，使个体尽可能少地改变情感关系以恢复平衡结构。在一定的情境中，认知平衡理论能以简练的语言来描述认知的平衡概念，是解释态度改变的重要理论。

（四）工作中的态度类型

一个人可以有几千种态度，但是组织行为学只把注意力集中在有限的、与工作相关联的态度上。与工作相关联的态度主要有三种，即工作满意度、工作参与度、组织承诺。

1. 工作满意度

工作满意度通常是指某个人在组织内进行工作的过程中，对工作本身及其有关方面（包括工作环境、工作状态、工作方式、工作压力、挑战性、工作中的人际关系等）有良性感受的心理状态。如果一个人拥有较高水平的工作满意度，说明他对工作持积极的态度；而对工作不满意的人，则对工作持消极态度。当人们谈论员工的态度时，更多指的是工作满意度（本章第四节将对工作满意度做详细介绍）。

2. 工作参与度

工作参与度这个概念是最近补充到组织行为学文献中的。尽管对该术语的定义尚未完全达成一致意见，但其中一个被采纳的定义是：工作参与度测量一个人从心理上对其工作的认同程度以及认为他的绩效水平对自我价值的重要程度。工作参与度高的员工对他们所做的工作有强烈的认同感，并且真的很在意自己的那份工作。研究发现，高的工作参与度与低缺勤率和低辞职率正相关。

3. 组织承诺

组织承诺是指员工对于特定组织及其目标的认同，并且希望保持组织成员身份的一种心态。人们认为，高工作参与度意味着一个人对于具体工作的认同，高组织承诺则意味着对所在组织的认同。

与工作参与度类似，研究结果表明，组织承诺与缺勤率和流动率呈负相关。虽然人们往往更多地使用工作满意度作为预测流动率的指标，但其实组织承诺是一个更好的预测指标，因为它能对组织整体有更全面、更长久的反映。一名员工可能会对他所从事的某个具体工作不满意，但认为这是暂时的现象，因而并不对组织的整体感到不满意。但是，当不满意蔓延到组织本身时，员工很可能会考虑离职。

（五）员工态度的测量

企业为了解员工对工作的满意度，以及对薪酬、主管工作和对企业整体的看法等，需对员工的态度进行测量，其测量方法主要有调查与专业测量两种。

1. 调查法

一般情况下，要掌握员工的态度，可以用多种调查方法，其中包括观察法、有关资料统计法、面谈法和调查表法等。

（1）观察法。主管人员与下属员工来往关系最密切，通过彼此来往和接触最容易观察到所属员工的态度及其变化倾向。

（2）有关资料统计法。组织内的某些资料也能反映员工态度的好坏。如员工迟到、早退、请假的次数和时间越多，离职率越高；惩处人数和次数越多，就表明员工的态度越恶劣；反之，则表示员工态度良好。这些资料可以由人事劳动管理部门和统计部门掌握，为了便于分析比较，在收集和统计时，还应按单位和时间进行系统分类。

（3）面谈法。由主管人员或由其指定专人与员工进行个别谈话，也是了解员工态度的方法之一。为了取得更好的效果，要注意面谈对象的代表性并把面谈内容事先通知面谈者，特别重要的是要使面谈者无所顾忌地直言不讳。为此，主管人员或指定人员，在与面谈者谈话过程中，必须注意：少讲多听，不轻易打断对方的话，设法使对方谈话轻松，不受约束；不能显露出不耐烦；尽力摆脱外界干扰；不妄加评论。特别要重视人员调离前的面谈和调入后的面谈，因为这时最容易了解到真实的情况。

（4）调查表法。由管理人员针对特定的调查目的，设计出能反映员工态度的调查表，由被调查者填写，然后对表进行逐项和综合分析，从而看出员工的态度和变化趋势，这也是调查方法之一。

2. 专业测量法

专业测量法包括态度量表法、自由反应法和生理反应法。

（1）态度量表法。态度量表法是指根据测量的需要，针对特定的调查目的，由专业管理人员设计出若干题目的量表，由被调查者填写，根据个人对题目的反应给分，分数代表被调查者对该事件的态度以及强弱程度，根据被调查者的总分，看出员工的态度和变化趋势。在心理学中，先后出现了瑟斯顿式、利克特式、语义分析等专业性的量表。

（2）自由反应法。自由反应法是指创设一定的条件，让被调查者自觉或不自觉地表明自己对某对象的态度，从而直接得到或经过分析得到被调查者的态度。可以提出一些开放式的问题，如“你对本单位的改革有何看法?”等，由被调查者自由反应，也可以提出未完成的句子，如“假如我是××长……”等，由被调查者写完，这样可以看出被调查者的态度。

（3）生理反应法。生理反应法是指通过个体的生理反应指标来测量个体态度的方法。从心理学研究来看，生理反应法是运用一定的仪器测量人身体的指标（如血压、脉搏、呼吸、皮肤温度等），由此探求身体的生理指标与个人的情绪、认知、行为的关系。

人的态度体系中都有一种“自我防御”的功能，人们总是顾忌自己的真实态度不符合社会、团体的规范，从而遮盖其真实态度。因而，在态度测量时，应将各种测量方法同人员表现结合起来，综合评定，才能得出比较可靠的结论。

组织的领导者，应当仔细地观察和了解下属人员的态度，并通过教育和各种影响来改变他们的不正确态度，进一步坚持、巩固正确态度，提高士气，以增进对组织的忠诚度和向心力，使员工对工作更热忱，与同事的关系更和谐，对管理措施更支持，使每个人工作得更为满意，表现得更好。这样，整个组织就会达到更好的效能。

课堂讨论案例

做好人的代价

随和的人通常更加善良，在社交场合更懂得通融，你也许认为这可以帮助他们在生活中取得更多的成功，然而，这种随和有其缺点，因为它也许意味着更低的收入。最近的一项研究解答了这一问题及其他一些疑团，有些结果可能会让你惊讶。

第一，也是最明显的一点，随和的人通常不太擅长所谓的分配式谈判。分配式谈判并不强调必须找到双赢的解决方案，它更多是为了最大限度地实现利益分配。因为薪资谈判通常是分配式的，随和的人要的薪水通常比自己本来可以得到的更低。也许正是因为欠缺这种谈判能力，随和的人其信用评分也比较低。

第二，随和的人也许会选择在工资水平较低的行业或职位，比如教育或医疗保险等关怀产业中工作。随和的人更容易被公共部门或非营利性组织中的工作吸引。

第三，随和的人由于缺乏做领导的动力，较少主动完成一些额外的任务，比如提出一些提高组织效率的方法。这些可能都是他们收入不高的原因。

随和的性格显然不会增加收入，但它确实有好处。随和的人在工作中更讨人喜欢，更愿意帮助他人，通常来说在生活和工作中更快乐。

尽管这些善良的人通常收入不高，但薪资本身并不能决定生活是否快乐，从这方面来说，随和的人还是有优势的。

资料来源：斯蒂芬·罗宾斯，蒂莫西·贾奇．组织行为学．16版．北京：中国人民大学出版社，2016.

思考题：

1. 你觉得雇主必须从随和的员工和表现优秀的员工中二选一吗？为什么？

2. 通常，人格带来的影响取决于情境。你觉得在什么样的工作情境下，随和是一种重要的美德，在什么情况下它又会对工作表现不利？

第四节　工作满意度

一、工作满意度的概念

20世纪30年代，随着人际关系学派的兴起，组织行为学家提出工作满意度的概念，并对此给予了很大的关注。工作满意度是员工对其工作各个方面的积极或消极的感情。工作满意度是一种工作态度，它强调了态度的感情成分，即是否喜欢自己的工作。工作满意度可以是一般的，也可以是具体的，前者如“总的来说，我对工作比较满意”，后者如“我对待遇比较满意，对其他方面不太满意”。

从本质上来说，工作满意与否取决于员工的期望（心理契约）与实际结果的比较。如果期望很高，而与实际所得到的不一致，就会产生不满。所谓心理契约，是指员工与组织之间不成文的协议，协议内容涉及彼此之间关于付出与获得的期望。例如，组织期望员工付出忠诚、创造力以及额外的努力等，员工期望获得工作安全、公平对待、事业发展等。

二、工作满意度的影响因素

决定工作满意度的重要因素是工作的挑战性、报酬的公平性、工作环境、同事关系和人格与工作的匹配。

（一）工作的挑战性

员工更喜欢选择这样的工作：能够为他们提供使用自己的技术和能力的机会，能够为他们提供各种各样的任务，有一定的自由度，并能对他们工作的好坏提供反馈，这些特点使得工作更富有挑战性。挑战性低的工作使人感到厌烦，但是挑战性太强的工作会使人产生挫折和失败的感觉。在中度挑战性的条件下，大多数的员工会感到愉快和满意。

（二）报酬的公平性

员工希望分配制度和晋升政策能让他们觉得公正、明确，并与他们的期望一致。当报酬公正地建立在工作要求、个人技能水平、工资标准的基础之上时，员工就会感到满意。许多人宁愿接受较少的报酬，而在一个自己喜欢的地点工作，或者选择要求较少的工作，或者选择有更多自主性和自由支配时间的工作。报酬与满意之间的联系关键不是一个人的绝对所得，而是相对公平的感觉。

（三）工作环境

员工对工作环境的关心既是为了个人的舒适，也是为了更好地完成工作。研究证明，员工希望工作的物理环境是安全的、舒适的，温度、灯光和其他环境因素都使人舒适。另外，大多数员工希望工作场所离家比较近，设备比较现代化，有充足的工具和机械装备。

（四）同事关系

人们从事工作不仅仅为了挣钱和获得看得见的成就，对于大多数员工来说，工作还满足了他们社会交往的需要，所以，友好的和支持性的同事会提高工作满意度。上司的行为也是一个决定满意度的主要因素。研究发现，当员工的直接主管是善解人意的、友好的，对员工好的绩效提出表扬，能够倾听员工的意见时，员工的满意度会提高。

（五）人格与工作的匹配

霍兰德在人格与工作匹配理论中提出，员工的人格与工作的高度匹配将给个体带来更高的满意度。当人们的人格特征与所选择的工作相一致时，他们会发现自己有合适的才能来适应工作的要求，并且在这些工作中更有可能获得成功。同时，由于这些成功，他们更有可能从工作中获得较高的满意度。

延伸阅读

“亚洲最佳雇主”的成功之道

与其他商业组织一样，上海波特曼丽嘉酒店并不讳言其经营的最终目标是不断获得盈利，波特曼丽嘉酒店深信，公司盈利的基础来自高的顾客满意度，而顾客满意度又建立在员工满意度的基础之上。因此，酒店对员工承诺的第一条是：“在波特曼丽嘉，我们的绅士和淑女是对客户服务中最重要的资源。”这也是波特曼丽嘉处理一切员工事务的精髓所在。

正是在这种理念的指引下，这家五星级酒店的员工满意度多年保持在95%之上，并且多次蝉联“亚洲最佳雇主”的称号。波特曼丽嘉在保持高员工满意度的同时，其员工流失率在业内也是最低的。在波特曼丽嘉看来，留住员工、让员工满意地工作实际上从招聘就开始了。

在酒店行业，波特曼丽嘉的招聘条件是出了名的严格。它选用的员工既要拥有从事不同岗位所需的特殊天赋，其个性与价值观也必须与酒店文化相符合。只有同时具备了这两方面，员工才会真正找到归属感。波特曼丽嘉的文化要求酒店尊重、关怀每位员工，但无疑也期望他们都能够达到酒店要求的高水准，并做出最好的贡献。员工在举止、行事上出现偏差时，酒店不会责备他，而是向他明确酒店标准并引导他改正。如果有需要，还可以为他调换工作岗位。总之，在波特曼丽嘉，员工有很多机会去改进自己的工作。

资料来源：李庆胜，许汝贞．基于系统的组织行为管理．济南：山东人民出版社，2016.

三、工作满意度与绩效的关系

（一）工作满意度与生产率

许多人想当然地认为“快乐的工人是工作绩效高的工人”，这其实是不对的。几十年来严格的实验研究并未证明高满意度导致高生产率。近年来，大部分学者开始相信高生产率导致高满意度。例如，如果组织奖励高生产率，那么较高的生产率会增加员工被口头表扬的次数，提高其收入水平，增加其晋升的可能性，而这些收获会提高员工对工作的满意度。

（二）工作满意度与缺勤率

工作满意度与缺勤率存在负相关的关系。有一项研究说明了二者的关系：一家公司在A、B两地分别设立了两个总部，公司有一项规定——不允许员工因可以避免的原因而缺勤，否则要受到惩罚。某一天，A地出现了一场反常的暴风雪，而B地的天气却相当好。在这项研究中，一个有趣的维度是暴风雪为A地员工创造了不去工作的借口，大雪使城市的交通处于瘫痪状态，每个人都知道他们今天可以不上班，而且不会受到任何惩罚。这个自然实验，可以比较两个地区满意和不满意员工的出勤记录：B地的员工必须去上班（处于正常的上班压力下），而A地的员工可以自由选择而不会受到惩罚。如果高满意度能导致出勤，则当没有外部因素的影响时，在A地有较高满意度的员工应该来上班，而不满意的员工则可能待在家里。研究发现，B地的员工中，满意群体和不满意群体缺勤率一样高；但是在A地，高满意度的员工出勤率比那些低满意度的员工出勤率高很多。

（三）工作满意度与流动率

工作满意度与流动率之间呈负相关，而且这种相关比工作满意度与缺勤率之间的相关度更高。有研究表明，工作满意度与流动率关系的一个重要中介变量是员工的绩效水平。尤其特别的是，预测高绩效者的流动情况时，工作满意度并不重要。因为，一般来讲，组织都会做出相当的努力来挽留这些高绩效的员工。它们给员工提高工资，给予更多的表扬和认同，增加晋升机会等。而对那些低绩效的员工则采用相反的方式，组织很少会挽留这样的人，甚至可能制造一些微妙的压力鼓励他们辞职。所以，人们可以认为，工作满意度对低绩效者的影响大于对高绩效者的影响。不管工作满意度水平如何，高绩效者更可能待在组织里，因为他们得到的认可、表扬和其他报酬为他们的驻留提供了更多的理由。

另外，研究还发现，一个人对生活的一般态度调节着工作满意度和流动率的关系。具体来讲，那些比别人抱怨更多的员工，与那些对生活持更积极态度的员工相比，当他们对工作不满意时更不愿辞职。所以，当两个员工对工作不满意的水平相同时，最可能辞职的人是从总体上对生活抱乐观态度的人。

（四）工作满意度与组织公民行为

工作满意度是决定员工组织公民行为的一个重要因素。感到满意的员工更可能以积极的心态来谈论组织、帮助他人，在工作中也做得比正式期望更多。另外，感到满意的员工可能更倾向于主动承担正式要求之外的更多责任，因为他们希望回报自己的积极体验。与这种想法相一致，早期对于组织公民行为的讨论也假定组织公民行为与工作满意度有密切联系。然而，近年来越来越多的研究证据表明，工作满意度对于组织公民行为的影响，是通过公平感产生的。

工作满意度与组织公民行为之间的关系总体上仅达到中等程度的相关，而且，如果控制了公正性这一要素后，工作满意度与组织公民行为之间无相关。这意味着什么？从根本上说，工作满意度来自公平的结果、待遇、程序这些概念。如果员工觉得上级主管、组织程序、薪酬制度是不公平的，则工作满意度可能会受到显著打击。当员工感觉到组织程序与结果是公平的，则会产生信任。当员工信任自己的雇主时，就会更愿意自觉履行正式工作要求之外的行为。

四、工作满意度的测量

一个人的工作不仅仅是处理文件、撰写方案、等待客户、驾驶卡车等显而易见的活动，任何工作都需要与同事进行相互交往，遵守组织的规章制度，达到绩效评价标准，生活在与理想有差距的工作环境中等。这意味着，员工对自己工作是否满意的评价，常常是对大量不同工作元素进行综合的结果。那么，人们如何测量这种满意度呢？

有两种使用最广泛的手段：一是单一整体评估法，二是由大量工作要素组合而成的综合评价法。单一整体评估法只要求个体回答一个问题，如，“如果你把所有因素考虑在内，你对自己的工作满意吗？”要求从数字1～5所代表的分数等级中圈出一个符合自己的数字，这些数字代表了从“非常满意”到“非常不满意”的不同程度。工作要素综合评价法则是一种更复杂的方法，它首先需要确定工作中的关键要素，然后询问员工对于每一项要素的感受。典型的因素包括：工作性质、监督与控制、当前的收入、晋升机会和同事关系。工作要素综合评价法通过标准化的量表来评估这些要素，数据累加起来就得到了工作满意度总分。

两种测量方法中哪一种更为优越呢？直觉上看，似乎对诸多工作要素的综合反映能够使工作满意度的评估更为精确，然而，研究结果并不支持这种直觉。有人对单一整体评估法和更烦琐的工作要素综合评价法进行了比较，结果表明前者与后者同样有效。对这一结果的最好解释是，由于工作满意度概念的内涵太广，因此，单个问题就抓住了它的本质。

职业素养提升

社会主义核心价值观是当代中国精神的集中体现，凝结着全国人民共同的价值追求。“敬业、诚信、友善”是每一个公民个人层面的价值准则，是评价公民道德行为选择的基本价值标准。在组织行为学学习中，应融入社会主义核心价值观，并将其转化为情感认同和行为习惯。

本章知识结构图

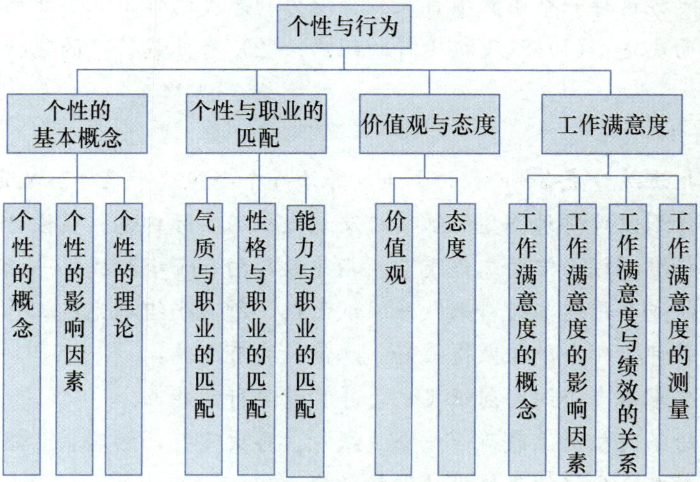

复习思考题

1. 什么是个性？
2. 气质有哪些类型？各自的典型特点是什么？
3. 结合实例说明个性差异在工作安排中的应用。
4. 什么是态度？态度对人的行为有什么影响？
5. 海德的认知平衡理论的具体内容是什么？它对管理者有何帮助？

6. 什么是认知失调理论？个体减少不协调的愿望该如何解决？请举例说明。

7. 联系实际谈谈价值观对人的生活方式和工作选择有什么影响。

认知与行为测试

扫一扫做测试：气质类型测试

团队作业

团队游戏：纸飞机比赛

一、目标

1. 思考个人能力怎样影响团队绩效。
2. 检验态度在完成团队任务中的作用。
3. 思考工作满意度和工作投入对工作绩效的影响。

二、介绍

在本章，我们讨论了个人价值观、态度和能力对各种结果如绩效和员工流动率的影响，然而，我们还未考虑这些因素在团队项目的工作环境中的作用。本游戏的目的是通过制造纸飞机这样一个团队项目来检验能力和态度的作用。小组的工作质量由纸飞机的三个方面决定：(1) 纸飞机飞行的距离；(2) 有效载荷下的飞行距离；(3) 设计特色。

三、说明

指导教师把班级分成3～6人的小组，并给每个小组起个名字。确定小组名字后，小组成员开始计划设计哪种类型的纸飞机及纸飞机的实际构造。在设计时，要记住通过上述的三个标准测评小组的工作质量。指导教师向每个小组提供一张同样大小的白纸及胶带，小组成员用这些材料来做一架纸飞机。所有小组都完成工作后，将举行比赛，用比赛结果评价哪个小组做得最好。评价一共有三轮：

第一轮，要求每个小组发射纸飞机，并测量飞行的距离。

第二轮，给纸飞机加上载荷——一片纸片，再次飞行，然后测量距离。

第三轮，对整个班级的飞机设计进行评价。

最后评估和宣布每个小组的总成绩。

四、问题讨论

1. 小组如何决定设计纸飞机？
2. 当设计和发射纸飞机时，小组是否考虑了每个成员的能力？
3. 是否所有小组的成员都同样参与并对小组的最后成果同样满意？说明原因。
4. 小组如何才能提高其成员的工作投入和工作绩效？给出一些具体的建议。

资料来源：罗伯特·克赖特纳. 组织行为学. 6版. 北京：中国人民大学出版社，2007.

案例分析

总经理秘书的人选

天星公司是一家从事计算机产品生产与销售的公司。公司规模不大，员工有70～80人。由于总经理的秘书一个月以后要到国外留学，现在已经提出辞职，因此空缺了这个职位。这个职位对总经理来说非常重要，总经理非常急于找到适合这个职位的人，于是就让人力资源部赶快去招聘候选人。

总经理秘书的主要职责是帮助总经理处理一些日常事务。总经理每天要与很多人会面，包括客户、供应商、媒体人员、工商管理部门等的人士，并且总经理的公务电话也非常多，还要参加大量的会议。秘书必须帮他管理各种事务的日程，具体的做法就是将总经理已经约定好的会议或约会记录下来，并在会议或约会之前提醒总经理。如果临时有人提出会议或约会的请求，秘书要先征询总经理的意见，确定总经理的时间，然后再与提出会议或约会的人商量。总经理所有的公务电话都是由秘书首先接听，然后再转给总经理，这样可以避免一些误打的或者无须总经理亲自解决的电话打扰总经理的工作。秘书经常会接到一些愤怒的投诉者的电话，还会有一些人非要纠缠着找总经理。时间上的冲突是难免的，因此秘书有时需要灵活处理这些问题。当有客人来访时，秘书要帮助接待客人，为客人倒水。如果总经理需要召集会议，秘书则要帮助预订会议室并准备会议所需的设备和资料。有些会议，例如每周一的例会，秘书还要在现场做会议记录，并在会议之后一个工作日内整理出会议纪要发给与会者。

总经理的各种邮件也特别多，包括电子邮件和一些传真等。秘书要帮助总经理收发这些邮件，对邮件进行分类存档、复印、打印等。公司的电子邮件系统和办公自动化系统采用的是 Lotus Notes 系统，因此秘书必须能够熟练使用这个系统。秘书也经常会帮助总经理起草一些信函和常规的文件，所以必须有一定的文字功底，还要擅长电脑文字录入和排版。总经理有时会让秘书帮助录入一些文件，或者做一些幻灯片和电子表格，因此秘书必须熟练运用各种办公软件。总经理收到的文件和发出的文件都要做系统的归档，秘书必须保证当需要用到一份过去的文件时能够迅速找到它。以上这些文件中有些是英文的。因为总经理是一个不愿意为琐碎细节分心的人，所以秘书必须对这些细节谙熟于胸。

作为总经理的秘书，经常需要与其他部门的人交往，也会与外部的客户或政府部门、媒体等打交道，因此秘书必须善于处理各种人际关系。各个部门都有不少人想要讨好总经理，因此很多人都试图通过讨好总经理秘书来得到一些重要信息。而秘书所掌握的很多信息属于公司机密，是不可以随意泄露给别人的。

另外，总经理不可能有很多时间直接与各部门的员工交流，所以秘书在与公司内其他部门的员工交往过程中所获得的员工信息将会对总经理很有帮助。公司与外部其他单位之间存在密切的依存关系，与总经理打交道的也都是对公司业务非常重要的人物，这些人物有不同的个性，而且与总经理的关系极其微妙。

另外由于秘书所要管理的文件中有大量与业务有关的文件，因此他（她）最好能懂得一些商务和技术知识。现在的秘书是商务英语本科毕业的，能够很好地胜任工作。

秘书所要做的工作是琐碎的，也是很繁重的，而且由于情况经常发生变化，工作节奏常被打乱，很多突发事件常常令人措手不及。由于总经理的工作时间没有规律，秘书有时也要随之在晚上或周末加班。总经理经常要去香港的总部或者其他地方出差，在总经理出差期间，秘书应该能够独立完成自己的工作。总经理的工作压力很大，因此有时难免会发脾气，也有错怪别人的时候，作为秘书，挨批或者受到冤枉也是常有的事情。

资料来源：张德，吴志明．组织行为学．大连：东北财经大学出版社，2016.

问题：

1. 如果你是人力资源部的招聘负责人，现在总经理让你负责这个秘书职位的招聘，你认为作为该职位的人选，应该具备怎样的能力特征和人格特征呢？

2. 能适应该公司秘书职位的人，还适合哪些职业？

第三章
知觉与行为

◎ 学习目标

知识目标

1. 理解知觉特征及影响因素。
2. 掌握社会知觉偏差的具体表现。
3. 了解归因理论的基本内容。
4. 熟悉归因偏差及其表现。

能力目标

1. 能客观看待个体的知觉差异。
2. 能识别知觉偏差及归因偏差。
3. 能建立自我印象管理意识。

引例

所见为实吗?

星期三上午9点，张辰走进了一家机器零售店。店里有三个人：一个人靠在机器旁打瞌睡，一个人在修理一辆儿童自行车，还有一个人正在给“亲爱的”打电话。张辰见此情景，心里想：“真是一帮游手好闲的人，如果我是他们的老板，早就把他们‘炒鱿鱼’啦!”

实际上，机器零售店里的真实情况是这样的：第一个员工为了赶着送出一批订货，已经连续工作24个小时了。第二个员工则是在利用他的假期完成公司发起的“给贫困儿童送玩具”的活动。第三个员工也已经工作一整夜了，此时他刚有机会给生病的妻子打个电话。

资料来源：唐宁玉．组织行为与管理．北京：北京师范大学出版社，2012.

通过上述案例，请思考：

1. 张辰看到的现象和实际情况为什么会有如此大的偏差？以此案例为例，分析人的知觉有哪些特性，这些特性会对我们的行为造成什么样的影响。

2. 想一想自己在日常生活中是否遇到过和上述案例类似的情况，并思考今后将如何避免此类情况的产生。

第一节　知觉概述

一、知觉的概念

知觉指的是个体为了对自己所在的环境赋予意义而组织和解释他们感觉印象的过程。例如，有一个事物，我们通过视觉器官感到它具有圆圆的形状、红红的颜色，通过嗅觉器官感到它特有的芳香气味，通过手的触摸感到它硬中带软，通过口腔品尝到它酸甜的味道，于是，我们觉察到这个事物是苹果。这就是知觉。

但是，一个人所感知的东西可能与客观现实差距很大。同时，身处同一环境的不同个体对同一环境持一致看法的情况也非常少见。这是因为人们的行为是以其对现实的认知，而不是以现实本身为基础的。所以，知觉对于组织行为的研究十分重要。

二、知觉的特征

知觉具有以下四个基本特征：

（一）相对性

知觉的相对性是指人们总是根据事物之间的相对关系来对事物进行反映。知觉对象与背景之间的关系就是知觉相对性的典型表现。知觉对象是清晰地反映在意识中的物体，背景是模糊地反映在意识中的物体。知觉对象和背景会产生动摇，随着时间和条件的变化，知觉对象和背景有时会互换。如图 3－1 所示，当我们以白色作背景时，我们看到的是两张相对的人脸；而如果以黑色为背景，我们则看到一个花瓶。

图 3－1　知觉的相对性示例

（二）整体性

知觉的整体性是指人们把现实对象作为一个统一的整体来感知。知觉对象是一个复合刺激物，它由许多部分组成，各个部分具有不同的特征，但人们在感知它的时候，并不将它分割为孤立的部分，而是将其作为一个整体来感知。例如，当我们观察一个“△”形状的图形时，一开始就把它看成三角形，并不认为它是三条直线。又如我们在听音乐的时候，所感知的并不是个别的音符，而是旋律，不管这种旋律是由交响乐队、弦乐队还是一架钢琴演奏出来的。这种情况下，在我们的意识中，音乐形象的完整性要比声音更鲜明。例如，对于图 3-2 中的图形，有的人感知到的是压在三个圆形上的三角形，有的人感知到的是三个缺口的圆形。

图 3-2　知觉的整体性示例

知觉对象的特点将会影响对整体性的把握，这些制约整体性的因素主要包括接近、相似、连续、封闭等。

1. 接近性规律

接近性规律是指空间上彼此接近的部分容易被感知为一个整体。如我们较容易将图 3-3 看成是由（a）和（b）两部分组成的。

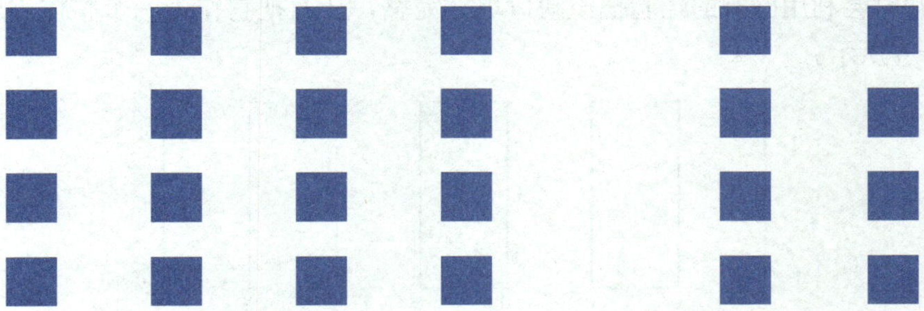

(a)　　(b)

图 3-3　知觉的接近性规律

2. 相似性规律

相似性规律是指当知觉对象在形状和性质上相似时，很容易被感知为一个整体。如将图 3-4 中“◇”看成一类，而将“■”看成另一类。

3. 连续性规律

连续性规律是指人在感知过程中，当几个知觉对象在空间上有连续性时，很容易被感知为一个整体。如感知图 3-5 为一条曲线 a 和一条直线 b。

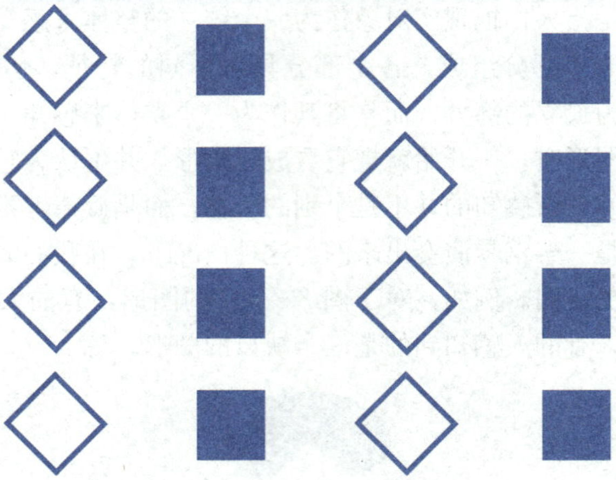

图 3-4　知觉的相似性规律

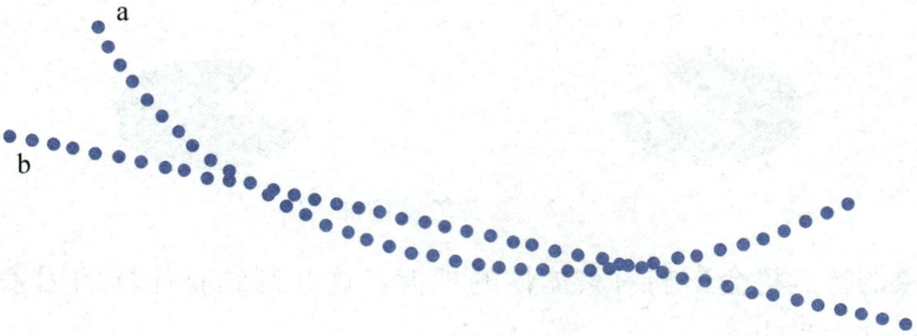

图 3-5　知觉的连续性规律

4. 封闭性规律

封闭性规律是指当若干知觉对象共同包围一个空间时，尽管客观上存在缺口，但人在感知时会利用已有的经验把该缺口填充完整，从而把它作为一个整体进行感知。如图 3-6 所示。

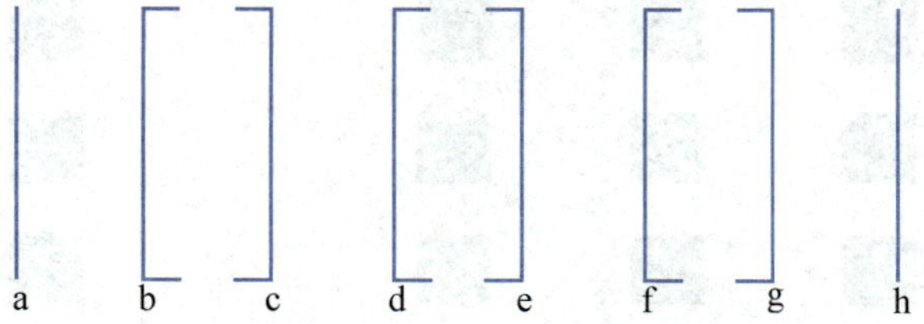

图 3-6　知觉的封闭性规律

（三）理解性

知觉作为对事物的整体反映，是以对事物的理解为条件的，没有过去的经验，没有理解，就不可能有真正的知觉。因此，经验越丰富，知觉就越深刻。这也就是说，人的知觉已经不是纯粹意义上的感性认识了，它是人们在实践中总结出来的理性认识的指导下完成的。如图 3-7 的中部，如果纵向观察，我们会按我们的语言经验将其感知为 B；而如果横向观察，我们又会按数学经验将其感知为 13。

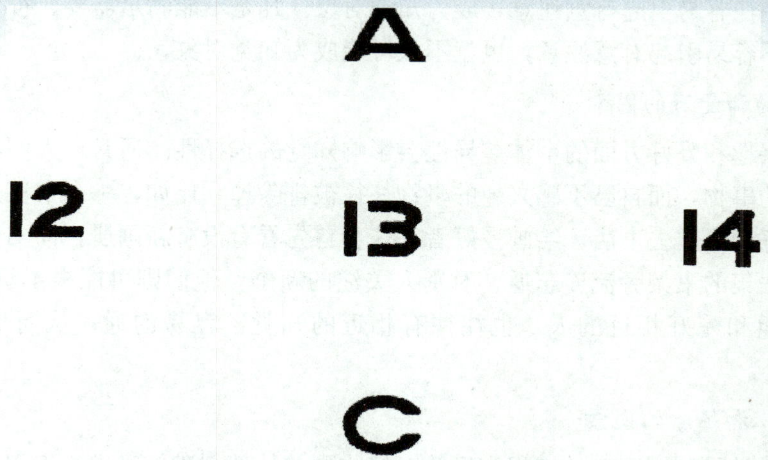

图 3-7 知觉的理解性示例

(四) 恒常性

知觉的恒常性是指由于知识、经验的参与，人的知觉往往并不随知觉条件的变化而变化，而表现出一种相对的稳定性。例如，长方形桌面和圆脸盆在视网膜上的成像经常是平行四边形和椭圆形，但我们仍把它们感知为长方形和圆形。

三、影响知觉的因素

不同的个体看相同的事物会产生不同的知觉，这是因为很多因素会影响知觉的形成，有时甚至是知觉的歪曲。这些影响因素可以归纳为三个方面：知觉主体、知觉目标或对象、知觉情景。

(一) 知觉主体因素

知觉主体的主观因素不同会导致知觉的个体差异，即对同一事物，不同的人知觉不同。这些因素主要有态度、价值观、动机、需要、兴趣、经验、期望、个性特点等。

1. 态度因素

态度在知觉过程中扮演着类似过滤器的角色，会使人产生选择性知觉。首先，在感知过程中，态度使人回避与自己态度不一致的信息，即人们总是注意那些与自己固有的观念一致的或自己需要、关心的信息；其次，态度对接收到的信息会进行歪曲，做出符合自己态度的解释，造成选择性理解，即对于同样的信息，不同的人会产生不同的理解；最后，态度还可引起选择性记忆，即人们容易记忆自己感兴趣的事物，遗忘自己不感兴趣的内容。

可见，在态度的参与下，选择性知觉和选择性注意、选择性理解、选择性记忆有着直接的联系。

2. 需要与动机因素

需要是指因维持有机体生存所必需的某种因素的缺乏而引起的内部不平衡状态，而动机则是为了满足需要而推动有机体产生某种行为，并使行为指向一定目标的内部动力。需要和动机关系密切，同时和知觉关系也很密切。凡是能满足需要、符合动机的事物，往往容易引起有意注意，成为知觉对象。凡是不能满足需要、符合动机的事物，往往不容易引起有意注意，也就不太可能成为知觉对象。

3. 兴趣和爱好的因素

人在兴趣和爱好方面的个体差异性会影响知觉的选择性。通常，人们容易感觉到其感兴趣的事物，而自己不感兴趣的事物往往被排除掉。比如，一个书法爱好者和一个绘画爱好者一起去书店，绘画爱好者往往会首先看有没有新画册，而书法爱好者则会在放书法集的书架旁流连忘返，对别人关注的新书，他们则可能根本没有注意到。此外，兴趣和爱好相近的人，也往往有相近的知觉，容易沟通，从而形成非正式群体。

4. 知识和经验的因素

人的知觉是利用已有的知识和经验对接收到的外部刺激信息进行组织、加工的过程。在这一过程中，不同的人，由于其知识经验、生活阅历及文化水平等方面存在差异，对同样的外部刺激进行选择、组织和解释时会产生极大的个体差异性。例如，对同一台戏曲节目，外行人和内行人的知觉就有区别，所谓“外行看热闹，内行看门道”，讲的就是这个道理。

5. 个性因素

个性也是影响知觉的因素。比如，不同气质类型的人在知觉的深度和广度上存在明显的差异。一般来讲，多血质的人知觉速度快、范围广，但不细致；黏液质的人知觉速度慢、范围窄，但比较深入细致。

此外，个人的价值观、对未来的期望、身体状况、自身条件等因素也会影响知觉。虽然知觉反映了客体的本质属性，但由于知觉者的主观因素造成了个体知觉的差异，所以在具体的反映形式和结果上，知觉都体现着个人风格。

课堂讨论案例

两个小实验

实验 1：让 23 个经理人员（财务、销售、技术人员、后勤等）阅读一份介绍一家钢铁厂全面情况的材料，阅读后要求他们写出各自认为最主要的问题。这 23 个经理人员中，有 6 个负责销售，5 个负责生产，4 个负责会计，8 个负责其他部门。结果每个人所写的主要问题都是与自己业务有关的问题，而不是反映这家工厂的全貌。

实验 2：让一组被试者在实验前 1 小时进餐，另一组被试者在实验前 16 个小时内不准吃东西，然后，让这两组人看一些模糊不清的图片，要求他们说出图片的内容，结果那些 16 个小时未吃东西的人中，很多人都把图片的内容说成是食物。这说明随着饥饿程度的增加，被试者更有可能把模棱两可的图形当成与食品有关的东西。

思考题：

以上各实验中的知觉结果受到了哪些因素的影响？

（二）知觉对象因素

知觉对象因素包括知觉对象的运动、新颖、对比、声音、背景、临近、大小、重复、强度等。

（1）大小法则，是指尺寸、空间越大，越容易引起注意、重视。例如，一个高大醒目的广告比普通小广告更引人注意。

（2）强度法则，是指强度越高，越容易被感知。

（3）对比法则，是指与背景相反和出乎人们意料之外的事物最容易被感知。

（4）运动法则，是指活动的事物比静止的事物更易于被感知。

（5）重复法则，是指经常重复的事物比只出现一次的事物更容易被感知。

（6）新颖法则，是指新颖的事物容易被感知。

（三）知觉情景因素

知觉情景因素是指通过影响人的感受性而改变知觉的效果。所谓感受性，就是人的感觉灵敏度，人对外界刺激物的感受能力。人的感受性在不同的情景作用下会发生变化，例如，同一件商品放在高级商场里和摆在地摊上，消费者对其质量知觉是不同的。又如，当一名员工平时违反纪律时，可能并没有引起主管人员太多的注意。但是，同样的错误，如果出现在上级领导检查工作的时候，则很可能会使主管人员大为恼火，增加他对错误严重性的认识。

知觉情景因素主要包括时间、工作环境和社会环境。

综上所述，人的知觉是知觉主体、知觉对象、知觉情景因素相互作用、相互影响的结果，是一个主观反映客观的过程，它一般包括观察感觉、理解选择、组织、解释和反应等环节。由于任何知觉主体自身必然具有这样或那样的局限性，知觉对象的特征也会千奇百怪、参差不齐，知觉情景不断转换，这些因素作用于人的知觉过程，就会使人的知觉产生偏差，以致形成错觉。在学习、生活和工作中，必须注意知觉产生的偏差和错觉，提高认识，努力克服。

四、社会知觉

因为组织行为学的核心是关注人，所以组织行为学中对于知觉的研究更多的是集中在社会知觉上。

社会知觉是对社会对象的知觉，主要是指对人、人际关系的知觉，或者说，社会知觉是在社会环境中对于有关个人或群体特征的知觉。社会知觉不仅是对人的表情、语言、姿态等外部特征的印象，还包括对人与人之间的关系、内在的动机、意图、观点、信念、个性特点等内心本质的推测和判断。社会知觉主要包括以下几个方面。

（一）对他人的知觉

对他人的知觉包括：

（1）知觉对象的外部特征，如仪表、风度、言谈举止和各种外部表现。

（2）知觉对象的性格特征。

（3）知觉主体的认知结构，如认知者个人的观点、态度、需要、动机、经验、思维方式、认知判断能力。

（二）人际知觉

人际知觉是指认识自己与他人的关系以及他人与他人的关系。

（三）自我知觉

自我知觉具体包括：

（1）对物质自我的知觉，如对自己的容颜、体态、健康、修饰打扮的关注和追求。

（2）对精神自我的知觉，如对自己的智力、个性、道德、思想政治水平的认识。

（3）对社会自我的知觉，如对自己在社会生活中的地位、自我的社会价值和相应的名誉的认知。

（四）角色知觉

角色知觉是对某个人在社会生活中所扮演的角色的认知与判断，以及对有关角色行为的社会标准的认知。

第二节　社会知觉偏差

在社会知觉的过程中，认知者和被认知者总是处在相互影响和相互作用的状态。因此，在认知他人、形成有关他人印象的过程中，由于认知主体和认知客体及环境因素的作用，社会知觉往往会发生这样或那样的偏差。从社会心理学的角度来看，这些偏差无非是由于某些特殊的社会心理规律的作用，从而产生对人这种社会刺激物的特殊反应。

一、社会知觉偏差的具体体现

主要的社会知觉偏差有首因效应、近因效应、晕轮效应、定势效应和投射效应。

（一）首因效应

首因就是我们日常生活中所说的第一印象。首因效应，也称为第一印象作用，或先入为主效应。第一印象作用最强，持续的时间也长，比以后得到的信息对于事物整个印象产生的作用更大。例如，某人初次面试就给面试官留下了良好的印象，这种印象会在后面的几轮面试中影响面试官对他的评价。由于首因效应的存在，人们对他人的认知表现出这样的倾向，即当人们只获取了有关他人的少量信息时，就试图对此人没有表现出来的特征进行推理、判断，以期形成有关他人的统一或一致的印象。或者说，当形成对某人的第一印象时，在后来的认知过程中，就用最初获得的印象来解释这个人所有的行为举止。

社会心理学家卢钦斯做了一个著名的实验，以此验证首因效应的存在。实验材料是两段文字，这两段文字描述的是同一个人，一段文字描述这个人是外向的，另一段文字则描述这个人是内向的。要求实验对象按照不同顺序阅读这两段材料，结果发现，先阅读的材料内容决定了阅读者对这个人的评价。

延伸阅读

以貌取人，失之子羽

子羽曾是孔子的学生，第一次拜见孔子时，孔子见他其貌不扬，对他印象不好，觉得长相这么丑的人怎么会有才气呢？所以对子羽态度很冷淡，不愿尽心教他。子羽感到没趣，只好退而自学。之后他刻苦自励，终有所成。孔子知道后，深为后悔地发出了“以貌取人，失之子羽”的感叹。应该说，作为卓越的教育家，孔子对于怎样知人是有一套较为深刻的见解的，可遇到具体问题，有时也会忘了知人应取的客观标准。这个例子说明，知人、识人应力戒“以貌取人”。

资料来源：熊勇清．组织行为学．长沙：湖南人民出版社，2006.

（二）近因效应

近因是时间上离现在最接近的印象。近因效应与首因效应相反，是指在多种刺激一次出现的时候，印象的形成主要取决于后来出现的刺激，即交往过程中，我们对他人最近、最新的认识占了主体地位，掩盖了以往形成的对他人的评价，因此，近因效应也称为新颖效应。比如，年底绩效考核快到了，某员工因为过于疲劳将操作工具损坏，尽管他这一年来的表现还不错，但是，部门主管给他的总体评价却很不理想，这就是近因效应的作用。

在对他人的认知中，同时存在首因效应和近因效应，究竟哪种效应会占据主导地位呢？社会心理学家认为，哪种效应占据主导地位，主要取决于信息的熟悉度和连续性。如果关于某个人的信息是连续的和熟悉的，近因效应占据主导地位；假如关于某个人的信息是不连续的和不熟悉的，则首因效应起主导作用。一般来说，在感知熟悉的人时，近因效应起较大的作用；在感知陌生人时，首因效应起较大的作用。

把首因效应与近因效应结合起来会得到有益的启示。首先，要预防两种效应的消极影响，既不能先入为主，也不能不究以往，只看现在，而应该以联系发展的态度感知事物，把对人、事的每一次感知，都当成我们认识事物过程中的一个阶段，避免片面性。其次，要在一定条件下，发挥两种效应的积极作用，讲话、办事、接触人、做具体工作，都要善始善终。

（三）晕轮效应

晕轮效应又称光环效应，是指知觉主体对一个人的特点形成好的或者坏的印象之后，就倾向于据此推论该人其他方面的特征。就像月轮或晕轮是月光的扩大或泛化一样，知觉对象的某个特点会被知觉主体放大，故被称为晕轮效应。

晕轮效应的实质是以点代面、以偏概全，这种认识的偏差往往是在掌握知觉对象信息很少的情况下做出总体判断的结果。由于我们不可能对每个人各方面的情况都做全面的了解，但又常常必须对其做出评价，因此，晕轮效应是日常生活中常见的社会心理现象。了解和分析晕轮效应，有助于防止认知上的偏见，全面地对待人或事。

微课时间

"晕轮效应"

请思考：

1. 晕轮效应的基本特点是什么？
2. 晕轮效应形成的原因是什么？
3. 我们应如何克服晕轮效应带来的负面影响？

（四）定势效应

心理定势是指人在认知特定对象时心理的准备状态。定势常常使我们的认知反应更迅速，更具有方向性，但也会使人以主观状态来曲解信息，造成一定的偏差。在社会知觉中，人们常受以前经验模式的影响，产生一种不自觉的心理活动的准备状态，并在其头脑中形成关于某类人的固定形象。这种对某一个人或某一类人的固定的刻板印象就是社会知觉的定势效应，也称社会刻板印象。

在社会生活和社会实践中，人们头脑中存在的定势效应是多种多样的。如认为老年人保守，年轻人办事不牢靠，由于这一定势效应的存在，人们往往把所见到的老年人或年轻人都划归到上述形象中去。不仅仅是年龄，职业、国家、地区等特征也都会在人们的头脑中形成固定的形象。如认为教授必然博学，商人必定唯利是图，会计多半斤斤计较，工人总是性情豪爽等；认为美国人爱冒险，英国人绅士派头十足，日本人尚武、有野心，中国人勤劳、勇敢等。对某一类群体做概括的了解，把握其中含有普遍意义的特征，有时是必要的，并有助于我们迅速地感知自己不熟悉的人。但若满足于这种固定的模式，不再去观察具体人的个性特征，当这种归类和概括不符合人类群体的实际特点，或者不符合这个人的个性特征时，就会陷入机械论的泥潭并产生偏见，从而得出不确切的甚至完全错误的判断。

定势效应有积极作用，也有消极作用。在积极方面，定势效应可以帮助人们很快地形成对人的知觉印象，因为定势效应中总是有一些合理的和真实的成分，这样可以简化人们的社会知觉过程。在消极方面，刻板印象一成不变的特点很容易造成对人的成见，形成对人不正确的认识。例如在绩效评价中，管理者很容易给中年员工的创造性这个维度评低分，而对年轻员工的评价则比较高。其实，很多中年员工非常富有创造性。由于刻板印象有较高的稳定性，很难随时间变化而发生变化，因此，它往往会阻碍人们接受新事物。

（五）投射效应

"投射"一词在心理学上的含义是个人把自己的思想、态度、愿望、情绪或特性等不自觉地反映于他人的一种心理作用。由于自己具有某种特征，因而判断他人也一定会有相同的特征。在现实生活中，投射有两种既典型又对立的表现形式：其一是有些人总是从好的方面来解释别人的言行及需要，认为世上尽是好人；其二是有些人总是从坏的方面来解释别人的言行及需要，认为世上尽是坏人。当一个人感知他人时，如果受到投射的干扰，其认识、判断和看法往往从“是这样”“一定会这样”等心理倾向出发，把他人的特性强行纳入自己既定的框框中，按照自己的思维方式加以理解，从而导致主观臆断并陷入偏见的泥潭。

由于投射效应的存在，我们常常可以从一个人对别人的看法中推测这个人的真正意图或心理特征。一方面，由于人有一定的共同性，有相同的欲望和要求，因此，在很多情况下，我们对别人做出的推测都是比较正确的，但是，“人心不同，各如其面”，人与人之间毕竟有差异，不考虑个体差异，胡乱地投射一番，就会出现错误。在日常生活中，我们常常错误地将自己的想法和意愿投射到别人身上。如有些父母总喜欢为子女设计前途、选择学校和职业，丝毫不顾孩子的兴趣爱好与特长，把自己的喜好强加到子女身上。另一方面，当我们在谈论别人或与自身无关的事情的时候，更乐于说出自己的真实想法，推测别人这样做的原因。其实，通过投射效应，个人很多的真实想法都表露出来，许多心理测验正是运用了这个原理。

管理故事

投射效应

在一家出版社的选题讨论中，出现了这样一种有趣的现象，编辑们列出他们认为最重要的选题，分别为：

编辑 a 正在参加成人教育以攻读第二学位，他的选题是“怎样写毕业论文”；

编辑 b 的女儿正在上幼儿园，她的选题是“学龄前儿童教育丛书”；

编辑 c 是围棋迷，他的选题是“×××棋路分析”。

心理学研究发现，人们在日常生活中常常不自觉地把自己的心理特征（如个性、好恶、欲望、观念、情绪等）归属到别人身上，认为别人也具有同样的特征，如：自己喜欢说谎，就认为别人也总是在骗自己；自我感觉良好，就认为别人也都认为自己很出色。心理学家们称这种心理现象为“投射效应”。由于投射效应的存在，我们常常可以从一个人对别人的看法中来推测这个人的真正意图或心理特征。

资料来源：MBA 智库，2011.

二、社会知觉偏差与管理行为

作为管理者，其管理活动充满了对人的知觉过程，也很容易受到社会知觉偏差的干扰。

（一）招聘面试

面试是目前招聘工作中最常用的方法，各种规模的组织都使用面试进行人才选拔，但面试方法的效度却不理想。研究资料表明，传统招聘面试方法的效度只有 0.2。在面试中，考官常常做出不正确的知觉判断。另外，面试考官之间评价的一致性也很低，也就是说，不同面试考官看到的是同一候选人的不同方面，面对同一个人得出了不同的结论。

一般对于面试考官来说，最初得出的印象很快占统治地位，因此在面试一开始所暴露出来的消极信息会比晚一些暴露出来的同样信息影响更大。研究表明，在面试开始的四五分钟之后，绝大多数面试考官的决策几乎不再发生变化。因此，面试中早期出现的信息比晚期出现的信息占有更大的权重。而“优秀的候选人”可能是因为他没有令人不满意的特点，而不是因为他具有令人赞赏的特点。

为了避免在招聘面试中由于社会知觉偏差而造成效度低的问题，可以从面试的标准化问题上着手解决。例如，让每个面试者回答相同的问题，改善面试的内容效度，增加与职务有关的行为取样，采取情景面谈方式等。

（二）自我实现预期

自我实现预期也被称作“皮格马利翁效应”或“毕马龙效应”，这一术语用于表明人们的期望决定他们的行为这一事实。一旦我们对他人的印象形成，尽管这个印象并非通过我们的直接经验而得到，我们也会对他人的行为产生某种预期，而这样的预期又会决定着我们对待他人的行为方式。

某大学曾经进行过这样的一次试验：在一个新学年开始的时候，心理学家对一个系的教师讲，该系今年的新生经过测试，结果显示其总体素质高于往年的新生，有着很好的潜能。而实际上，今年的新生并没有经过任何类型的测试。但其后，该系的教师“果然”发现这些学生的潜能。一年之后，心理学家与教师相见时，教师纷纷向心理学家夸奖这些学生，承认这些学生优于往年的学生。实际上，正是由于这种先入为主给教师带来对这些学生的预期，而他们在行为上会更肯定和关注这些学生，给这些学生更多的机会，使得这些学生有了更为出色的表现。

管理者应注意，你怎样看待员工，很可能员工就会怎样表现。如果管理者对员工期望很高，他们就不大可能令管理者失望。同样，如果管理者预期员工只能完成最低水平的工作，他们则倾向于表现出这种行为以符合这种低期望。

（三）绩效评估

对员工的工作进行绩效评估是每个管理者工作的重要内容，而绩效评估在相当大的程度上依赖于知觉过程。绩效评估的结果涉及员工的晋级、加薪或继续聘用，会影响员工的公平感受，影响他们的工作行为。尽管绩效评估可以采取一定客观的标准，但主观评估仍然占有重要地位，特别是涉及员工的总体印象时更是如此。

由于投射效应，管理者未能意识到不同的人的知觉会存在差异，而轻易认为员工的感受会与自己相同。在一个企业中的调查发现，超过80%的管理者声称他们对工作出色的员工给予了赞扬。但在调查者随后向员工的询问中，只有14%的员工回答管理者因为他们工作出色而赞扬了他们。

第三节　归因理论

归因理论是在美国心理学家海德的社会认知理论和人际关系理论的基础上，经过美国斯坦福大学教授罗斯和澳大利亚心理学家安德鲁斯等人推动下发展起来的。归因理论是说明和分析人的行为活动因果关系的理论，人们用它来解释、控制和预测相关的环境，以及随这种环境而出现的行为，因而也称为认知理论。

一、归因概述

当我们观察人们行为时，总是试图解释“为什么”他以某种方式行动，这种将观察到的行为归咎于某种原因的过程，称为归因。也就是说，我们不但观察和了解个体的行为，而且还对引发行为的原因产生兴趣，而我们对个体的不同判断，取决于我们把特定行为归因于何种意义的解释。行为归因之所以重要，一是因为在对自己或他人进行认知时，行为是基本的线索，二是因为如果不进行归因，就无法对行为进行适当的解释，那么对认知而言，行为线索就失去了意义。因此，自 20 世纪 50 年代以来，归因理论逐渐得到了人们的重视。所谓归因理论，就是一种从认知的角度看待行为动机的理论，即通过改变人们的自我感觉、自我认识来改变和调整人的行为的理论。

归因理论研究的基本问题包括：

（1）人们心理活动发生的因果关系，包括对内部原因与外部原因、直接原因和间接原因的分析。

（2）社会推论问题。根据人们的行为及其结果，对行为者稳定的心理特征和素质、个性差异做出合理的推论。

（3）行为的期望与预测。根据过去的典型行为及其结果，推断在某种条件下将会产生什么样的可能行为。

二、归因理论

（一）海德的归因理论

美国心理学家海德最先提出归因理论，他提出在日常生活中的每一个人，不仅是心理学家，都对各种行为因果关系感兴趣，并力图弄清其周围人们行为产生的前因后果。海德分别归纳出了导致行为发生的两种因素：一是行为者的内在因素，包括能力、动机、努力程度等；二是来自外界的因素，如环境、他人和任务的难易程度等。如果把某项行为归因为行为者的内在状态，那么，观察者将由此推测出行为者的许多特点，即使这种推测不总是很准确，也有助于观察者预测行为者在类似情况下如何行为的可能性。假如某项行为被归因于外在力量，观察者就会推断该行为是由外力引起的，以后能否再度发生难以确定。因此，海德认为对行为的预测与对行为的因果分析是相互联系的。如一个学生考试不及格，可能由于个人原因，如不聪明、不努力等；也可能由于环境原因，如课程太难、考试不合理等。因此，海德关于环境与个人、外因与内因的归因理论成为后来归因研究的基础。他认为，知觉在人际交往上的作用就在于使观察者能预测和控制他人的行为。

（二）韦纳的归因理论

韦纳及其同事在 1972 年发展了海德的归因理论。韦纳认为，内因-外因只是归因判断的一个方面，还应当增加另一个方面，即暂时-稳定方面，这两个方面都是重要的，而且是彼此独立的，如表 3-1 所示。暂时-稳定方面在形成期望、预测未来的成败上至关重要。例如，如果我们认为甲工作做得出色是由于他的能力强或任务容易等稳定因素造成的，那么就可以期望，如果将来给予同样的任务他还会做得出色。如果我们认为甲成功的原因是他心情好或机遇好等暂时因素，那么就不能期望他将来还会做得出色。

表 3-1　韦纳的成功行为决定因素分类表

归因尺度	内在的	外在的	归因尺度	内在的	外在的
稳定的	能力	任务难度	暂时的	努力	机遇

归因的内在-外在尺度同对一种行为的奖赏或惩罚是联系在一起的，如果我们认为某人的成功不是由于机遇或工作容易，而是凭他自己的能力且经过一番努力获得的，我们就会奖励他；而当他的失败归因于能力低或懒惰，我们就会惩罚他。

（三）凯利的归因理论

凯利在 1973 年提出的归因理论，可以使用三种不同的解释说明行为的原因：(1) 归因于从事该行为的行动者；(2) 归因于行动者的对手；(3) 归因于行为产生的环境。其中，行动者的因素属于内部归因，客观刺激物和所处的关系或情境属于外部归因。对上述三个因素的任何一个因素的归因都取决于下列三种行为信息（如图 3-8 所示）。

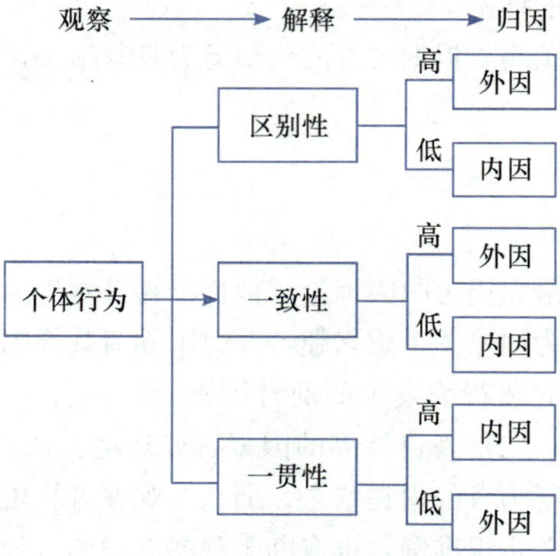

图 3-8　凯利的归因理论

资料来源：斯蒂芬·罗宾斯. 组织行为学. 10 版. 北京：中国人民大学出版社，2005.

(1) 区别性。区别性是指个体在不同情境下是否表现出不同的行为，即判断这种行为是否不同于平时经常发生的行为。如果个体在不同情境下表现出不同于平常的行为，则可以对其行为进行外部归因；如果个体没有表现出不同于平常的行为，则可以对他的行为进行内部归因。

(2) 一贯性。一贯性是相对于时间而言的，是指无论何时一个人都有相同的行为。行为的一贯性越高，观察者越倾向于对其进行内部归因；行为的一贯性越低，则表明这是一种特例，可以进行外部归因。

(3) 一致性。一致性是指每个人面对相似的情境都有相同的反应。如果一致性很高，我们很可能对个体行为进行外部归因；如果一致性很低，我们就可能对其行为进行内部归因。

三、归因偏差

凯利的归因理论中还有一项很有趣的发现，即人们常常存在归因失真的错误或偏见。一般情况下，在解释别人的行为表现时，人们常常倾向于归因于人格或态度等内部特质，而较少归因于所处情境等外部因素，即低估外部因素的影响而高估个人因素的影响。但是，一般人在解释自己行为时，却倾向于外部归因。社会心理学家认为人们进行归因时有两种主要偏差。

（一）基本归因偏差

研究发现，人们在解释他人行为时往往会忽视情境的巨大影响力。人们有时会将他人的行为归因为个人因素，如智力、能力、动机、态度或性格，即使这个人行为方式很明显地受到情境或环境的影响。

（二）自利性偏差

研究发现，自利性偏差是人们倾向于更好地表现自己，在很多研究中都发现了这种偏差。在被告知获得成功时，人们会欣然将成功归因于他们的能力和努力，然而却常常将失败归因于运气或问题本身的“不可能性”所造成的外部情境因素。例如，运动员通常将成功原因归结于自己的努力，而更可能将失败归结于其他方面，如休息不充分、裁判不好或者其他队的超常发挥等。

延伸阅读

名人代言广告

商品广告的设计者，经常利用观众基本归因错误的心理倾向推销商品。当你看到一个身材健美的运动员或著名演员，在电视里手持一罐某品牌饮料，一再重复该饮料可使身材苗条和健美时，你对他的行为作何解释？如果你相信了他的说法，就是对这一事件做了内部归因；如果你不相信他的说法，认为这种举动是收受了厂家报酬而为之，就是做了外部归因。实际上，人们在这种情况下，犯基本归因错误的可能性是相当大的。也就是说，更多人会采用内部归因方式。

归因理论对我们认识人的行为规律有重要的指导意义。在组织管理工作中，各级领导者要注意树立通过改变人的思想认识来改变人的行为的工作方针，尽可能把成功和失败归因为不稳定因素。对于成功者而言，不能把成功完全或主要归因于他们智力水平高、能力强，要引导他们注意不稳定性的内部原因和外部原因，如他们最近工作努力、各方面的支持配合、工作任务容易完成、个人情绪状态良好等。对于失败者来说，要防止他们将失败归结于自己太笨、能力太差、水平太低，要引导他们注意不稳定性的内部原因和外部原因，如最近精力不够集中、情绪不够稳定、没有和各方面协调好、领导指导不力等。这样可以使成功者不骄不躁，保持清醒的头脑，以利于以后的工作；使失败者树立工作的信心，坚持不懈地努力工作，争取成功的可能。

四、印象管理——归因理论在组织管理中的具体应用

（一）印象管理的概念

印象管理，有时又称印象整饬，是指人们试图管理和控制他人对自己所形成的印象的过程。通常，人们总是倾向于以一种与当前的社会情境或人际背景相吻合的形象来展示自己，以确保他人对自己做出愉快的评价。

现实生活中，在不同的情境里，每一个体都承担着许多的社会角色。个体要为他人、公众与社会所接受，其行为表现必须符合社会对他角色的期待。为了更好地适应社会，个体就要实施有效的印象管理。成功的印象管理基础是正确理解情境，正确理解他人，正确理解自身的状态，正确理解自己承担角色的社会期待，但理解并不一定表示个体就会按社会要求行事。因此，不同的人有不同的印象管理。

印象管理中有三个要素是特别需要注意的，即印象动机、印象建构和印象监控。

1. 印象动机

印象动机是指人们想操纵和控制自己在他人心目中的印象的意愿程度。个体印象动机的管理水平取决于以下三方面因素：

（1）印象与个人目标的相关性。越是与个人目标相关密切的印象，个体进行印象管理的动机就越强烈。在组织中，个体的工作能力与工作方式及形象，与个体的目标关系密切。

（2）个人目标的价值。越是有价值的目标，个体进行印象管理的动机就越强烈。例如，晋升对个体来说，是非常有价值的目标，而上级和同事对自己工作能力与工作方式的印象，则直接影响个体的晋升，因此，个体会非常在意使上级和同事形成有关自己工作能力与工作方式的好印象。

（3）一个人期望留给他人的印象与他认为自己已经留给他人的印象之间的差异。这种差异越大，个体的印象管理的动机就越强。例如，某人希望上级赏识自己的能力，下级认可自己的工作方式，当认为上级过去已形成有关自己能力的不良印象，或者下级已形成有关自己工作方式的不良印象时，个体对改变这种印象、对自我印象进行管理的愿望就会更强烈。

2. 印象建构

印象建构是指个体有意识地选择要传达的印象类型并决定如何去做的过程。要传达的印象类型不仅包括个人的人格特征，也包括态度、兴趣、价值观或物理特征等。研究发现，有五个因素影响个体选择试图要传达的印象类型，它们是：

（1）自我概念。

（2）期望或不期望的同一性形象。

（3）角色限制。

（4）目标价值。

（5）现有社会形象。

印象建构并不意味着由此而形成的印象都是虚假的（虽然有时确实如此）。我们通过合适的方式宣传自己的业绩会有助于他人了解自己，借口和宣扬也可以是诚心诚意的。当然，这必须以事实为前提，如果你总说狼来了，等狼真的来了就没人会相信

你了。所以使用这类技巧必须小心，不要让别人觉得你是一个做作的人或经常在玩弄什么把戏。

3. 印象监控

个体不论是因为他们处于特定的环境中，还是因为他们就是经常注意自我形象的那种人，只要其有意识地想给别人留下印象，印象监控就出现了，但不是每个人都重视印象监控。印象监控能力较低的人，不管后果是否对自己有利，总是表现出与他们的个性特点一致的形象。相反，印象监控能力较强的人善于观察环境，并能及时调整自己的行为和形象，以适应环境的需要。

课堂讨论案例

程练是一位十分优秀的女生，她工作作风大胆泼辣，有主见，任系学生会主席，有出色的组织才干，在学生中也极有威信。她家庭经济困难，父母均下岗，靠擦皮鞋维持生计，还有一个弟弟尚在上中学。程练学费靠贷款，生活费全靠自己课余打工。但是她十分要强，从不向学校或系部申请困难补助，总是说自己能克服，把钱给更困难的同学。她生活俭朴，着装中规中矩，在学习、纪律方面也对自己要求十分严格，已经大三了，从未缺勤，连病假都没请过。由于各方面表现出色，她在大二上学期便已是班上唯一的中共预备党员。在同学们眼中，她是那样无可挑剔和强大，似乎没有能难倒她的事。同寝室的同学有什么为难的事都会听取她的意见，她在哪个群体，都会成为大家的主心骨。在老师们眼中，她也是那样优秀，堪称学生楷模，什么事交给她都觉得十分踏实。

然而，大三下学期刚开学，她像变了个人似的，先是很坚决地要辞掉学生会主席一职，甚至为此与辅导员拍了桌子。接着同学反映，她开始沉迷上网，有时甚至夜不归宿。说话越来越粗鲁，衣着越来越暴露。在老师和同学看来，她这是突然堕落，令人痛心。在辅导员的劝告下，她来到心理咨询室。

“我不是变坏，我实在是太累了，我不想再撑下去了。”她抬起一双疲惫的眼睛说，“我表现越好，大家对我的期望值越高。我做好了，大家觉得理所当然；稍有闪失，人人都觉得不可思议。压力太大，我实在是撑不住了。”

思考题：

你如何看待程练的印象管理？从中有何启发？

（二）印象管理在求职中的应用

检验印象管理技术有效性的研究主要集中于这样一个问题，即印象管理行为是否有助于取得面试的成功，求职者确实要为自己建立一个积极的形象。研究数据表明，印象管理在求职中确实起了一定作用。例如，一项申请客户服务代表的职位的研究表明，申请者使用了印象管理技巧，在面试中表现更好，考官更倾向于录用这些人。然而，申请者的可信度出了问题。研究者得出结论，印象管理技术在很大程度上影响了面试考官。也就是说，申请者是否合适似乎不太重要了，只要他们的印象管理技巧运用得好，在面试中就可以获得更好的评价。

另一项关于求职面试的研究，考察了是否某种印象管理技术比其他技术更有效。研究者把求职者分为两类，使用印象管理技术，把谈话的焦点集中在自己身上的求职者为控制型，谈话焦点集中在考官身上的求职者为顺从型，并对这两类求职者进行了比较。研究者假定：使用控制型技术的求职者应该更有效，因为录用面试中存在一种固有的期望，即考官期望求职者在面试中使用自我强化、自我促进和其他主动的控制技术，因为它们能够反映一个人的自信心和主动性。研究者预测这种积极的控制型技术，比起那些一味顺从考官或讨好考官的顺从型技术效果更好。研究结果证实了研究者的预测，那些使用了控制型技术的求职者获得考官更高的评价，如动机、热情，甚至技能所得的评价也都相当高，当然，他们得到了更多的工作机会。

职业素养提升

恩格斯在《路德维希·费尔巴哈和德国古典哲学的终结》一文中指出：全部哲学，特别是近代哲学的重大的基本问题是思维和存在的关系问题。从辩证唯物主义出发，无论知觉还是归因都属于个体意识层面的范畴，其内容受到个体生理条件、生活环境、人生经历、社会地位等客观存在的影响。我们应自觉运用辩证唯物主义哲学观指导组织行为学的学习。

本章知识结构图

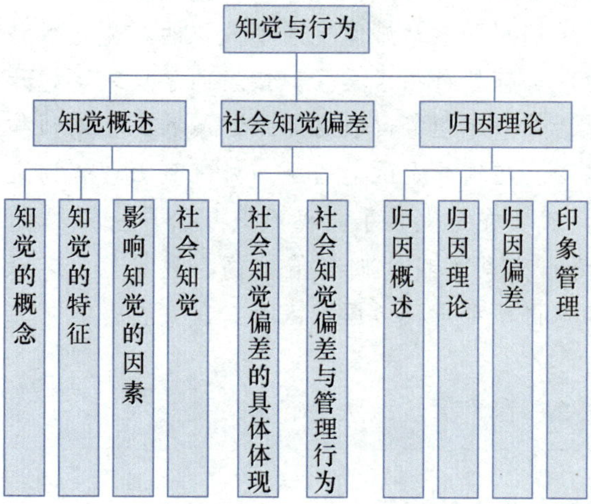

复习思考题

1. 什么是知觉？知觉具有哪些特性？
2. 什么是社会知觉？社会知觉包括哪几个方面？
3. 举例说明影响知觉准确性的因素。
4. 社会知觉偏差在管理活动中有哪些表现形式？应该怎样应对？
5. 什么是归因理论？有哪些归因研究理论？

6. 什么叫归因偏差？有哪两种主要的偏差？

7. 什么是印象管理？

认知与行为测试

扫一扫做测试：职业性向测试

团队作业

团队游戏："天黑请闭眼"游戏

训练目标：培养对人的知觉判断能力，避免人际知觉的认识偏差。

训练方式：结合童年游戏"找朋友"的方式，找到自己的对立面。

参加人数：13 人，1 人当法官。

训练时间：45 分钟。

训练场地：一块空地。

训练道具：一副扑克牌。

训练程序：

1. 参加游戏的共 13 人，选 1 人做法官。由法官准备 12 张扑克牌。其中 3 张 A，6 张普通牌，3 张 K。

2. 众人坐定后，法官将洗好的 12 张牌交给大家抽取。抽到普通牌的为良民，抽到 A 的为杀手，抽到 K 的为警察。自己看自己手里的牌，不要让其他人知道你抽到的是什么牌。法官开始主持游戏，众人要听从法官的口令，不要作弊。

3. 法官说："黑夜来临了，请大家闭上眼睛。"等大家都闭上眼睛后，法官又说："请 A 行动。"抽到 A 的 3 个人睁开眼睛，互相认识一下，成为本轮游戏最先达成同盟的群体。由 3 人中的任意一位示意法官，"杀死"一位"良民"。法官看清楚后说："A 闭眼。"稍后说："K 睁开眼睛。"抽到 K 的 3 个人可以睁开眼睛，相互认识一下，并怀疑闭眼的任何一位为 A，同时看向法官，法官可以给一次暗示。完成后，法官说："K 闭眼。"稍后说："天亮了，大家都可以睁开眼睛了。"

4. 待大家都睁开眼睛后，法官宣布谁被"杀死"了，同时法官宣布让大家安静，聆听"死者"的遗言。"死者"现在可以指认自己认为是 A 的人，并陈述理由。说完之后，"死者"在本轮游戏中不能再发言。其余的人从"死者"旁边一位开始，以任意方向挨个陈述自己的意见，这一过程由法官主持。

5. 意见陈述完毕后，会有几个人被怀疑为 A。被怀疑者可以自己辩解。在法官主持下，大家举手表决来选出嫌疑最大的两人，并由此二人做最后的陈述和辩解。再次投票后，"杀死"票数最多的那个人。被"杀死"的人如果是真正的 A，就不可以再讲话，退出本轮游戏。

6. 被“杀死”的人如果不是A，可以发表遗言及指认新的怀疑对象。在聆听遗言之后，新的夜晚来临了。如此往复，A“杀死”全部K即可获胜，或“杀死”所有的良民亦可获胜。警察和良民的任务就是尽快找出所有的A以获胜。

资料来源：刘欣．组织行为管理．北京：高等教育出版社，2008.

问题：

1. 在“天黑请闭眼”游戏中，人们是如何进行知觉的？为什么会存在认知偏差？
2. 如何才能获得最后的胜利？

案例分析

应用归因理论解决绩效问题

一、目标

1. 获得判断绩效原因的经验。
2. 决定员工绩效的改进行动方案。

二、介绍

通常，归因是根据内在因素和外在因素做出的。知觉主体通过各种信息线索或者前因得出他们的假设。为确定人员所采用的归因类型，我们设计了一个案例，它涉及与个人绩效有关的各种信息线索。请你阅读这个案例，并对其绩效原因进行归因。为评估归因对管理行为的影响，要求你提供改进行动方案。

三、说明

下面讲的是一个名叫马丽的电脑程序员的绩效案例。请阅读案例，回答案例后的问题。然后，确定你做出的是内部归因还是外部归因。完成这项任务后，决定不同形式的改进方案的适合性。这里给出了一个关于可能建议的表格，该表格将改进方案分为四类。阅读每种方案，然后根据提供的量表评价每种方案的适合性。接着计算每种类别的总得分。

30岁的马丽在一所知名的学校取得了计算机科学学士学位，并以高于平均水平的成绩毕业。目前马丽是一家公司的计算机支持/分析部门的程序员，该公司业务遍布全国。在过去的一年里，马丽旷工10天。她看起来没有动力，而且很少按时完成工作，交给马丽处理的程序通常都比较难。

以往的记录显示，马丽完成常规的程序平均需要45小时，而她的同事完成常规程序所需时间平均是32小时。此外，马丽完成被认为是主要问题的程序平均需要115小时，然而她的同事完成同样的主要问题程序平均只需100小时。当马丽与编程小组一起工作时，她同事的绩效通常都不好。她的同事注意到，她在解决问题上没有创造性，很难和她一起工作。

马丽所在的部门最近向接受其服务的所有用户发放了问卷，要求其评价收到的数据的有用性和准确性。结果显示，很多用户部门由于不理解这些报告，都不使用计算机的输出结果。调查同时表明，使用由马丽写的程序生成的输出结果的用户发现，这些输出结果都是混乱的，对管理决策没什么用处。

1. 影响绩效的原因。表3-2中所列因素在多大程度上影响了马丽的绩效？请使用表3-2进行评价。

表3-2 绩效评价表

非常小 1——2——3——4——5 非常大	
a. 能力高	1 2 3 4 5
b. 能力低	1 2 3 4 5
c. 不努力	1 2 3 4 5
d. 工作难	1 2 3 4 5
e. 同事的效率低	1 2 3 4 5
f. 运气差	1 2 3 4 5
内部归因（a、b、c的总分数）________	
外部归因（d、e、f的总分数）________	

2. 改进方案的适合性。请使用表3-3评价以下方案。

表3-3 改进方案评价表

非常小 1——2——3——4——5 非常大	
改进行动	
a. 指责马丽的绩效	1 2 3 4 5
b. 威胁马丽，如果她不提高绩效就解雇她	1 2 3 4 5
改变工作	
c. 安排马丽做另外的工作	1 2 3 4 5
d. 给马丽降级，让她做要求不高的工作	1 2 3 4 5
非惩罚性行动	
e. 和马丽一起工作，帮助她做好工作	1 2 3 4 5
f. 鼓励马丽，帮助她提高绩效	1 2 3 4 5
不立即采取行动	
g. 什么也不做	1 2 3 4 5
h. 答应马丽，如果她提高绩效就给她涨工资	1 2 3 4 5
计算这四种方案的分数：	
改变行动＝a＋b＝________	
改变工作＝c＋d＝________	
非惩罚性行动＝e＋f＝________	
不立即采取行动＝g＋h＝________	

四、问题

1. 根据一致性、区别性和一贯性，你如何评价马丽的绩效？
2. 马丽的绩效是由内因还是外因导致的？

3. 你认为导致马丽绩效差的两个最主要的原因是什么？你的选择是否与韦纳的内外因素分类相一致？请解释。

4. 你认为这四种改进方案中哪种是最合适的？请做出解释。你能否指出这一方案的消极后果？

第四章
激励理论及其运用

◎ 学习目标

知识目标

1. 理解动机及其特点。
2. 掌握内容型、过程型及行为改造型激励理论的基本内容。
3. 了解激励理论在实践中的运用途径。

能力目标

1. 能分析行为与动机关系。
2. 能认识管理激励的意义。
3. 能围绕情境进行激励行为分析及激励方案设计。

引例

"不鼓励"加班

深圳有一家网络公司从不鼓励员工加班，正常下班时间为下午5:30。公司班车6:30发车，虽然没人要求加班，但是为了能体面地坐一人一座的大巴回家，大家愿意主动加班1小时。6:30准备坐班车时，员工就会想起另一条规定：8:00有东来顺的工作餐——量多，管饱，有水果，想想坐班车回家还得自己做饭，那就再主动加班一个半小时，吃了工作餐再回家。8:00吃完工作餐准备回家，又想起一条：10:00以后打车报销。一天工作了十几个小时，谁还有力气挤公交，那就再主动加班两个小时。

通过上述案例，请思考：

1. 在这家公司，员工为什么心甘情愿地加班？
2. 激励的本质是什么？企业在建立激励机制时要考虑哪些问题？

第一节 激励概述

一、激励的概念

人的行为是由一系列活动构成的，对激励的研究是为了了解人类行为的原因。一个人在某一个时刻会产生什么活动，以及为什么会产生这些活动是有其理由的。如果能够了解到人类行为的原因，就有可能把人们的活动引向所希望的方向。

在企业中，激励是指通过影响员工的内在需要，激发员工的行为动机，从而使个体的行为趋向组织目标的过程和活动。简而言之，激励是一种改变人们的行为模式、鼓励人们向组织的目标努力的过程。

根据心理学的研究，人在需要未满足时会产生内心紧张。这时若能采取及时而适当的激励措施，就会产生相应的行为，从而实现组织目标，达到预期的满足后又进入下一个激励过程，如此循环往复。激励过程就是领导者引导并促进工作群体或个人产生有利于组织目标行为的过程，这个过程是极其复杂的，涉及许多因素。激励过程基本模式如图 4－1 所示。

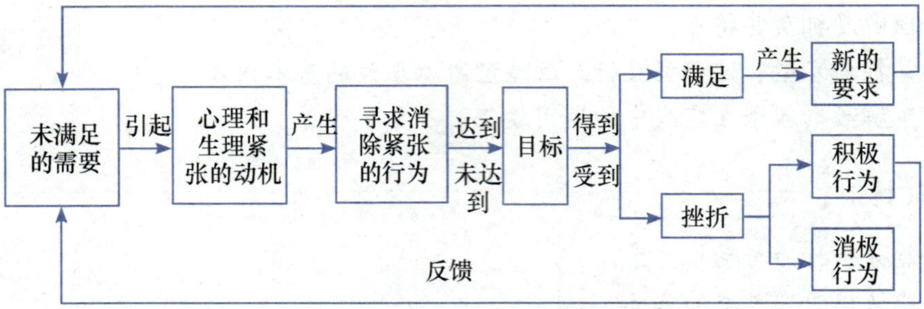

图 4－1　激励过程基本模式

激励通常包括以下三个方面的内容。

（一）满足需要

图 4－1 的基本模式告诉我们，员工工作是为了满足自己的需要，要想让员工为组织的目标服务，就要在组织目标与员工需要之间建立某种联系，使组织目标的实现有助于员工需要的满足。作为管理者，要进行有效的激励，必须识别、找准激励对象的需要，进行有针对性的激励。

人在生理和心理上具有各种各样的需要，它可以是物质的，也可以是精神的。如人类的生存需要食物和水，除此之外，还需要爱情、友情、个人成就感和影响他人的能力等。

（二）激发动机

当人们的某项需要没有被满足时，就会产生通过某种活动来获得这种需要的欲望，这就是动机，它是诱发、推动和指导行为指向一定目标的心理状态。

需要强调的是，动机产生的前提是存在没有满足的需要。如果需要已经被满足或者得到相当程度的满足，那么，就不存在行动的动机，即使产生了，其驱动力也不会太大。请记住，“雪中送炭”激发的动力总是大于“锦上添花”激发的动力。

（三）鼓励行动

当人们具有某个动机时，就会付诸行动；当员工的个人行为完成之后，管理者必须兑现原来的承诺，只有这样才能使员工能够长久地受到激励，持续为组织目标的实现服务，否则员工将不再相信管理者的承诺和组织相应的制度，也就不可能再产生激励作用。

人类需要的多样性决定了动机的多样性。有的动机经过努力可以实现，而有的则根本不可能实现。因此，要实现有效的激励，还必须把企业的总体目标进行细分，使之便于操作。如果目标过于宏大，需要多年的努力，或者根本没有实现的可能，就不可能产生驱动力，即使产生了，强度也不够。因此细分目标的设定，必须便于考核、便于实施，难易程度应该设定在经过努力能够达到的范围内。

延伸阅读

海尔的激励

海尔通过满足员工的需求来达到激励的目的。员工为企业拼命，企业就得主动考虑员工的需要，甚至个人的特殊需要。如张瑞敏常提到的人之四大特性：具有个体差异、生理与情趣完整、需要即时激励、追求个人价值的实现。

从研究和满足人的需要来调动员工的积极性，是海尔文化的一大特色。海尔考虑得很细致，认为研究人们的需求，目的就是在完成组织目标的前提下，尽可能满足个人需求。只有这样，才能调动员工的积极性，这是因为组织把员工的利益联系在一起了，离开组织就无法满足员工个人的需求。

海尔允许员工竞争领导岗位，甚至在员工这一层面海尔也制定了“三工并存，动态转换”等奖罚措施，既通过设置切实可行的目标给人以期望，又通过制度办法刺激动机，如成为“优秀员工”的升级，算是正刺激，而成为“不合格员工”的降级，算是负刺激。通过这样反复不断地刺激，促使每个员工认同新的更高的目标。

资料来源：MBA 智库百科网.

二、组织激励的作用

组织激励行为对员工的工作行为直接产生作用，主要表现在三方面：受过激励的员工总是主动寻找将工作做得更好的方法；受过激励的员工一般重视工作质量；受过激励的员工的生产率一般要比缺乏工作热情的员工高。因此，在管理中运用组织激励是非常必要的。

（一）组织激励能激发员工的创新能力

组织激励行为的直接目的就是最大限度地激发员工的创新能力。创新性劳动是当代员工价值的最大体现。通过将员工头脑里的个人技术、经验和判断等知识在组织团队里进行充分的沟通、交流、共享和扩散，最终形成团队富有创新的劳动。当代员工的这种创新能力是组织管理的无价之宝，是企业利润增长的源泉，也是企业的核心竞争力。

（二）组织激励能防止员工的负面行为

面向员工的组织激励行为能够提高员工的工作努力程度，防止负面行为的产生。员工的工作努力程度关系到企业的生存与发展。员工的负面行为主要有两种情况：一种是员工的怠工、不思进取等消极行为；另一种是员工有意损害公司利益的行为。在设计激励制度时，应采取各种有效措施，以积极的态度引导和激励员工采取正面行为，为组织努力工作，提高组织效率。

（三）组织激励能降低监控员工行为的成本

有效的激励应该尽可能做到降低监控成本，保证员工的工作努力及相应的组织绩效。但是有些工作是不可预测的，比如一个软件程序设计员工作的时候，谁也无法排除他会在系统程序里埋下今后导致系统程序瘫痪的逻辑炸弹；企业高层管理者得知竞争对手最新上市的产品与自己公司处于试制期的产品非常相似时，他根本不能确知在这项产品中是否有他们公司外泄的关键技术。要解决这些问题，不能靠对员工进行严密监控，以保证他们不偷懒、不欺骗，因为这样需要相当高的监控成本。只有靠有效的组织激励行为，才能够真正激发员工内在的工作热情和自觉性，唤起他们主动工作的使命感和责任感。

（四）组织激励能确保新进员工的高素质

有效组织激励行为能确保组织引进高素质员工。低素质员工一旦进入组织，很可能发生所谓的“劣币驱逐良币”的行为，导致企业整体工作人员素质低下、工作效率下滑，严重的可能会威胁到组织的生存。只有建立合理的激励制度，才能够对组织成员起到筛选作用，将低劣者拒之门外。

（五）组织激励能降低优秀员工的流失率

组织激励行为能降低优秀员工的流失率。在关键人才日益短缺、培训成本不断上涨、人才对组织的影响力不断加深的情况下，优秀员工的流失对组织来说可能是致命的损失。因此，组织为了保证组织绩效，需要运用各种激励手段吸引和留住人才，这样才能降低他们的流动意愿和实际流失率。

三、西方主要的激励理论

一是从人的需要出发的内容型激励理论，以马斯洛的需要层次理论、奥尔德弗的ERG 理论、赫茨伯格的双因素理论以及麦克利兰的成就需要理论为代表。

二是从需要的未满足出发的过程型激励理论，以弗鲁姆的期望理论、亚当斯的公平理论以及洛克的目标设置理论为代表。

三是从行为后果的状态出发的行为改造型激励理论，以斯金纳的强化理论和亚当斯的挫折理论为代表。

内容型激励理论探讨“什么”需要能调动人的积极性；过程型激励理论探讨在满足需要的过程中应当怎样引导人们发挥其最大效用；行为改造型激励理论研究如何改造和转化人们的行为，使其达到目标。

第二节　内容型激励理论

内容型激励理论，就是针对激励的原因与起激励作用的因素的具体内容进行研究的理论。就组织激励而言，它是围绕如何满足员工的需要进而调动其工作积极性而展开研究的。较成熟的内容型激励理论主要有马斯洛的需要层次理论、赫茨伯格的双因素理论、奥尔德弗的 ERG 理论和麦克利兰的成就需要理论。

一、马斯洛的需要层次理论

（一）基本内容

马斯洛的需要层次理论认为，员工是被一种满足内在需要的愿望所驱使而行动的。马斯洛在其《人类动机理论》一书中提出了“需要等级”的概念，并指出了五个需要等级（见图 4－2）。

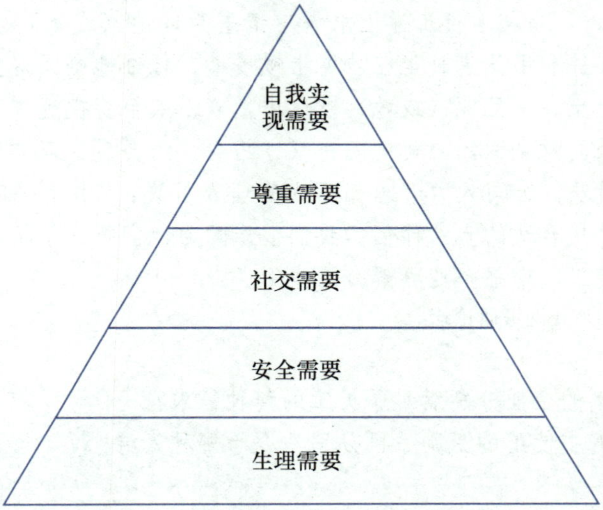

图 4－2　马斯洛的需要层次理论

（1）生理需要，是指维持人的生存的需要，包括人的衣食住行等方面的需要，它是个体最起码的、最基本的需要。

（2）安全需要，包括人身的安全、财产的安全和职业的稳定等方面的需要。

（3）社交需要，包括爱、归属、接纳和友谊。

（4）尊重需要，是指受人尊重的需要。人一方面希望得到名誉、地位和声望等，希望受到别人的尊重和承认；另一方面也希望自己具有实力、自由、独立性等，感到自己的存在价值，从而产生自尊心、自信心。

（5）自我实现需要，是指成长与发展、发挥自身潜能、实现理想的需要，它是一种追求个人能力极限的内驱力。

在上述各类需要中，当某种需要没有得到满足时，便会使人在心理上产生紧张，于是，人就会采取某种行为以满足需要，消除紧张，而当尚未满足的需要得到满足之后，这种需要就不再具有激发动机的力量。

另外，马斯洛还将五种需要划分成高和低两级。生理需要和安全需要称为较低级的需要，而社会需要、尊重需要和自我实现需要称为较高级的需要。两级的划分建立在一个前提条件下，即高级需要通过内部使人得到满足，低级需要则主要通过外部使人得到满足。在经济繁盛时期，几乎所有员工的低级需要都大体得到了满足。

课堂讨论案例

员工的需要满足

案例 1：一个刚毕业的年轻人，一直想找一个既可以赚大钱又不耽误他白天打球的工作。当一家计算机系统集成公司了解到他真的很有才华和能力以后，决定满足他的要求。于是，此人白天打球，晚上工作，而且工作质量和效率很高。该公司和这个年轻人都感到很满意，他到现在也没有离开该公司。

案例 2：某公司设立了一个专门为员工架设“鹊桥”的“婚姻介绍所”。新员工进入公司，可以把自己的学历、爱好、家庭背景、身高、体重等资料输入“鹊桥”电脑网络。当某名员工递上求偶申请书后，他（或她）便有权调阅电脑档案，申请者往往利用休息日坐在沙发上慢慢地、仔细地翻阅这些档案，直到找到满意的对象为止。一旦他（或她）被选中，联系人会将挑选方的资料寄给被选方，被选方如果同意见面，公司就安排双方约会。约会后，双方都必须向联系人报告对对方的看法。公司人力资源部门的管理人员说：“由于平时工作紧张，职员很少有时间寻找合适的生活伴侣。我们很乐意为他们帮这个忙。同时，这样做还能起到稳定员工、增强企业凝聚力的作用。”

资料来源：你来我网考研论坛．

思考题：

1. 以上案例的企业分别满足了员工的何种需求？
2. 以上案例中使用的激励手段分别适合于哪种人群？

（二）需要层次理论在管理中的应用

马斯洛认为，既然五个层次的需要是客观存在的，那么，管理者的任务就在于找出相应的激励因素，采取相应的组织措施，来满足不同层次的需要，以引导和控制人的行为，实现组织目标。不同层次的需要与其激励因素和组织措施的关系，如表 4-1 所示。

表 4-1　不同层次的需要与其激励因素和组织措施的关系

需要层次	一般激励因素	组织措施
自我实现需要	成长，成就，提升等	挑战性工作，创造性，在组织中提升，工作的成就等
尊重需要	承认，地位，自尊，自重等	工作职称，奖励增加，同事和上级承认，工作本身，责任等
社交需要	志同道合，爱，友谊等	管理的质量，和谐的工作小组，同事的友谊等
安全需要	安全，保障，胜任，稳定等	安全的工作条件，外加的福利，普遍增加薪水，职业稳定等
生理需要	空气，食物，住处等	基本工资，工作条件，基本福利等

从表 4－1 中可以看到，要满足不同层次的需要，应首先找出一般激励因素，从而采取相应的组织措施。比如，为了满足员工的生理需要，就应采取适当增加工资、改善劳动条件、创办各种福利事业等组织措施，以保证员工的基本生活条件，使他们的吃、住和婚姻等问题得到基本解决。又比如，当自我实现需要占主导地位时，人们最富创造性与建设性的技巧就会融入他们的工作中。为了满足这种需要，管理者应当认识到，每个人都具有创造性，通过充分发挥人们的潜能，并为其成长、成就和提升提供保证，员工就会为组织目标努力。

延伸阅读

工作轮换制

某公司有一条明文规定：经理的任期最多五年，期满后必须轮换到其他岗位，即使干得再好也要轮换。他们认为，岗位轮换可以使人才始终保持开拓进取、不容懈怠的最佳工作状态。企业内部人才流动，先进的技术和管理也跟着流动和交流。专业流动、地区流动和岗位轮换，可以让企业核心人才不断接受新的责任和工作内容，可以使其眼界放宽、观念开放，有利于提高他们的工作能力和水平。

资料来源：王里．组织行为学．北京：北京大学出版社，2012.

二、赫茨伯格的双因素理论

20 世纪 50 年代后期，美国心理学家赫茨伯格和他的助手为匹兹堡心理研究中心工作，他们访谈了该地区 9 个企业的 200 多名工程师和会计师，访问主要围绕两个问题：在工作中，哪些事项是让他们感到满意的，这种积极情绪估计持续多长时间？又有哪些事项是让他们感到不满意的，这种消极情绪估计持续多长时间？赫茨伯格以这些问题的回答为材料，着手研究哪些事情使人们在工作中感到快乐和满足，哪些事情造成不愉快和不满足。结果他发现，使职工感到满意的都是属于工作本身或工作内容方面的，使职工感到不满意的都是属于工作环境或工作关系方面的。他把前者叫作激励因素，后者叫作保健因素，提出了“激励-保健理论”。该调查结果见表 4－2。

表 4－2　赫茨伯格的激励-保健理论

激励因素	保健因素
成就	监督
认可	公司政策
工作本身	与主管的关系
责任	工作条件
进步	薪水
成长	与同伴的关系
	个人生活
	与下属的关系
	地位
	稳定与保障

资料来源：斯蒂芬·罗宾斯. 管理学．北京：中国人民大学出版社，2004.

与传统的观点不同，赫茨伯格的调查表明，满意的对立面不是不满意，即消除了工作中的不满意因素并不一定能让工作令人满意。他提出了二维连续体的存在：“满意”的对立面是“没有满意”，“不满意”的对立面是“没有不满意”，如图 4－3 所示。赫茨伯格认为，导致工作满意与不满意的因素是相互独立的，且差异较大，因此，管理者在工作中消除不满意保健因素只能起到安抚员工的作用，并不能激励员工。要真正激励员工努力工作，必须注重激励因素。

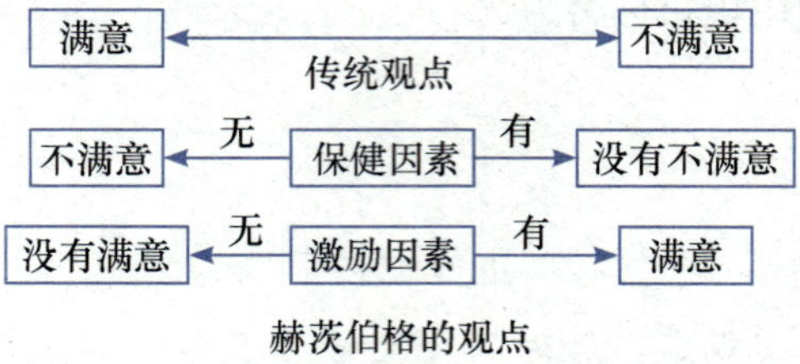

图 4－3　传统观点与赫茨伯格的观点对比

赫茨伯格的双因素理论在 20 世纪 60 年代中期至 80 年代初期一直有着广泛的影响力，但同时有些西方行为科学家对赫茨伯格的双因素理论的正确性表示怀疑。有人做了许多试验，也未能证实这个理论正确与否。赫茨伯格及其同事所做的试验，被有的行为科学家批评为他们所采用方法本身的产物——人们总是把好的结果归结于自己的努力，而把不好的结果归罪于客观条件或他人身上，问卷没有考虑这种一般的心理状态。另外，被调查对象的代表性也不够，事实上，不同职业和不同阶层的人，对激励因素和保健因素的反应是各不相同的。实践还证明，高度的工作满意不一定就产生高度的激励。许多行为科学家认为，不论是有关工作环境的因素还是工作内容的因素，都可能产生激励作用，而不仅是使职工感到满意，这取决于环境和职工心理方面的许多条件。虽然这一理论的内容显得过于简单，但它对当前工作设计的思想仍然有着相当的影响。

延伸阅读

工作丰富化

某著名汽车公司的工厂因为采用高度自动化流水作业线生产，使得工人对工作厌倦，缺勤率和流动率很高。为解决这一问题，该厂把传统的汽车装配线组织改为 15～17 人的装配小组，分工负责一种零配件或一道工序，所有物资供应、产量、质量均由该小组负责。结果该厂工人流动率降低，产品质量提高，不合格零配件减少。

三、奥尔德弗的 ERG 理论

（一）基本内容

美国耶鲁大学的奥尔德弗在马斯洛提出的需要层次理论的基础上，提出了一种新的人本主义需要理论。奥尔德弗认为，人们共存在三种核心的需要，即生存（existence）的需要、相互关系（relatedness）的需要和成长发展（growth）的需要，因而这一理论被称为“ERG 理论”。生存的需要与人们基本的物质生存需要有关，它包括马斯洛提出的生理和安全需要。第二种需要是相互关系的需要，即指人们对于保持重要的人际关系的要求，这种社会和地位的需要的满足是在与其他需要相互作用中达成的，它们与马斯洛的社交需要和尊重需要分类中的外在部分是相对应的。最后，奥尔德弗将成长发展的需要独立出来，它表示个人谋求发展的内在愿望，包括马斯洛的尊重需要分类中的内在部分和自我实现需要中所包含的特征。

（二）与马斯洛需要层次理论的异同

除了用三种需要替代了五种需要以外，奥尔德弗的 ERG 理论与马斯洛的需要层次理论的异同点主要体现在以下几个方面：

首先，ERG 理论并不强调需要层次的顺序，认为某种需要在一定时间内对行为起作用，而当这种需要得到满足后，人们可能去追求更高层次的需要，也可能没有这种上升趋势，即“满足-前进”。

其次，ERG 理论提出了“受挫-回归”的理论，当较高级需要受到挫折时，可能会降而求其次。

最后，ERG 理论认为，当某种需要在得到基本满足后，其强烈程度不仅不会减弱，还可能会增强，这就与马斯洛的观点不一致了。

图 4-4 体现了以上的三种观点。

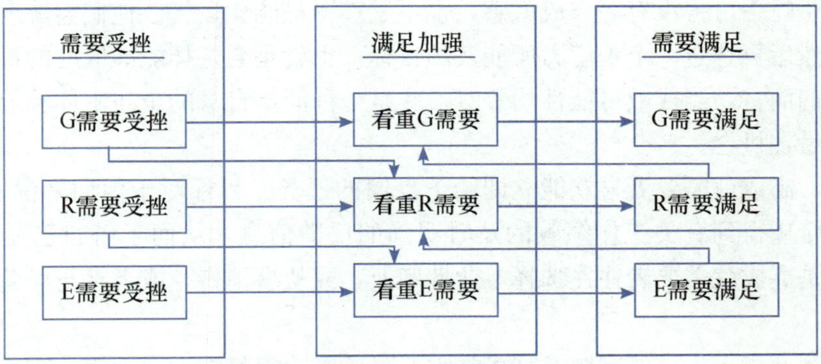

图 4-4　ERG 理论的“满足-前进”和“受挫-回归”

ERG 理论与我们有关个人差异的知识更为一致——诸如教育经历、家庭背景、文化环境这些变量可以改变某个人对于需要类别的重要性或动力强度的看法。有证据表明，不同文化下的个体对需要类型的排列顺序是不同的，例如，西班牙人和日本人都把社会需要放在生理需要前面。一些研究结果证实了 ERG 理论，但是同样也有证据表明该理论在某些组织中并不适用。不管怎么说，ERG 理论是有关需要层次方面的一种更有效的版本。

四、麦克利兰的成就需要理论

（一）基本内容

成就需要理论是美国哈佛大学教授麦克利兰通过对人的需要和动机进行研究，于 20 世纪 50 年代在一系列文章中提出的。麦克利兰把人的高层次需要归纳为对成就、权力和归属的需要。他对这三种需要，特别是成就需要做了深入的研究。

1. 成就需要：争取成功、希望做得最好的需要

麦克利兰认为，具有强烈的成就需要的人渴望将事情做得更为完美，提高工作效率，获得更大的成功，他们追求的是在争取成功的过程中克服困难、解决难题、努力奋斗的乐趣，以及成功之后的个人的成就感，他们并不看重成功所带来的物质奖励。个体的成就需要与他们所处的经济、文化、社会、政府的发展程度有关，社会风气也制约着人们的成就需要。

麦克利兰发现高成就需要者有三个主要特点：

第一，高成就需要者喜欢设立具有适度挑战性的目标。他们不喜欢凭运气获得的成功，不喜欢接受那些在他们看来特别容易或特别困难的工作任务。他们不满足于漫无目的地随波逐流和随遇而安，而总是想有所作为。他们总是精心选择自己的目标，因此，他们很少自动地接受别人的目标，包括上司为其选定的目标。除了请教能提供所需技术的专家外，他们不喜欢寻求别人的帮助或忠告。他们要是赢了，会要求应得的荣誉；要是输了，也勇于承担责任。例如，有两件事情，让你选掷骰子（获胜机会是1/3）和研究一个问题（解决问题的机会也是1/3），你会选择哪一样？高成就需要者会选择后者，尽管获胜的概率相同，而掷骰子则容易得多。高成就需要者喜欢研究、解决问题，而不愿意依靠机会或他人取得成果。

第二，高成就需要者在选择目标时会回避过分的难度。他们喜欢中等难度的目标，既不是唾手可得没有一点成就感，也不是难得只能凭运气。他们会揣度可能办到的程度，然后再选定一个难度力所能及的目标，也就是会选择能够取胜的最艰巨的挑战。对他们而言，当成败可能性均等时，才是一种能从自身的奋斗中体验成功的喜悦与满足的最佳机会。

第三，高成就需要者喜欢能立即给予反馈的任务。目标对于他们来说非常重要，所以他们希望得到有关工作绩效的及时明确的反馈信息，从而了解自己是否有所进步。这就是高成就需要者往往选择专业性职业，或从事销售，或者参与经营活动的原因之一。

麦克利兰指出，金钱刺激对高成就需要者的影响很复杂。一方面，高成就需要者往往对自己的贡献评价甚高，自抬身价。因为他们了解自己的长处，也了解自己的短处，所以在选择特定工作时有信心。如果他们工作出色而薪酬很低，他们是不会在这个组织待很长时间的。另一方面，很难说清金钱刺激究竟能够对提高他们绩效起多大作用，他们一般总以自己的最高效率工作，对他们而言，金钱固然是成就和能力的鲜明标志，但是他们觉得这配不上他们的贡献，所以可能引起不满。

麦克利兰认为，一个公司如果有很多具有成就需要的人，那么，公司就会发展得很快；一个国家如果有很多这样的公司，整个国家的经济发展速度就会高于世界平均水平。但是，在不同国家、不同文化背景下，成就需要的特征和表现也不尽相同，对此，麦克利兰未做充分表述。

2. 权力需要：影响和控制他人且不受他人控制的需要

权力需要是指影响和控制别人的一种愿望或驱动力。不同的人对权力的渴望程度也有所不同。权力需要较高的人对影响和控制别人表现出很大的兴趣，喜欢对别人

"发号施令"，注重争取地位和影响力。他们常常表现出喜欢争辩、健谈、直率和头脑冷静；善于提出问题和要求；喜欢教训别人，并乐于演讲。他们喜欢具有竞争性和能体现较高地位的场合或情境，他们也会追求出色的成绩，但这样做并不像高成就需要的人那样是为了个人的成就感，而是为了获得地位和权力或与自己已具有的权力和地位相称。权力需要是管理成功的基本要素之一。

3. 归属需要：建立友好亲密的人际关系的需要

归属需要就是寻求被他人喜爱和接纳的一种愿望。高亲和动机的人更倾向于与他人进行交往，至少是为他人着想，这种交往会给他带来愉快。高归属需要者渴望亲和，喜欢合作，而不是竞争的工作环境，希望彼此之间进行沟通与理解，他们对环境中的人际关系更为敏感。有时，归属需要也表现为对失去某些亲密关系的恐惧和对人际冲突的回避。归属需要是保持社会交往和人际关系和谐的重要条件。

麦克利兰的归属需要与马斯洛的社交需要、奥尔德弗的相互关系需要基本相同。麦克利兰指出，注重归属需要的管理者容易因为讲究交情和义气而违背或不重视管理工作原则，从而导致组织效率下降。

（二）成就需要理论在管理中的应用

麦克利兰对成就需要与工作绩效的关系进行了十分有说服力的推断。首先，高成就需要者喜欢能独立负责、可以获得信息反馈和中度冒险的工作环境。他们会从这种环境中获得高度的激励。麦克利兰发现，在小企业的经理人员和在企业中独立负责一个部门的管理者中，高成就需要者往往会取得成功。其次，在大型企业或其他组织中，高成就需要者并不一定就是一个优秀的管理者，原因是高成就需要者往往只对自己的工作绩效感兴趣，并不关心如何影响别人去做好工作。再次，归属需要与权力需要和管理的成功密切相关。麦克利兰发现，最优秀的管理者往往是权力需要很高而归属需要很低的人。如果一个大企业的经理的权力需要与责任感和自我控制相结合，那么他就很有可能成功。最后，可以对员工进行训练来激发他们的成就需要。如果某项工作适合高成就需要者，那么，管理者可以通过直接选拔的方式找到一名高成就需要者，或者通过培训的方式培养自己原有的下属。

麦克利兰的成就需求理论在企业管理中很有应用价值。首先，在人员的选拔和安置上，测量和评价一个人动机体系的特征对于如何分派工作和安排职位有重要的意义。其次，由于具有不同需要的人需要不同的激励方式，了解员工的需要与动机有利于合理建立激励机制。最后，麦克利兰认为，需要是可以训练和激发的，因此，可以训练和提高员工的成就需要，提高生产率。

第三节　过程型激励理论

过程型激励理论是研究从人的动机产生到最终采取行动的心理过程的理论。它的主要任务是找出对行为起决定作用的某些关键因素，弄清它们之间的相互关系，以预测和控制人的行为。过程型激励理论主要包括弗鲁姆的期望理论、亚当斯的公平理论和洛克的目标设置理论。

一、弗鲁姆的期望理论

期望理论，又称作“效价-手段-期望理论”，是著名心理学家和行为科学家弗鲁姆于 1964 年在《工作与激励》中提出来的激励理论。

（一）期望理论的公式

弗鲁姆认为，人总是渴求满足一定的需要并设法达到一定的目标。这个目标在尚未实现时，表现为一种期望，这时目标反过来对个人的动机又是一种激发的力量，而这个激发力量的大小，取决于目标价值（效价）和期望概率（期望值）的乘积。用公式表示为：

$$M=\sum(V\cdot E)$$

M 表示激发力量，是指调动一个人的积极性，激发其内部潜力的强度。

V 表示目标价值（效价），这是一个心理学概念，是指达到目标对于满足个人需要的价值。同一目标，由于每个人所处的环境不同，需求不同，其需要的目标价值也就不同。同一个目标对每一个人可能有三种效价，即正、零、负。效价越高，激励力量就越大。

E 是期望值，是人们根据过去经验判断自己达到某种目标的可能性的大小，即能够达到目标的概率。目标价值大小直接反映人的需要动机强弱，期望概率反映人实现需要和动机的信心强弱。

这个公式说明，假如一个人把某种目标的价值看得很大，估计能实现的概率也很高，那么这个目标激发动机的力量就会很强烈。

（二）期望模式

怎样使激发力量达到最大值，弗鲁姆提出了一种期望模式，在这个期望模式中有四个要素，即个人努力、个人成绩（绩效）、组织奖励（报酬）和个人需要，并且需要兼顾以下三个方面的关系：

（1）努力和绩效的关系。在企业组织中，人们必须做出一定的工作成绩才有可能换取所向往的报酬。

（2）绩效与奖励的关系。人们总是期望在达到预期成绩后，能够得到适当的合理奖励，如奖金、晋升、提级、表扬等。组织的目标，如果没有相应有效的物质和精神奖励来强化，时间一长，人们的积极性就会消失。

（3）奖励和个人需要的关系。奖励要适合各种人的不同需要，要考虑效价。要采取多种形式的奖励，满足各种需要，最大限度地挖掘人的潜力，最有效地提高工作效率。

当员工认为努力会带来良好的绩效评价时，他就会受到激励进而付出更大的努力；良好的绩效评价会带来组织奖励，如奖金、加薪和晋升；组织奖励会满足员工的个人目标。这种关系如图 4－5 所示。

个人努力 —关系1→ 个人绩效 —关系2→ 组织奖励 —关系3→ 个人需要

图 4－5　期望理论的三种关系

（三）期望理论在管理中的应用

在运用期望理论对员工进行激励时，管理者需要做到以下几点：

（1）发现员工重视的报酬或奖励是什么。

（2）根据组织目标，明确期望出现的员工行为（如让员工明白阿谀奉承是不受欢迎的，埋头苦干是受到肯定的）。

（3）确保绩效目标可以达到，否则员工可能不愿意付出努力，这也要求管理者要为下属创造支持的环境；确保期望的绩效与报酬之间的联系是直接的、清晰的和明确的；如果员工重视内在的奖励，像有趣的工作，那么管理者要能够集中力量重新设计工作而不是提高报酬。

（4）确保对员工没有冲突的期望（如要求员工做出色的营销员的期望与要求员工做有效的管理者的期望之间可能存在冲突）。

（5）确保奖励或报酬的差距或变化幅度是巨大的。小的奖励只会产生小量的努力和因此而增加的小量绩效，大的奖励会产生较大的努力和因此而增加的大量绩效，这种报酬变化幅度与原有报酬的基数有关。

延伸阅读

员工激励“翻花样”

临近岁末，上海不少企业在员工工资和福利的发放形式上进行了创新，既讨巧又讨好。定海地区总工会向该地区近 1.2 万名工会会员发放了一张“杨浦区定海地区总工会会员卡”，员工凭此卡可免费到社区体质监测站测试体能，到图书馆借阅书籍，在社区卫生服务中心挂号或者到社区文化活动中心看电影，去指定的饭店、美容美发店、酒店和超市消费则能享受 6～8 折不等的优惠。杨浦区总工会透露将在此卡基础上和银行合作，推出具有交易功能的工会会员借记卡，将工资福利和工会专项援助资金等发放到卡中，在全区推广。

一些企业还采用积分制度激励员工。一种名为“员工关爱平台”的内部服务软件每逢职工入职纪念日、生日、法定节假日等特定时节即从平台上发送短信祝福，并按入职时间提供相应的奖励积分。凭积分员工可进入平台内的虚拟商场兑换相应纪念品，如 200 点生日积分可兑换两张哈根达斯抵用券，达到 1 000 分还能到人力资源部门申请一天带薪休假。部分公司还利用该平台设置了“跳蚤市场”和“助人超市”，以赠送爱心积分的形式鼓励员工互相帮助或参加慈善公益活动。

生活成本的增加致使上海员工对薪资福利增长的预期也水涨船高，但一些企业的工资增长难以达到预期。公司调动既有的资源，通过新颖的激励措施可以弥补员工的心理落差，让员工对企业产生认同感。

对员工进行激励已经成为企业管理实践的一个共识。企业对员工进行有效激励能使员工保持较高的生产作业水平，但大部分企业对员工的激励内容单调，激励手段单一，主要还是采用物质激励，忽视精神激励。然而，随着生存发展压力和竞争压力的增大，企业并不可能无限采用金钱刺激的方法满足其要求，一定要多种激励手段并用。成熟的企业通常会制定多种激励制度，在尽量压缩额外成本的同时，对员工进行有效的激励。

资料来源：袁凌．组织行为学．北京：高等教育出版社，2015.

二、亚当斯的公平理论

公平理论又称社会比较理论，是美国行为科学家亚当斯在《工资不公平对工作质量的影响》等著作中提出来的一种激励理论。公平理论侧重于研究工资报酬分配的合理性、公平性及其对职工生产积极性的影响。

（一）基本内容

公平理论的基本观点是：当一个人做出了成绩并取得了报酬以后，他不仅关心自己所得报酬的绝对量，而且关心自己所得报酬的相对量。因此，他要进行种种比较来确定自己所获报酬是否合理，比较的结果将直接影响今后工作的积极性。

比较分为两种，即横向比较和纵向比较。横向比较是指将自己获得的"报偿"（包括金钱、工作安排以及获得的赏识等）与自己的"投入"（包括教育程度、所做努力、用于工作的时间与精力和其他无形损耗等）的比值与组织内其他人做社会比较，只有相等时，他才认为公平，如下式所示。

$$OP/IP=OC/IC$$

其中：OP——自己对所获报酬的感觉；

OC——自己对他人所获报酬的感觉；

IP——自己对个人所做投入的感觉；

IC——自己对他人所做投入的感觉。

当上式为不等式时，可能出现以下两种情况：

（1）$OP/IP<OC/IC$。

在这种情况下，第一种办法是个体可能要求增加自己的收入或减小自己今后的努力程度，以使左方增大，趋于相等；第二种办法是个体可能要求组织减少比较对象的收入或者让其今后增大努力程度以使右方减小，趋于相等。此外，个体还可能另外找人作为比较对象，以达到心理上的平衡。

（2）$OP/IP>OC/IC$。

在这种情况下，个体可能要求减少自己的报酬或在开始时自动多做些工作，但久而久之，他会重新估计自己的技术和工作情况，最终觉得他确实应当得到这么高的待遇，于是产量便又会回到过去的水平了。

除了横向比较之外，人们也经常做纵向比较，即把自己目前投入的努力与目前所获得报偿的比值，同自己过去投入的努力与过去所获报偿的比值进行比较。只有相等时，人们才认为公平。

调查和试验的结果表明，不公平感的产生，绝大多数是由于经过比较认为自己目前的报酬过低而产生的；但在少数情况下，也会由于经过比较认为自己的报酬过高而产生。

公平理论对我们有着重要的启示。首先，影响激励效果的不仅有报酬的绝对值，还有报酬的相对值。其次，激励时应力求公平，使等式在客观上成立，尽管有主观判断的误差，也不致造成个体严重的不公平感。最后，在激励过程中应注意对被激励者公平心理的引导，使其树立正确的公平观，一是要认识到绝对的公平是不存在的，二是不要盲目攀比，三是不要按酬付劳，按酬付劳是在公平问题上造成恶性循环的主要杀手。

（二）公平理论在管理中的应用

为了避免员工产生不公平的感觉，企业往往采取各种手段，形成一种公平合理的气氛，使员工产生一种主观上的公平感。以下内容是就如何在企业薪酬管理中运用公平理论而给出的几点建议：

（1）建立按劳分配的报酬体系。

（2）确保薪酬政策的内部一致性。

（3）做到男女同工同酬，它也是薪酬政策的内部一致性的表现。

（4）保持本组织薪酬水平与其他组织的薪酬水平相比较时的竞争力。

（5）保证员工的薪酬逐年得到增长，特别是扣除物价指数增长之外，还略有增长。经济萧条时，如削减薪酬，一定要做好充分的论证和其他准备工作。

（6）在坚持公平原则的基础上，要坚持效率优先的原则，具体体现在主要以绩效为基础进行分配。

（7）考虑合理的薪酬结构。

（8）增加其他形式（除了金钱之外）的报酬（如温暖、尊重、互助、信任、团结、认可的人际环境）。

（9）保证报酬的分配过程公平、公正。如在规章制度制定过程中讨论、统计工作量和绩效考核的公开、透明。

（10）妥善运用发放薪酬的保密制度。

（11）依法治企，奖惩明确。不可因领导个人好恶随意变更管理规章制度。

（12）当员工产生不公平感的时候，有相应的机构或人员对其不满给予关注和受理，如平等工作委员会。同时，还要加以必要的疏导，如模拟发泄室、说服教育、心理辅导。

课堂讨论案例

由两位年轻人辞职引起的薪资制度变革

一家在同行业居领先地位、注重高素质人才培养的高技术软件开发公司，不久前有两位精明能干的年轻软件开发人员提出辞职，到提供更高薪资的竞争对手公司里任职。其实，这家大公司技术主管早在数月前就要求公司给这两位年轻人增加薪资，因为他们工作表现十分出色。但人力资源部门主管认为，按同行业平均水平来说，这两位年轻软件开发人员的薪资已经是相当高了，而且这种加薪要求与公司现行建立在职位、年龄和资历基础上的薪资制度不符合，因此拒绝给予加薪。

对这一辞职事件，公司里员工议论纷纷。有人说，尽管这两位年轻人所得报酬绝对量高于行业平均水平，但他们表现那么出色，这样的报酬水准很难令人满意。也有人质疑，公司人力资源部门主管明显地反对该项提薪要求，是否与公司雇用和保留优秀人才需要相适应呢？公司是否应当制定出特殊条例来吸引优秀人才，或者还是让那些破坏现行制度的人离开？这些议论引起了公司总经理的注意，他责成人力资源部门牵头与技术、生产、销售、财务等各部门人员组成一个专案小组，就公司酬劳计付方式广泛征求各部门员工意见，并提出几套方案，以供公司常务会讨论和决策之用。

资料来源：天天招生网.

思考题：

1. 利用亚当斯的公平理论分析这两位员工辞职的原因。
2. 利用所学知识，为该公司提出薪酬制度变革方面的建议。

三、洛克的目标设置理论

美国马里兰大学管理学兼心理学教授洛克和休斯在研究中发现，外来的刺激（如奖励、工作反馈、监督的压力）都是通过目标来影响动机的。目标能引导活动指向与目标有关的行为，使人们根据难度的大小来调整努力的程度，并影响行为的持久性。于是，在一系列科学研究的基础上，洛克于 1967 年最先提出“目标设置理论”。

（一）基本内容

目标设置理论认为：目标本身就具有激励作用，目标能把人的需要转变为动机，使人们的行为朝着一定的方向努力，并将自己的行为结果与既定的目标相对照，及时进行调整和修正，从而实现目标。

目标激励的运行机制表现为：（1）目标引导人们的心理反应。人努力工作达成目标是为了满足自己的情感与愿望，而对目标的感知价值会影响人的情感与愿望体验。（2）个体的努力程度取决于目标的可接受性和个人对目标的承诺。（3）目标指导工作行为和绩效，并产生结果或反馈。

为了使员工更加明确高效地工作，更为未来的绩效考核具备目标和考核标准，使考核更加科学化、规范化，保证考核的公开、公平与公正，组织可以制订目标计划。制订目标计划时应遵照 SMART 原则：

（1）具体的（specific），即反对陈词滥调和假、大、空的套话，学会用简短的语言明确道出目标。

（2）可衡量的（measurable），即尽量用量化语言来描述目标，而不是目的和愿望。

（3）能够达到的（attainable），即制定的目标应该是经过科学论证可以实现的，而不是主观臆断和凭空想象的。

（4）相关的（relevant），即制定的目标应该是与目的相关联的，目标是实现目的的步骤。

(5) 限定时间的 (time-bound)，即必须有起点、终点和时间段。

(二) 目标设置理论在管理中的应用

目标设置理论为工作激励和绩效改进提供了一种有用的方法。洛克曾指出，目标设置理论更适合作为一种激励技巧，而不是一种正规理论。设置适当的目标，有利于激发人的动机，调动人的工作积极性。设置适当目标要考虑个体的切身利益、科学合理、切实可行、总目标与阶段性目标相结合等方面的问题，具体需要注意以下几点：

(1) 个人目标与组织目标一致。组织的目标与个人的目标可能平衡一致，也可能发生偏向。如果出现偏向，就不利于调动个人的积极性，不利于组织目标的实现。只有使这种偏向趋于平衡，才能使个人的行为朝向组织的目标，使个人产生较强的心理内聚力，为完成组织目标而共同奋斗。

(2) 目标设置既有挑战性又有现实可行性。目标的难度要适当，易于激发进取性，就像摘树上的果子，最好是“跳一跳够得着”一样。过高了力所不及，过低了不需努力，轻易得到，都不能收到良好的激励效果。

(3) 目标体系要方向明确、内容具体、时间界限清晰。目标设置时间要求既要有近期的阶段目标，又要有远期的总目标。只有总目标或只有阶段目标，要么使人产生渺茫感，要么使人目光短浅，激励作用都不能长久。总目标可让人感到工作有方向，但使人感到遥远，影响人的积极性。一般采取“大目标，小步子”的方法，把总目标建立成为目标体系，划分成若干个阶段性目标，通过实现几个阶段性目标来实现总目标。阶段性目标可以使人感到工作的阶段性、可行性和合理性。同时，目标的内容要具体明确，能够有定量要求的目标更好，切忌笼统抽象。

(4) 目标可以由管理者设置，也可以由员工自己设置，或者由管理者和员工共同设置。一般而言，由员工参与的目标更易于产生高绩效。

(5) 目标设置必须有反馈环节。完善、准确和及时的反馈与工作的高绩效相关。反馈是检验目标的实施情况和改进目标的一个必要手段。

微课时间

自我效能感

请思考：

1. 什么是自我效能感？提出者是谁？
2. 高自我效能感有哪些特点？来源有哪些？
3. 研究它有何现实意义？

第四节　行为改造型激励理论

行为改造型激励理论是研究如何改造和转化人们的行为，使其达到目标的一种理论。该理论主要包括亚当斯的挫折理论和斯金纳的强化理论。

一、亚当斯的挫折理论

挫折理论是由美国的亚当斯提出的。挫折是指人类个体在从事有目的的活动过程中，指向目标的行为受到阻碍或干扰，致使其动机不能实现，需要无法满足时所产生的情绪状态。挫折理论主要揭示人的动机行为受阻而未能满足需要时的心理状态，并由此而导致的行为表现，力求采取措施将消极性行为转化为积极性、建设性的行为。

（一）挫折的产生

个体受到挫折与其动机实现密切相关。人在动机导向目标的过程中，如果受到阻碍或干扰，会有以下四种情况：

（1）虽然受到干扰，但主观和客观条件仍可使其达到目标。

（2）受到干扰后只能部分达到目标或使达到目标的效益变差。

（3）由于两种并存的动机发生冲突，暂时放弃一种动机，而优先满足另一种动机，即修正目标。

（4）由于主观因素和客观条件影响很大，动机的结局完全受阻，个体无法达到目标。

第四种情况下人的挫折感最大，第二和第三种情况次之。挫折是一种普遍存在的心理现象，在人类现实生活中，不但个体动机及其动机结构复杂，而且影响动机行为满足的因素也极其复杂，因此，挫折的产生是不以人们的主观意志为转移的。

（二）挫折的反应

挫折理论认为，当人们在工作、学习或生活上遇到挫折以后，可能产生以下六种行为：

（1）激发再生力。坚信“失败是成功之母”，认为失败是成功路上的正常因素，因而坚持不懈、锲而不舍。

（2）自我张力。吃一堑，长一智，虚心地从失败中寻找原因与不足，更加谨慎、忍耐、克制。

（3）改变方法。尽管选择的目标是对的，但由于使用的方法和手段不当导致了失败，因而采用新的方法。

（4）改变目标。原来的目标过高，或者没顾及客观条件，或者没顾及主观条件，因而难以实现，于是放弃原目标，换一个适度的目标。

（5）放弃。自暴自弃，既不分析实际情况，又不吸取经验教训，自认为没有希望，完全放弃原目标。

（6）对抗。不顾一切地发泄不满情绪，坚持错误，一意孤行，破罐子破摔。

挫折对人的影响具有两面性：一方面，挫折可增加个体的心理承受能力，使人猛醒，吸取教训，改变目标或策略，从逆境中重新奋起；另一方面，挫折也可使人们处于不良的心理状态中，出现负面情绪反应，并采取消极的防卫方式来应对挫折情境，从而导致不安全的行为反应，如不安、焦虑、愤怒、攻击、幻想、偏执等。

（三）挫折的原因

引起挫折的原因既有主观的，也有客观的。主观原因主要是个人因素，如身体素质不佳、个人能力有限、认识事物有偏差、性格缺陷、个人动机冲突等；客观原因主要是社会因素，如企业组织管理方式引起的冲突、人际关系不协调、工作条件不佳、工作安排不当等。人是否受到挫折与许多随机因素有关，也因人而异。归根结底，挫折的形成是由于人的认知与外界刺激因素相互作用失调所致。

（四）挫折的应对措施

在企业管理中，有的人由于安全生产中的某些失误，受到领导批评或扣发奖金，由于其挫折容忍力小，可能就会发泄不满情绪，甚至采取攻击性行动；在攻击无效时，又可能暂时将愤怒情绪压抑，对安全生产采取冷漠的态度，得过且过。人受到挫折后可产生一些远期影响，如丧失自尊心、自信心，自暴自弃，精神颓废，一蹶不振等。

在企业经营活动中，员工受到挫折后，所产生的不良情绪状态及相伴随的消极性行为，不仅对员工的身心健康不利，而且会影响企业的正常生产，甚至导致事故的发生。因此，应该重视管理员工的挫折问题，采取措施防止挫折心理给员工本人和企业带来的不利影响。对此，可以采取的措施包括：

（1）帮助员工用积极的行为适应挫折，如合理调整无法实现的行动目标。

（2）改变受挫员工对挫折情境的认识和估价，以减轻挫折感。

（3）通过培训提高员工工作能力和技术水平，增加个人目标实现的可能性，减少挫折的主观因素。

（4）改变或消除易于引起员工挫折的工作环境，如改进工作中的人际关系、实行民主管理、合理安排工作和岗位、改善劳动条件等，以减少挫折的客观因素。

（5）开展心理保健和咨询，消除或减弱挫折心理压力。

二、斯金纳的强化理论

强化理论是美国心理学家和行为科学家斯金纳提出的一种理论。他提出了一种“操作条件反射”理论，认为人或动物为了达到某种目的，会采取一定的行为以作用于环境。当这种行为的后果对个体有利时，这种行为就会在以后重复出现；不利时，这种行为就减弱或消失。人们可以用这种正强化或负强化的办法来影响行为的后果，从而修正其行为，这就是强化理论，也叫作行为修正理论。

（一）基本内容

斯金纳所倡导的强化理论是以学习的强化原则为基础的，是关于理解和修正人的行为的一种学说。所谓强化，从其最基本的形式来讲，指的是对一种行为的肯定或否定的后果（报酬或惩罚），它至少在一定程度上决定这种行为在今后是否会重复发生。根据强化的性质和目的，强化可分为正强化、负强化、惩罚和淡化四种类型。

1. 正强化

正强化是指通过呈现令人愉悦的事物而使某种行为得以强化的过程（如果某种行为的发生频率提高了，则其得到强化，反之则被弱化）。一位加班工作的设计工程师因受到老板的赞赏和认可而更频繁地加班，这就属于正强化。

2. 负强化

负强化是指为了让人摆脱令人不愉快的境地，而使某种行为更可能发生的过程。例如，在军队里，一个中士会一直对他的新兵大喊大叫，直到新兵迅速从床上爬起来，这种做法就是对起床这一特定行为的负强化。人们常会将负强化与惩罚相混淆，但这两种策略对行为的影响效果却相反。

3. 惩罚

惩罚是指通过或者呈现令人不悦的事物或者取消令人愉悦的事物而使某行为弱化的过程。例如，如果管理者安排一个工作拖沓的员工去干别人不愿干的脏活，就为呈现不悦事情的惩罚；如果扣发该员工的工资，则为取消令人愉快事情的惩罚。

4. 淡化

淡化是指通过对行为的忽略或确保行为不被强化从而弱化行为的过程。例如，为了摆脱房产中介工作人员而拒接他们的电话，这就是一种淡化策略。对于淡化，一个很好的类比就是：想象一下，如果你不再为你家的花草浇水将会发生什么。与缺水的植物一样，如果没有机会得到强化，行为终将消亡。虽然过程截然不同，但惩罚和淡化同样都会对行为产生弱化的效果。

正强化和负强化的目的是用于加强所期望的个人行为；惩罚和淡化的目的是减少和消除不期望发生的行为。这四种类型的强化相互联系、相互补充，构成了强化的体系，并成为一种制约或影响人的行为的特殊环境因素。

（二）强化理论在管理中的应用

在企业管理中，应用强化理论指导工作，对保障企业正常运转可起到积极作用。在实际应用中，关键在于如何使强化机制协调运转并产生整体效应。为此，应注意以下五个方面：

（1）应以正强化方式为主。在企业中设置鼓舞人心的目标，是一种正强化方法，但要注意将企业的整体目标和职工个人目标、最终目标和阶段目标等相结合，并对在完成个人目标或阶段目标中做出明显绩效或贡献者，给予及时的物质和精神奖励（强化物），以求充分发挥强化作用。

（2）惩罚手段要慎重。惩罚应用不当会带来一些消极影响，可能使人由于不愉快的感受而出现悲观、恐惧等心理反应，甚至发生对抗性消极行为。因此，在运用惩罚时，应尊重事实，讲究方式方法，处罚依据准确公正，这样可尽量消除其副作用。

（3）注意强化的时效性。采用强化的时间对于强化的效果有较大的影响。一般而言，强化应及时，这样可提高行为的强化反应程度，但须注意及时强化并不意味着随时都要进行强化。不定期的非预料的间断性强化，往往可取得更好的效果。

（4）因人制宜，采用不同的强化方式。由于人的个性特征及需要层次不尽相同，不同的强化机制和强化物所产生的效应会因人而异。因此，在运用强化手段时，应采用有效的强化方式，并随对象和环境的变化而做相应调整。

（5）利用信息反馈增强强化的效果。信息反馈是强化人的行为的一种重要手段，尤其是在应用安全目标进行强化时，定期反馈可使员工了解自己参加经营活动的绩效及其结果，既可使员工得到鼓励，增强信心，又有利于及时发现问题，分析原因，修正所为。

延伸阅读

南风法则

“南风法则”也叫作“温暖法则”，源于法国作家拉封丹写过的一则寓言：北风和南风比威力，看谁能使行人把身上的大衣脱掉。北风用一阵凛冽的寒风，让行人觉得寒冷刺骨，结果行人把大衣裹得紧紧的。南风则徐徐吹动，顿时风和日丽，行人觉得春意上身，解开纽扣，继而脱掉大衣，南风获得了胜利。

这个寓言告诉我们：温暖胜于严寒。运用到管理实践中，“南风法则”要求管理者要尊重和关心下属，时刻以下属为本，多点“人情味”，多注意解决下属日常生活中的实际困难，使下属真正感受到管理者给予的温暖。这样下属出于感激就会更加努力、积极地为企业工作，维护企业利益。

资料来源：MBA 智库百科网．

第五节　激励理论在实践中的运用

似乎通过各种针对激励的理论讨论，我们所能得出的结论是：激励是非常复杂的，甚至是混淆的。但是，事实上并不是这样。各种理论在管理者如何能激励员工方面达成了强烈的一致意见。表 4 - 3 识别了不同激励理论之间的联系，以及管理者所能使用的激励的五种行为。本节将以此为基础，具体陈述各种激励理论在实践中的综合运用。

表 4 - 3　源自激励理论的激励实践

激励理论	激励实践				
	发现意味深长的个体奖励	把奖励和绩效挂钩	重新设计工作	提供反馈	清楚表达期望和目标
马斯洛的需要层次理论	×		×	×	
奥尔德弗的 ERG 理论					

续表

激励理论	激励实践				
	发现意味深长的个体奖励	把奖励和绩效挂钩	重新设计工作	提供反馈	清楚表达期望和目标
麦克利兰的成就需要理论	×	×	×	×	×
赫茨伯格的双因素理论			×		
弗鲁姆的期望理论	×	×		×	×
亚当斯的公平理论	×	×		×	×
洛克的目标设置理论		×		×	×

注：在某格中没有选中（标注×代表选中）表示此理论对这方面的实践没有具体的阐述，并不表示此理论认为这个实践是无效的。

资料来源：迈克尔·A希特，等．组织行为学——基于战略的方法．北京：机械工业出版社，2007.

一、目标管理

目标的设置工作，应使目标具有明确、可检验和可测量的特点，且包括四个基本成分，即目标具体性、参与决策、明确的时间限定和绩效反馈。

（1）在目标中不能仅仅笼统地表明要削减成本、改善服务、提高质量，这些愿望必须要转化成为可以测量和评价的具体目标。例如，采购部成本降低7%；保证所有的电话订货24小时内及时送到；保证产品返修率在1%以下。

（2）目标不是由上级单方面确定然后分派给下属的。目标管理运用共同参与决策的方式代替硬性规定的目标，上下级共同选择目标，并对如何衡量绩效达成协议。

（3）管理者和下属不仅要有明确的目标，而且要有达到目标的明确时间限定。

（4）在实现目标的过程中，管理者要不断提供绩效反馈。理想的做法是给个体提供持续性的反馈，从而使他们控制和调整自己的行为。比较现实的做法是：在检查工作进度时，管理者给予阶段性的定期评价。

不过，在有关目标管理的一些研究中，可以看到多数情况下其未能达到管理者的期望。在制定目标时，如果对结果存在不切实际的期望、缺乏高层管理者的承诺、管理层无力或不愿根据目标的完成情况分配报酬时，目标管理的效果会大打折扣。

课堂讨论案例

A公司的目标管理

A公司从2021年7月份开始实行目标管理，当时是试行阶段，后来由于人力资源部人员的不断变动，这种试行也就成了不成文的规定并执行至今，现在已实行了将近一年的时间了。应该说执行的过程并不是很顺利，每个月目标管理卡的填写或制作似乎成了各个部门经理的任务或者说是累赘，经理们总感觉占了他们大部分的时间或者说是浪费了他们的许多时间。每个月都是由办公室督促大家填写目标管理卡。除此之外，就是一些部门，例如财务部门的工作，每个月的常规项目占据所有工作的90%，目标管理卡的内容重复性特别大；另外一些部门，如行政部门，其临时性工作特别多，每月之前很难确定他们的目标管理卡。

A公司目标管理的程序如下所述。

一、目标的制定

1. 总目标的制定

上一年末，公司总经理在职工大会上做总结报告，向全体职工讲明下一年度大体的工作目标。然后，在年初的部门经理会议上，总经理和副总经理、各部门经理讨论协商确定该年的目标。

2. 部门目标的制定

每个部门在前一个月的25日之前确定出下一个月的工作目标，并以目标管理卡的形式报告给总经理，总经理办公室留存一份，本部门留存一份。目标分别为各个工作的权重以及完成的质量与效率，由权重、质量和效率共同来决定。最后由总经理审批，经批阅后方可作为部门工作的最后得分。

3. 目标的分解

各个部门的目标确定以后，由部门经理根据部门内部的具体的岗位职责以及内部分工协作情况进行分配。

二、目标的实施

目标的实施过程主要采用监督、督促并协调的方式，每个月月中由总经理办公室主任与人力资源部绩效主管共同或是分别到各个部门询问、了解目标进行的情况，直接与各部门的负责人沟通，在这个过程中了解到哪些项目进行到什么地步，哪些项目没有按规定的时间、质量完成，为什么没有完成，并督促其完成。

三、目标结果的评定与运用

(1) 目标管理卡首先由各部门的负责人自评，自评过程受人力资源部与办公室的监督，最后报总经理审批，总经理根据每个月各部门的工作情况，对目标管理卡进行相应的调整以及自评的调整。

(2) 目标管理卡最后以考评得分的形式作为部门负责人的月考评分数，部门员工的月考评分数的一部分来源于部门目标管理卡。这些考评分数作为月工资发放的主要依据之一。

但是最近，大多数部门领导人反映不愿意每个月填写目标管理卡，认为这没有必要，因为在执行过程中，部门员工能够了解到本月自己应该完成的项目，而且清楚每一个项目应该到什么样的程度是最完美的。在最近的一次与部门员工的座谈中了解到，有的部门员工对本部门的目标管理卡不是很明确，其中的原因主要就是部门的办公环境不允许把目标管理卡张贴出来（个别的部门），如果领导每个月不对本部门员工解释明白，他们根本就不知道其工作目标是什么，领导叫干什么就干什么，显得很被动。可是部门领导如今不愿意做目标管理这一块，而且有一定数目的员工也不明白目标管理分解到他们那里的应该是什么。

资料来源：创业网.

思考题：

1. A 公司的目标管理总体上存在哪些问题？

2. 显然 A 公司的部门管理者不支持目标管理，为什么会出现这样的问题？

3. 为什么会出现“员工不知道他们的工作目标是什么，领导叫干什么就干什么”的情况？这个问题如何解决？

二、个性化奖励

所有的内容型激励理论都指出，对个体具有激励性质的因素是千差万别的。而且，期望理论认为个体对不同的刺激因素会赋予不同的效价。这表明，通过将个体奖励与个体需求和欲望相协调，公司能在吸引和激励员工方面产生竞争优势，其中的一个明显的领域是福利的提供。例如，关于退休计划和保险，一个未婚的 28 岁员工，和有三个孩子的 45 岁员工的需求是不一样的。

管理者在试图分析和确定是什么激励了个体员工的时候，经常犯的一个错误就是过分强调了外在奖励（加薪、奖金、工资水平、工作安全和工作称谓），而忽略了内在奖励（令人兴奋和挑战性的工作、学习新技术的机会、成就感）。事实上，最近有一项关于美国成人的随机抽样调查，让被调查者把工作中最重要的方面进行排序，结果薪水被排在了第三位。但是，当被调查者被问到是什么激励了“其他人”时，75%的人回答说薪水是他人的最主要的激励因素。很明显，绝大多数人觉得他们是被一些能满足更高层次的尊重、成长或成就需求的事物激励着的，但是他们认为别人主要是受到生理和安全需求的激励。

一些研究表明，如果一个人因本质上令人满意的工作而受到外在的奖励，他可能将绩效归因于外部的力量，而导致他对工作的内在兴趣降低，这说明了过多依赖外部激励因素可能导致人们丧失对完成工作的自然兴趣。然而，这种观点已得到了一些研究者的挑战，他们论证道：在工作环境中，外部奖励对于任何类型的工作激励都是必要的。管理者必须关注这两种类型的奖励，不能失之偏颇，应尽力达到两者的适度平衡。

根据每个个体在组织中所处的位置不同，他们所关注的激励性事物也不同。不同岗位、不同层级的人可能有不同的考虑，这就带来了个别的需求。例如，比起任期长的员工，新来的员工会觉得反馈富有激励性，而工作时间长的人认为发挥自主性更为重要。实际上，当《哈佛商业评论》请 12 位高层管理者就激励员工陈述他们脑中最重要的想法时，联想集团主席柳传志就指出，一名领导必须给不同员工群体创立不同的激励。他把他的员工根据在组织中的功能分成了三个群体，并给每一个群体提供了适当的激励：

（1）第一个群体是公司的高级经理。他们必须有公司所有者的意识，因为他们持有公司的股票，这在中国的国有企业中是非同寻常的举措。这群员工还希望得到认可，因此，提供给他们对媒体发表演说的机会。

（2）第二个群体是中层管理者。他们想成为高级管理者。对这个群体使用的主要激励手段包括提供展示和发挥他们知识、技能的机会，这样他们在公司里获得提升的机会就会变大。

（3）第三个群体是一线员工。他们最需要的是稳定和安全感，因此，根据他们的绩效，使他们获得可预测的奖金。而且，他们被允许参与有关奖金分配的决策。

三、员工参与方案

为了鼓励员工对组织的成功做出更多承诺与奉献，不少组织运用了员工参与方案，其中包括参与管理、工作场所的民主化、授权员工等方式。这种激励技术的隐含逻辑基础是：让员工参与影响到他们自己的决策，并增加他们对工作生活的自主权和控制力，这会使员工的工作积极性更高，生产率更高，对组织更忠诚，对工作也更为满意。这种方案受到马斯洛的较高级需要、麦克利兰的成就需要、赫茨伯格的双因素等理论的影响。其中，最普遍运用的参与方案有：参与管理、质量圈和员工持股计划。

（一）参与管理

所有参与管理方案都有一个明显的共同特征，即下属在很大程度上可以与直接主管共享决策权，简言之，他们共同做出决策。

参与管理在当今很多情况下被推崇为治疗员工士气低落和生产力低下的灵丹妙药。然而，这种做法是否有效，关键取决于以下三方面内容：员工参与解决的问题是否关系他的根本利益；员工是否具备必要的能力和知识，从而为决策带来有效的贡献；参与的各方是否相互信任，相互依赖。

为什么管理层希望与下属分享决策权呢？原因包括很多方面。首先，在工作日益复杂的今天，管理者常常并不了解员工所做的具体工作。所以，参与管理使那些最了解工作的人共享决策权，其结果会带来更完善的决策。其次，员工参与还可以提高人们对决策的承诺。如果员工参与了决策过程，则在实施决策时，他们反对这项决策的可能性会更小。最后，员工参与管理为员工提供了内部奖励，它使人们的工作更有趣也更有意义。

许多研究探讨了参与管理与工作绩效之间的关系，不过研究结果并不一致。人们发现，参与管理对员工生产率、动机和工作满意度这些变量只有中等水平的影响。当然，这并不意味着在适当条件下使用参与管理毫无益处。研究表明，参与管理的使用并不是提高员工绩效的万全之策。

（二）质量圈

质量圈也是一项常常被人们提到的技术。质量圈的具体做法是：由 8～10 名员工和主管组成工作小组，共同承担工作责任。小组成员定期会面——常常是一周一次，利用上班时间和工作场所讨论质量问题，探讨问题的成因，提出解决建议，并实施纠正措施。他们承担解决质量问题的责任，对工作进行反馈并对反馈进行评价，但管理层一般保留最终决定权以确定是否实施建议方案。

一些研究证据表明，质量圈对工作效率产生一定的积极影响，但它对员工满意度的影响却很小，另一些研究并没有发现质量圈对工作效率有显著的积极影响。可见，许多质量圈方案并未达到预期的效果，其原因可能来自两个方面：第一，员工实际上只有很少的时间参与活动。这些方案通常每周只碰面一次，每次不过讨论两三个小时，其余时间不发生任何变化，这种短短的讨论不可能带来重大影响。第二，质量圈过程实施的简便性常常会削弱它的效果。质量圈被看作是一种简单方法，对它的实施几乎不需要改变这一方案以外的任何方面。在许多情况下，管理部门的主要参与仅仅是提供资金。所以，质量圈成为管理层推行员工参与方案这一时尚的简便做法。遗憾的是，由于缺少计划性、缺乏高层管理者的承诺与参与等因素，质量圈常常以失败告终。

（三）员工持股计划

员工持股计划是公司建立的一项福利措施，作为福利的一部分，员工可以获得股票。很多公司现在超过一半的股票为员工所有。

有关研究表明，员工持股计划可以提高员工满意度，但是，它对绩效的影响并不十分明显。例如，一项研究对 45 个采用员工持股计划的公司与 238 个传统公司进行了比较，在雇员增长和销售增长两方面，员工持股公司均优于传统公司。另一项研究发现，在其他条件相当的情况下，采用员工持股的公司与未采用员工持股的公司相比，四年之后所有股东的回报率平均高出 6.9%。不过，也有一些研究得到了令人失望的结果。

应该说，员工持股计划具有提高员工满意度和工作动机的潜力。但是，为了使这种潜力转变为现实，员工除了拥有企业的股份之外，还需要定期了解企业的经营状况，有机会对企业的业务施加影响，真正成为企业的主人翁，这样才能显著改善组织绩效。

职业素养提升

马克思主义理论表明，促进人的全面发展是人类社会发展的终极目标，这是每个人的权利。人的全面发展意味着充分开发每个人的潜能。通过激励理论的学习，我们应建立以下基本原则：

1. 个人目标与组织目标相结合；
2. 物质激励与精神激励相结合；
3. 外激励与内激励、正激励与负激励相结合；
4. 民主公平，按需激励。

本章知识结构图

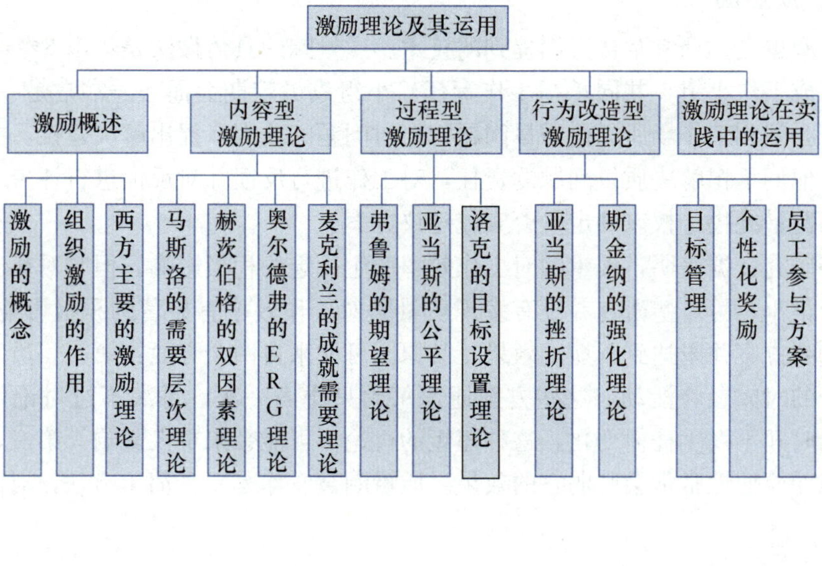

复习思考题

1. 解释激励与行为效果之间的关系。

2. 比较马斯洛的需要层次理论、奥尔德弗的ERG理论、赫茨伯格的双因素理论的相似性和差异性。

3. 概述麦克利兰提出的三种需要。

4. 概述期望模式中的四种要素，以及它们之间的关系。

5. 列出你真心喜欢的三项活动（如打网球、读小说、逛商店），然后列出你真正不喜欢的三项活动（如看牙医、打扫房间、严格控制饮食）。应用期望模式来分析你的每一项回答，并评估一下，为什么有些活动能够激发你的努力，有些活动却不能。

6. 简述目标管理中应注意的问题。

7. 分别举例说明什么是正强化、负强化、惩罚和淡化。

8. 简述为保证参与管理的有效性应注意的问题。

认知与行为测试

扫一扫做测试：人们想从工作中获得什么？

团队作业

团队游戏：糖豆游戏

目的：这个游戏让学生通过给予和接受赞扬来熟悉别人，在较短的时间里，这一方法就会取得效果，团队的情绪也会变得高涨。

参与人数：集体参与，人多时应分组。

时间：15分钟。

道具：纸、铅笔或钢笔，一些奖品。

场地：教室。

应用：员工激励和团队建设。

游戏规则和程序：

1. 给每个人5分钟的时间，让他们如实地、尽可能多地写出对其他成员的赞扬（糖豆），这些赞扬可以是程度较浅的（例如，你的发带真不错，你的衣服和你很相称），也可以是比较个人化的（可以是任何被赞扬者乐意听到的东西）。唯一的原则是，写着这些赞扬的纸条可以是匿名的，但它们被交给接收者的时候，给予的人必须注视着接收者。

2. 直到所有的成员把自己写的赞扬（糖豆）都给了别人，收到“糖豆”的人才可以打开它们。

3. 评价一下现场的气氛。

4. 在向成员发出信号，让他们看自己手中的“糖豆”前，向他们提问：

“你们中有多少人从某个你们从未给过‘糖豆’的人那儿收到了至少一个‘糖豆’？”

“你们对此感觉如何？”

“为什么我们中有那么多人忽视了真诚赞扬——因为我们只是通过做出另外一个赞扬来对得到赞扬做出回应？”

…………

5. 每个人打开自己收到的“糖豆”时，整个班级的情绪不断高涨，班级内相互支持的风气也会显露出来。有些成员可能会感到有些窘迫，但毫无疑问，这样的经历是令人愉快的。

相关讨论：

1. 为什么我们总是抑制自己如实赞扬我们所关心的甚至是一直留心观察的同学呢？

2. 当你看到别人所写的关于你的一些优点时你的感受如何？

3. 你能对这个练习进行改编，使之成为你生活的一部分，让自己更加清醒、更善于接受“糖豆”吗？

4. “糖豆”是匿名的，这样做有什么目的？为什么？如果不是匿名的，会不会更好？

5. 如果你要将收到的“糖豆”与那些和你有过眼神接触的人对应起来，你会怎么做？这对促进双方的关系有什么帮助？

6. 你是否还要再送一些“糖豆”给其他人？当你想做的时候，为什么自己不去做呢？

资料来源：王里．组织行为学．北京：北京大学出版社，2012.

团队讨论：动机的探讨

一、目的

1. 加深对动机的认识。

2. 建立动机与需要之间的联系。

3. 使你和其他组员深入了解各种不同类型的动机和需要。

二、步骤

1. 针对以下五种人，按照激发你学习热情的程度进行排序，并列出相应的动机。比如，“激发我学习热情的是白领管理人员，因为我想在毕业后成为那样的人，原因是……”。

a. 你

b. 有技术专长的工人

c. 白领管理人员

d. 专业人士（如内科医生、律师、教师等）

e. IT 产业中的首席技术执行官（少年得志型人物）

2. 将学生分成 5～7 人的小组，相互讨论各自的排序和动机分析。

3. 比较和对比每个人的动机，把重点放在不同点及不同理由上，并形成项目报告。

资料来源：王里．组织行为学．北京：北京大学出版社，2012.

案例分析

“海底捞”火锅的员工激励

爱吃火锅的人没有不知道“海底捞”的。海底捞 20 多年前从四川简阳街边的一家麻辣烫摊子起家，如今已经在全球开设了 1 435 家直营餐厅，其中国内门店有 1 330家，国外门店有 103 家。

海底捞的服务很多时候让第一次来消费的顾客瞠目结舌，据说曾经有个顾客在就餐时手机打电话打到欠费了，不经意嘟哝了一声，“这儿要是有充值卡卖就好了”，结果几分钟后，气喘吁吁的服务员真的拿着一张充值卡出现在顾客面前。海底捞的服务让人印象深刻，它的内部管理也一样与众不同。在上班时间，所有员工都不会停下来休息。在上客高峰期，安检员帮忙上菜、传菜员捎回脏盘子；收市前的低谷期，传菜员、服务员、保安都去洗碗、擦盘子，店长、大堂经理和后堂经理也总是出现在最繁忙的地方，熟练地做着分外工作。

每一位海底捞员工从入职开始，便能够感受到公司全方位的关心和激励。海底捞的各门店员工由片区人事部统一招聘，集中培训。每期培训的新员工自动结成一个小群体，以便迅速消除孤独感，融入公司的大集体。新员工在培训师、店长、大堂经理、后堂经理等老员工的直接帮助下，经过培训期的缓冲，往往能够有底气地留在公司工作。此外，培训结束，回到门店后，通过沟通会、为期一周的领导请吃晚饭、师徒制等形式，新员工能够得到店内所有老员工的礼遇和帮助。海底捞的一系列举措，让员工能够快速融入集体，并对其独特的企业文化感同身受。

在海底捞，所有的门店办公室都很小，只有财务人员才在办公室中，坐在椅子上工作。店长、经理们总是在门店的各个角落忙碌工作着，一是指挥员工相互协作，了解他们最真实的表现；二是根据他们的表现给出建议，并随时帮助有需要的员工，包括加菜、下单这样的小事。所有海底捞的员工，在工作中都能感受到领导无处不在的关心、鼓励和具体的指导，这无疑会带给员工极大的工作动力。而管理人员的身体力行，也时时刻刻起着榜样的作用。

海底捞对员工的鼓励不仅仅是店长、经理、员工之间的口头鼓励，更经常体现在实物和现金奖励上。公司内部有一本定期出版的“红宝书”，员工主动为顾客服务的事迹都会体现在上面。在每一间海底捞的办公室里，墙上都会贴着一张“金点子排行榜”，这就是海底捞思想火花的来源。每个月，由各大部长、片区经理组成的创新委员会，会对员工们提出的创意服务做出评判，一旦评上就会推广到各个分店，员工还可以获得 200～2 000 元不等的奖励。员工的创意一旦被采纳，就会以发明者的名义来命名。“包丹袋”就是典型的一例，这是一个防止顾客手机被溅湿的塑封袋子，由于是一名叫包丹的员工提出的这个创意，即命名为“包丹袋”。当包丹袋在其他店也开始使用时，这些店会给这位员工交纳一定的费用。

除了指导员工完美地完成本职工作，海底捞还通过权力下放，充分调动员工积极性，让员工的大脑时刻运转。在海底捞，员工可以享受一个特权：200 万元以下的财务权都交给了各级经理，基层服务员可以享有打折、换菜甚至免单的权力，只要员工认为有必要，都可以给客人免费送一些菜，甚至免掉一餐的费用，事后口头说明即可。

此外，海底捞在物质待遇上也给了员工极大的激励，让员工有理由相信通过自己的努力，能够改变命运，提高生活质量。海底捞的员工宿舍离工作地点不会超过 20 分钟的路程，全部为正规住宅小区，且都会配备空调，有专人负责保洁及洗衣服；公寓甚至配备了上网电脑；如果员工是夫妻，则考虑给单独房间。仅是住宿一项，一个门店一年就要花费 50 万元。海底捞在简阳当地赞助了一家学校，海底捞员工子女在该学校上学，全部都是寄宿制管理。为了激励这些大多来自农村的员工的工作积极性，海底捞有一个传统，就是将员工奖金中的部分直接寄给他们的家人，虽然每月只有 400～500 元，但这让员工的家人也分享到了这份荣耀。海底捞每天吃四顿工作餐。早饭在 9 点上班后吃，下午饭在 4 点上班后吃。这种安排减少了员工迟到的现象，将点名、考勤、批评等工作都在吃饭时解决，也削弱了员工对上班的抵触情绪。

海底捞知道，要让员工感到幸福，不仅要提供好的物质待遇，还要通过公平的晋升制度保持员工对工作的高预期、对提高生活水平的希望。海底捞只有财务总监和采购总监是从外部招聘的，其他所有的干部都是服务员出身。这种“从基层做起”的晋升方式意味着每一个员工都有可能成为领导，给员工提供了很大的动力。海底捞的薪酬构成是建立在其“员工发展途径”之上的，没有管理才能的员工，通过任劳任怨的苦干也可以得到认可。员工只要在一个职位上连续工作一段时间，且都保持优秀，就能到更高的职务上实习，实习合格后顺利晋升。升至店长级别后，公司通过高流动性让员工学习到新技能，为下一步晋升打基础。2010 年 6 月，公司还成立了作为内部培训机构的海底捞大学，为提升员工价值又迈出新的一步。海底捞的一系列激励措施让员工更为高效、充满激情地工作。

问题：

1. 海底捞的员工激励措施都用到了哪些激励理论？具体是如何运用的？
2. 海底捞的激励模式是否能够复制到其他企业中？为什么？
3. 针对海底捞当前的激励模式，你有哪些更好的建议？

第三篇

群体行为

第五章

群体行为概述

◎ 学习目标

知识目标

1. 掌握群体行为的概念和内涵。
2. 分析影响群体行为的因素。
3. 了解并运用群体决策的几种技术。
4. 熟悉团队的概念和类型。

能力目标

1. 能理解群体行为的特征。
2. 能识别群体决策行为偏差。
3. 能分辨团队与群体的异同。

引例

辉腾公司的员工关系

董莉第一天到辉腾华南分公司上班，她就注意到了孙华。董莉感觉孙华对她表现得较为疏远，她认为有可能是因为孙华妒忌自己学历高且毕业于知名大学。作为职场新人，董莉下定决心要和办公室的每一位同事都建立良好的关系，于是她主动和孙华沟通，一有机会就会在办公室同事面前称赞孙华的工作表现，出差偶尔也会给孙华的孩子带些小礼物。

随着公司华东地区营销主管的任命宣布，董莉不再和孙华讲话了。董莉老家在华东某市，她一直留意着华东地区营销主管这个职位，并认为以自己的能力有极大可能获得该职位。与她一同竞争的有两位同事，和竞争对手相比，董莉资历相对较浅，但是她的工作能力很强，多次获得高层管理者的褒奖。孙华不具备研究生学历，所以不在候选人名单之列，但他的意见在高层中有较大的影响力。董莉相信如果孙华全力推荐她，她的胜算很大。

最后竞争对手宋红得到了提升，去了华东分公司，董莉很失望。一方面是因为自己的落选，另一方面更是因为宋红在能力、人品方面都有问题，董莉和孙华在私下里都多次表达了对宋红的反感。董莉认为公司选中宋红是对自己的侮辱，甚至她对自己的整个职业生涯开始反思。有传言说孙华对提拔决策施加了重要影响，这证实了董莉的猜测，她决定把和孙华的接触降到冰点。

办公室关系迅速冷却下来，持续了相当长的一段时间。孙华很快也感受了董莉的刻意冷淡，于是放弃了修复关系的打算，彼此之间不作交流，实在不得已的情况下用不署名的便签进行工作上的交流。这种办公室的冷战，令他们的直接上司熊飞忍无可忍，于是把他们两人召集到一起开了个会，让他们澄清究竟有什么别扭。

董莉一开始否认，她表示与孙华之间没有任何工作关系上的变化，而当她看到领导严肃认真、一副不解决问题绝不罢休的模样时，董莉脱口说出了自己的看法："通过这次人事晋升推荐，我看明白了孙华更喜欢和宋红这样的人打交道。道不同不相为谋。"

孙华惊讶地张大了嘴。

熊飞说："这次人事调整，孙华确实有功劳。宋红被成功地调离华南区域，这样你们谁也不用花心思想办法去对付她。如果你因为这个提升对孙华不满，那我希望你知道，孙华在这次考核中说了你很多的好话，他夸奖你的业务能力，并且力荐人力部门给你加薪，让你成为营销总监的储备干部。"

董莉听到这些感到十分尴尬，她不好意思地向孙华道歉，孙华耸耸肩："下班后请我喝咖啡吧。"在咖啡厅，董莉向孙华坦白了过去这段时间她的各种假想，为自己的偏见感到羞愧。孙华说，董莉以为的他的疏远冷漠实际上是一种敬畏，他看到她的优秀和效率，所以会小心翼翼，唯恐阻碍了她。

第二天，办公室气氛恢复了正常，各项工作有条不紊地进行着。

通过上述案例，请思考：

1. 董利和孙华之间产生的矛盾是什么？

2. 本案例对于建立高效群体有何借鉴意义？

第一节　基本概念

有人提出一个问题："怎样才能使一滴水不干涸？"最好的回答说："那就把这一滴水融入大海里去吧。"人是社会的人，我们每天的生活、学习和工作，实际上都是在各种不同的群体中与他人发生联系和相互作用。任何人离开群体都将无法生存，会像一滴水一样干涸消失。个人在群体中的行为与其独处时是不同的，群体中的行为也不仅仅是每个个体按照他自己的方式行动的累加。群体由不同的个体组成，群体又形成了组织。群体是十分重要的社会现象和管理现象，研究群体行为是组织行为学的重要内容，也是研究组织行为的重要基础。

一、群体的概念与类型

（一）群体的概念

群体泛指通过一定的社会关系结合起来进行共同活动的集体。例如，以血缘关系结合起来的氏族、家庭群体；以地缘关系结合起来的邻里群体；因工作关系结合起来的各种职业群体。群体是一个开放的系统，但群体的形成绝不是个体简单的相加，而是每个成员之间相互依赖、相互作用的集合体。

美国社会心理学家霍曼斯在研究群体的过程中发现，群体的构成包括四个要素，即活动、相互作用、感情和群体规范。群体必须以一定的社会活动来体现自己的存在，而且群体也只能在群体的各项活动中才得以维系。相互作用是指在群体活动中，个人与个人间通过语言或非语言的沟通与接触，分析他人的行为及反应、与外界变化的反应等行为影响。群体在相互作用的过程中，群体内成员之间以及成员与群体间所产生的心理认同、心理倾向和体验，也就是群体的感情，对群体的活动和群体成员间的关系有着重大的影响。为了使群体成员的行为指向共同的目标，群体需要在活动过程中确立具有约束力的行为准则，以此协调群体成员的个别行为。

在组织行为学中，我们可以把群体简单定义为：为了实现某个特定的目标，两个或两个以上相互作用、相互依赖的个体的组合。

（二）群体的类型

群体的类型多种多样，依照不同的标准，可以把群体划分为不同的类型。这里主要介绍几种在组织研究中常用的群体类型。

1. 按群体规模分类

按照群体的规模，群体可以分为大型群体和小型群体。

虽然大小群体无法用简单的群体成员数量划分，但是他们之间确实存在一些明显的特征可供区别。一般而言，大型群体的成员相对较多，成员间关系比较松散，人与人之间的直接接触和沟通较少，群体成员之间通过组织机构、工作任务和目标等间接发生的联系较多。小型群体的成员相对较少，更重要的是，小型群体成员间能够频繁地直接交往和活动，每个人都可以与其他成员面对面地进行接触和沟通。组织行为学中群体行为研究的重点是存在直接互动关系的小型群体。

2. 按群体组织属性分类

按照群体的组织属性，群体可以分为正式群体和非正式群体。

正式群体是指组织结构确定的、职务分配很明确的群体。在正式群体中，一个人的行为是组织目标规定的，并且指向组织目标。所以，正式群体又称为工作群体。正式群体中常见的类型有命令型群体和任务型群体。

非正式群体是指不为组织正式承认，也不是正式组织的目标、任务和组织结构所决定的群体，他们可能是出于政治、友谊或共同兴趣的原因形成的。按照形式、动机的不同，常见的非正式群体主要可分为友谊型群体、利益型群体和兴趣爱好型群体。

非正式群体对于组织有积极和消极两方面的作用。积极的方面主要体现为：可以使组织成为更有效的完整系统；减少管理的工作量；弥补管理者的能力缺陷；为雇员的情绪提供一个安全的释放通道；促进沟通。消极的方面主要表现为：与正式目标冲突；限制群体成员的产出；从众行为；阻碍进取；抵制变革等。组织应该重视和利用非正式群体对员工的积极作用，但也要正确引导和纠正对组织不利的小团体，使其对组织目标的实现和员工的利益产生积极的影响。

3. 按群体成员归属分类

按照群体成员个人的实际归属情况，群体可以分为实属群体和参照群体。

实属群体是个体实际归属的群体，个体在其中要承担相应的角色和义务，享有相应的权利和照顾，并与他人发生互动关系，受到群体规划、行为规范、群体压力等因素的制约。

参照群体不一定是个体实际归属的群体，但肯定是个体在心理上“向往”的群体，个体会把这种参照群体的规范、标准、价值观等作为学习的榜样和行动的参照。

一个人可以是一个群体的成员，也可以是许多类型群体的成员，按照群体的其他特征，群体还可以分为主要群体和次要群体、初级群体和次级群体、内群体和外群体等。

二、群体与个体、组织的关系

群体是由若干个体组成的，若干正式群体又形成了组织。因此，群体是连接个体和组织的中间环节，是建立在一定社会关系、工作关系与心理意识基础上的人群集合体。

对于个体而言，群体是客观存在的。事实上，任何一个现实的人，甚至任何一个孩子，都必须和群体打交道，必须把自己的许多东西与群体联系在一起，同时，群体也会对个体的行为产生重要的影响。

对于组织而言，群体是始终存在和不可避免的，群体是组织的正常工作机制，组织必须通过群体行为去实现目标。通常而言，群体规范和压力比规章制度更有效地控制、改变和制约着个人行为；在一定情况下，群体决策比个体决策更全面、更有效、更易于执行。群体能够产生对个体或组织有重要影响的力量，既可能给组织带来有利的结果，也可能产生不良的后果。因此，准确理解和把握群体内的动态特征、群体与组织及个体互动关系，可以使组织有目的地建设和引导群体，有意识、有价值地从群体中获取所期望的成果。

群体与组织的概念在实际运行中有时容易发生混淆，人们可以从以下三个方面进行区分：

（1）群体的概念不如组织宽泛。群体成员面对面的交往方式限制了群体的规模，而组织的规模可以随着层次的增加而不断扩大。组织的规模可以很大，也可以很小，但群体的规模始终是有限的。

（2）群体中人与人的联系侧重于社会关系、情感关系，而组织中人与人的联系则侧重于职务关系、工作关系和利益关系。

（3）管理方式不同。群体的管理方式主要侧重心理上的沟通，成员间的情感是最重要的联系纽带；而组织的管理则主要依靠正式的制度和一系列管理技术。

组织中的问题和工作多种多样，有一些个体就可以恰当地解决和完成，有一些需要依靠群体才能够很好地解决和完成，还有一些则必须在组织的整体层面上加以解决和完成。实际上，大部分工作任务需要个体、群体和组织的共同努力和分工协作才能够取得理想的成效。因此，组织中个体行为、群体行为和组织整体行为是一种相互作用、相互补充、相互制约的系统互动关系，是在组织这个矛盾统一体内，站在不同层面对人的行为活动和心理活动的认识和界定。

三、群体成员关系分析

在组织中，我们比较容易了解正式工作群体，比如某分支银行的若干个出纳员组成一个群体，若干个信贷员组成一个群体，行政管理人员组成一个群体。但是管理者对分支银行中的非正式群体的状况不一定清楚，谁是非正式群体的领导者？这些群体会以怎样的方式影响银行的内部沟通，或者导致潜在的冲突？

（一）社会测量法

社会测量法是莫里诺于 1934 年提出的一种研究方法，它主要用于研究团体内（特别是小团体）成员之间人际关系和人际相互作用的模式，即社会结构。通过社会测量，发现组织成员喜欢谁或不喜欢谁，愿意和谁在一起工作，不愿意和谁在一起工作，了解人际知觉方式、团体凝聚力等。这种测量对于组织了解和改进班组结构具有重要意义。

1. 人际关系矩阵

人际关系矩阵是指根据群体总人数而制定的“$n \times n$”的行列表，表内记入各成员的选择关系，也可以记入排斥关系。例如，自己最喜欢的人给 3 分，第二位给 2 分，第三位给 1 分。同样，最不喜欢的也依次给－3 分、－2 分、－1 分，这样一一填入表内。然后，我们可以从表中清楚地知道群体内的人际关系与人际结构，谁选择谁，谁反对谁，谁的威信高，谁最受排斥，以及选择的方向是单向还是双向等。如表 5－1 所示，得分最高，说明在群体内最受欢迎；分数最少，说明在群体内最不受欢迎。

表 5－1　人际关系矩阵

选择者	被选者					
	A	B	C	D	E	F
A		3	2	1	－1	－2
B	3		2	1		－2
C	2	1		－1	3	－1
D	2	－1	1		3	－2
E	3	2	－1	1		－3
F	1	－1	2	－2	－3	
合计	11	4	6	0	2	－10

2. 人际关系图

人际关系图是指在群体中，把成员彼此喜欢和不喜欢的关系用图形的方式表示出来。如图 5－1 所示，在图中，成员 5 处于选择中心；1、2、5 相互选择（双向箭头表示），他们在团体内很可能是一个非正式小团体；5 位于中心，被选次数最多，而 3 和 4 则处于边缘地位。当然，用人际关系图进行分析时，团体也不宜过大，一般应少于 20 人；否则，结果将难以解释。

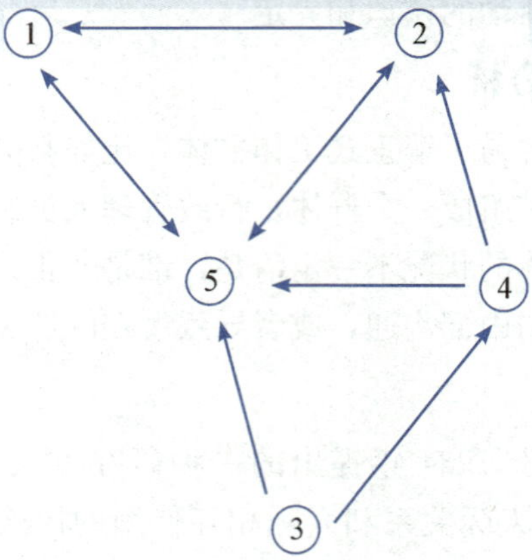

图 5-1　人际关系图

（二）相互关系法

相互关系法是贝尔斯于 1950 年创造的一种分析群体成员相互作用的方法。这种方法是在一个没有领导人的群体活动中，观察群体成员的相互关系。经过分析，结果是这种群体存在两种相互作用行为：一种是群体成员的工作任务行为，另一种是群体成员的人际关系行为。这两种行为有时起正向的促进作用，有时起反向的促进作用。如表 5-2 所示。

表 5-2　群体成员的相互关系分析

人际关系	正（积极的）	表现： 1. 团结、帮助、鼓励 2. 讲笑话、幽默、轻松、消除紧张 3. 谅解、赞成、依从
	负（消极的）	表现： 1. 不赞成，表示消极拒绝 2. 造成紧张，要求帮助或解除帮助 3. 表示对抗，维护自己
工作任务	正（积极的）	表现： 1. 提供建议、指导 2. 提供意见，发表感想 3. 提供方向，澄清观点
	负（消极的）	表现： 1. 要求明确方向、核对方向 2. 征求意见和评估 3. 征求建议和指示

贝尔斯的相互关系法，把群体成员的相互作用行为分成 12 类，并且在活动中总是发现存在两种领袖人物：一种是对工作任务的意见最多、最有主见、最能指导人的“任务专家”；另一种是最被大家喜欢的，对人际关系起着团结、帮助、消除紧张的“人际关系专家”。前者可以集中精力专管业务，完成指标和任务，后者可以多关心群

体成员的需要，提高成员的满足感，协调成员间的关系，使群体的关系更为融洽。

第二节　群体行为影响因素

影响群体行为绩效的因素是比较复杂的，下面分别从外部与内部影响因素进行分析。

一、群体的外部环境

外部环境实际是任何群体所无法控制的。群体的外部环境主要包括：组织战略、权力结构、组织资源与组织文化、人员甄选过程等。

群体生活在一个组织中，组织的整体战略会对群体产生直接的影响，这些影响可能通过任务、资源、权利等的分配和安排作用于群体。

权力结构是组织里的权力分配体系，组织的权力结构通常决定着一个工作群体在组织中的位置，它影响了一个群体的正式领导与组织的正式关系以及群体领导与其群体成员之间的关系。有的群体可能会由群体内部一个非正式领导控制，但作为组织正式任命的领导，群体的正式领导具有群体内其他成员所没有的权力，这些权力会影响群体的运行情况。

组织所拥有的资源，如时间、资金、原材料、设备等也影响着群体的活动。这些资源是由组织分配给群体的，这些资源是富裕还是短缺，对工作群体的行为有着巨大的影响。组织规模大，资金充足，各种资源丰富，群体就有可能得到充分的工作支持，员工就有可能拥有高质量的工具和设备来完成工作任务。然而，如果一个组织资源有限，那么它的工作群体所能拥有的资源当然也就比较有限。所以，从这个方面来说，一个工作群体所能做的事情在很大程度上取决于其资源条件的充足与否。

组织文化是一个组织的“性格”，它是对成员的一种规范。组织文化规定了哪些行为是可以接受的，哪些行为是不可以接受的。员工在进入组织几个月之后，一般就能了解其所在组织的文化。通过观察，他们就能知道，上班时应该如何着装，组织的规章制度是否都应该严格遵从，在组织中应该如何与领导相处等等。组织文化向成员们说明了组织所重视的价值观。工作群体成员如果能正确认识并实践主导文化所蕴含的价值标准，就更容易得到组织的承认，并在组织中发挥作用。

工作群体是由成员组成的，而工作群体的成员首先是这个群体所属的组织的成员。一个组织在甄选员工的过程中所使用的标准，决定这个组织工作群体中成员的类型。在很多情况下，这些标准不仅仅是知识、学历和经验上的，而且还包含个性、价值观和文化方面的，这些方面对群体的影响尤为重要。

二、群体规模

群体规模会影响群体的整体行为。群体规模对群体行为和绩效影响力取决于所考察的变量。没有研究证据能够给出一个确定的最合适的群体人数，合适的群体规模往往随任务的不同而不同。许多人认为，12 个人可能是群体成员可以同时对其他各个成员做出反应和进行交往的上限。事实证明，小型群体比大型群体完成任务的速度要快，大型群体在集思广益解决问题过程中比小型群体优越。12 个人以上的大型群体在调查事情真相、吸收多种观点上更为有效，而 7 人左右的小型群体在执行生产性任务时更为有效。群体规模对群体的可能影响如表 5-3 所示。

表 5-3　群体规模对群体的可能影响

衡量标准	群体规模		
	2～7 人	8～12 人	13～16 人
对领导的要求	低	中等	高
领导与成员的区别	小	小至中等	中等至大
领导的指挥作用	小	小至中等	中等至大
成员对领导指挥的容忍度	低至高	中等至高	高
个别成员对群体相互作用的支配	低	中等至高	高
一般成员参与决策的限制	小	中等	大
规章和程序的正规化	低	低至中等	中等至高
做出决策判断所需要的时间	少至中等	中等	中等至多
群体形成小派别的可能性	小	中等至大	大

随着群体规模的扩大，群体绩效会发生什么变化？德国心理学家瑞格尔曼在拉绳试验中，比较了个体绩效和群体绩效。他发现在拔河比赛中，3 人群体产生的拉力是一个人平均拉力的 2～2.5 倍，8 人群体所产生的拉力还不到 1 个人拉力的 4 倍。由此，瑞格尔曼对一般人关于“群体精神会激励其成员更加努力地工作，从而提高群体生产力”的刻板印象提出了质疑。

一个人在群体中工作不如他单独一个人工作时更努力，即群体规模的扩大产生了社会惰化效应。中国俗语所描述的“一个和尚挑水吃，两个和尚抬水吃，三个和尚没水吃”的“和尚定律”就是社会惰化现象的传神概括。在实际的集体工作环境中，我们常会看到一些“搭便车者”（或免费乘客），他们从群体成员身份和关系中获得利益，却不承担相应的义务和履行职责，这种现象又称为“搭便车”现象。“搭便车者”违背了公平原则，违背了等价交换或交易原则以及社会责任标准。如果一个群体中搭便车者较多，群体就很难取得良好绩效。

三、群体互动

德国心理学家勒温认为，人们结成的各种群体，不是静止不变的，而是处于各种因素不断相互作用和相互适应的过程中，因此，群体的行为并不等于群体中各个成员个人行为的简单的算术和，而会呈现出一个新的行为状态。通过协作所产生的力量，会超过个人单独活动的力量总和，这就是群体的作用，它有将个体力量聚合成新的力量的功能。

正是群体的这种作用，群体对个体的心理和行为有很大的影响，这表现在社会助长作用和社会抑制作用等方面。

据心理学家研究，从事简单、熟练的工作，个体与群众成员共同作业时，成就动机受到激发，会转化为竞赛动机，希望自己的作业比其他人做得更好，从而提高作业效率。例如从事包装工作，各自独立，互不相干，同与其他人一起工作时相比，后者工作效率较高。心理学家把这种现象称为社会助长作用。

在另一些场合，有别人在场或与别人一起工作，工作效率不仅不会提高，反而会大大降低。心理学家的研究还表明，当个人所从事的是比较复杂而又没把握完成的作业，或者他对完成作业还缺乏熟练技巧时，有他人在场，反而会对其工作效率起妨碍作用、干扰作用。心理学家把这种现象称为社会抑制作用。

这就是说，有他人在场，有利于作业简单、个人已熟练掌握动作的工作提高效率，却不利于个人未熟练掌握技巧的复杂作业、思考性工作和学习新技术的效率提高。

社会助长作用和社会抑制作用这两种现象告诉管理者，要根据作业任务的简单与复杂的程度、人们对作业的熟练程度，以及工作场地的可能条件，妥善地安排集体劳动或个别劳动，以利于社会助长作用的出现，减少社会抑制作用的出现。

延伸阅读

观众效应与共同活动效应

根据实验设计的不同，人们可以把社会助长作用与社会抑制作用分为观众效应和共同活动效应。前一种实验程序是当一个人工作时，有一个人或者若干旁观者在一旁观察他的行为；后一种实验程序是当一个人工作时，其他人也在一旁做同样的工作。

1. 观众效应

简单的工作反映出明显的社会助长作用。1925 年特拉维斯做了一项完成追踪视盘任务的实验。实验者要求被试者手里拿着一支铁笔，跟踪一个旋转圆盘上的目标，如果在圆盘旋转时铁笔离开了目标，就算一个错误。最初让被试者连续几天进行练习，使反应动作达到一个稳定的水平。然后把被试者带进实验室，让他单独做 5 次实验后，再让他在 4～8 名高年级大学生在场的情况下做 10 次实验。事先告诉高年级大学生，他们的任务只是默不作声地注意观察被试者的工作。

实验结果发现，当有人在场观察时，被试者的工作成绩比其单独工作时有很大的提高，即错误率大大减少，甚至其在单独工作时达到的最高成绩也低于有人观察时的成绩。这表明，有别人在场观察时会发生“观众效应”。

但是，在另一些实验中也发现相反的情况。例如 1933 年珀森进行的一项实验，被试者是一些大学生，让他们分别在单独与有别人在场的情况下学习无意义的音节单词。实验的结果表明，有别人在场的情况下，被试者平均要经过 11.27 次才能学会 7 个无意义的音节单词，而单独学习平均只需 9.85 次，而且学习的错误率也是“有人在场”高于“单独学习”。这就是说，群体行为产生了社会抑制作用。

在什么情况下产生社会助长作用，什么情况下产生社会抑制作用呢？一般来说，这与作业性质和人们的训练程度有关。如果作业比较简单，而且人们能熟练地完成作业，当有别人在场观察时会发生社会助长作用；如果作业比较复杂，而且人们还没有掌握完成作业的熟练技巧，则往往会发生社会抑制作用。

2. 共同活动效应

美国心理学家奥尔波特曾做过共同活动效应的试验。实验的对象是哈佛大学的一些学生，实验设计了特殊的情境，1 间大家公用的房间和 5 间隔开的房间。这些大学生有时一起在公用的房间里，有时单独在隔开的房间里做各种作业，作业的内容包括算术乘法、删掉一些元音字母、辨别双关图形、辨别物体的重量、进行自由联想以及评论某些古代哲学家的观点。实验的结果表明，大家在一起时，辨别双关图形、判断重量等作业的成绩比单独一人时更高，而对哲学家观点的评论则单独一人比大家在一起时质量更高。这项实验也同样表明，无论是观众效应还是共同活动效应，都可能有时表现为社会助长作用，有时表现为社会抑制作用，而发生社会助长作用或社会抑制作用的原因都与作业的性质以及人们完成作业的熟练程度有关。

四、群体构成

群体构成即群体组成成分的构成，它是指在一个群体中各个成员所具有的各项个体特征的分布和组成情况。根据群体组成成分的不同，群体构成可以分成同质结构和异质结构两种类型。

（一）异质结构群体

异质结构群体也称异类群体，是指群体成员在性别、年龄、个性、专业、观点、能力、技能、视野、经历等个体特征方面存在显著不同的群体。这种群体更可能拥有多种能力和信息，在需要具备多种技术和知识的群体活动中，运行效率会更高。但是，这种群体可能冲突较多，沟通相对困难，可能不太容易随机应变。一般认为，异质结构群体在完成复杂任务、集体任务、创造性任务、需要并行完成的工作以及时间性不强的任务时效果较好，更为适宜。例如，企业中的新产品开发小组，大学中一些综合课题组，一个组织的领导班子、委员会，政府，一般多采用异质结构。

（二）同质结构群体

同质结构群体是指群体成员在性别、年龄、个性、专业、观点、能力、技能、视野、经历等特征方面都比较接近的群体，这种群体的特点与异类群体基本相反。一般认为，同质结构群体在完成简单任务、连续任务、合作性任务，以及要求速度快、工作时效性较高的任务时，效果较好，更为适宜。例如，机械制造工厂的车床组、钳工组、铣床组即是以同质结构来组建的群体。又比如，学校中的物理教研室、数学教研室、化学教研室，许多组织的工作班子，执行小组采用的也是同质结构。

群体的组成成分也可以在一定程度上用作预测群体成员离职率的一个变量。虽然群体成员差异本身并不能直接预测群体成员离职率的高低，但如果一个群体内部存在巨大差异，就可能导致群体成员离职率升高。比如，一些实证研究发现，在那些由经历不同的人组成的群体中，成员之间沟通比较困难，一旦发生冲突就很难控制，这种群体成员的离职率相对较高。此外，人们还发现，群体成员进入群体的时间，同类成员之间的隔阂，以及成员之间的社会背景差异、性别差异、教育水平差异等，都会造成群体成员之间的不平衡从而促使某些员工离职。

在实践中，到底是采用同质结构还是异质结构来组建群体，还须考虑组织和管理者的管理能力。一般而言，同质结构群体成员容易沟通，冲突较少，在下述三种条件下，同质结构群体能达到最高的工作效率：

（1）工作比较单纯，不需要复杂的知识和技能，例如会计小组编制职工工资表的工作。

（2）当完成一项工作需要大家密切配合时，同质结构群体较为有效。

（3）如果一个工作群体成员从事连锁型的工作，例如流水线上的操作工人，则同质结构群体较好。

在下列三种条件下，异质结构群体将会达到最高的工作效率：

（1）完成复杂的工作，以异质结构为好，因为在这种群体中需要有各种能力和各种见解的人。

（2）当做出决策太快可能产生不利后果时，异质结构为好，因为同质结构的群体，意见比较一致，往往会匆忙做出不合理的决策。国外有人通过研究指出，异质结构的陪审团要有较长的时间才能做出决定，这样能对案情的证据做更深入细致的分析。

（3）凡需要有创造力的工作，异质结构较为有利。一般来说，各类组织的领导班子群体应为异质结构。

异质结构群体成员在很多方面差别较大，沟通上困难，容易发生冲突，处理这些潜在的沟通和冲突问题就需要领导具有相应的管理能力；否则，异质结构群体是很难取得良好的绩效的。

总之，群体构成对群体的心理气氛、和谐程度、凝聚力和工作成效都会有较大的影响。组建工作群体时，应根据工作的性质、类型、特点、员工个体特征以及领导组织管理能力等实际情况进行合理的人员搭配，从而优化结构，建设高效群体。

五、群体凝聚力

群体凝聚力指的是群体成员间的相互吸引力及对群体本身的认同程度。一般而言，凝聚力高的群体比凝聚力低的群体更有效，但凝聚力与群体效率的关系比较复杂，不能简单地说凝聚力高就好。社会心理学家斯坦利·沙克特曾做过一个经典研究，考察在高度控制下群体凝聚力和引导作用对生产力的影响。研究中有这样几个实验组：（1）高凝聚力，积极引导；（2）低凝聚力，积极引导；（3）高凝聚力，消极引导；（4）低凝聚力，消极引导。

实验表明，一个高凝聚力的群体被给予积极的引导，则会产生最高的生产力，但高凝聚力的群体如果给予消极的引导，则可能会导致最低的生产力。也就是说，绩效在很大程度上依赖于高凝聚力或低凝聚力的群体是怎样被引导的。

管理故事

"微博打拐"之是非

2011年春节前后，微博用户掀起了一场声势浩大的"打拐"行动，网友通过各类手持终端拍摄流浪儿童，并将这些影像资料上传至微博，依靠用户的大量转发形成了一次依托微博平台的、社会广泛参与的行动。凭借微博巨大的影响力，许多悬而未决的案件得到了及时处理，破碎多年的家庭找到了亲人重新团聚。微博凝聚社会的巨大力量，成为解决社会问题的一种工具。

然而正当微博"打拐"以正能量化身如火如荼进行的时候，"4岁男孩刘晨光西安雁塔被拐""6岁女孩周萌萌四川彭州被拐"等虚假信息频繁入侵微博空间，其中"6岁女孩周萌萌四川彭州被拐"最具典型意义。

2011年2月14日，众多网友相继转发一则消息："周萌萌，六岁半，1月31日在四川彭州被拐。"发帖者言辞感人：失踪女孩很漂亮，大大的眼睛，十分惹人怜爱，"母亲因思念过度住院"。网帖短短数天内被大量转发，引来无数网友关心。事实上，该事件属于子虚乌有、凭空捏造，"失踪女孩"照片盗取了杭州某网络红人的图片。

互联网信息传播很容易形成群体认知，一旦形成很难被打破。对于任何个人来说，这种群体认知都代表了无形的群体权威。群体共识以权威信息的方式在互联网上迅速散播，"信息流瀑"一旦形成很难打破，理智的反对声音显得微弱。

资料来源：禹卫华．微博虚假信息传播的新问题与应对——以"微博打拐"事件为例．新闻记者，2011（5）.

六、群体规范

群体规范是由群体所形成或确定的，群体成员应当共同遵守的一些行为准则。群体规范规定了群体成员在一定环境条件下的行为范围和行动规则，使成员知道什么可以做、应该怎么做。群体规范一旦被群体成员认可，就会成为一种可以用最少的外部控制来影响群体成员行为的手段和力量。

在实际组织中，群体规范有正式和非正式之分。正式规范是写入组织手册的，非正式规范则是群体自发形成的。任何群体都不可能明文规定成员的一举一动，所以正式规范只占群体规范的少数，组织和群体中的大部分规范是非正式规范。群体规范对群体成员行为有着很强的约束和教化作用。不遵守群体规范的成员会受到群体成员的冷落、排斥甚至嘲弄，对于正常人而言，这些结果对其生理、心理、尊重、归属、自我实现等多种需要都是重大的打击。正是由于违反群体规范的代价过于昂贵且深刻，因此，人们往往尽力使自己的言行符合所在的群体规范。

群体规范的建立和发展受个体特征、群体构成、群体任务、物理环境、组织规范、群体绩效、心理因素等影响。群体成员智力越高，他们就越不愿意建立和遵循规范；同质结构群体比异质结构群体更容易确认规范。如果任务较常规、清楚，成员们工作地点离得近、相互作用机会多，那么规范容易形成。多数群体规范与组织规范是一致的。但如果群体成员不赞成组织的规范，他们就会发展与组织规范相对抗的规范，如怠工、罢工等。一个成功的群体将维持现有的规范并发展与其一致的新规范，而一个失败的群体将不得不改变有关的规范，重建一些可能导致好结果的规范。群体规范，特别是非正式群体规范的形成，受模仿、暗示、顺从等心理因素的制约。

七、群体压力

在群体中，当一个人与多数人的意见发生分歧、行为相悖时，一般会在心理上产生一种紧张感，通常称之为群体压力。有时这种压力非常大，会迫使群体成员违背自己的意愿产生完全相反的行为。社会心理学中把这种行为叫作“顺从”或“从众”。

从众行为从心理上可以分为两种不同形式：一种为表面上顺从，另一种为内心真正的接受。前者只是行为上的顺从，并非发自内心，甚至在心里还会反对自己的从众行为，因此是一种假从众。后者是指在行动和信念上都接受，个体完全放弃了自己原有的态度或行为方式，而是出于自愿地顺从大多数人的主张，因此是一种真正的从众。从众有时对群体具有积极的意义，如果群体中大多数人的观点保持一致，有利于群体正常运转和大家齐心协力实现群体目标。从众也会对群体产生消极意义，例如，人们为了避免受到伤害而强调与大多数人保持一致，往往放弃自己原来的正确主张，甚至顺从了错误的行为方式，变得人云亦云，没有自己的独立人格，这会不利于个体的健康发展。

延伸阅读

阿希实验

社会心理学家阿希曾进行了经典的有关从众的实验。阿希将被试者组成一个7人小组，请他们围在一张会议桌周围，参加知觉判断实验。实验的真正目的是，考察群体压力对从众行为的影响。7名被试者中，只有1人是真被试者，其他均为实验助手，也就是同谋者。实验者依次呈现18套卡片，每套卡片有两张。一张卡片画有一条标准直线，另一张画有3条直线。被试者的任务是判断如图5-2所示的A、B、C三条直线中哪一条与标准直线一样长。在实验中，要求被试者大声说出他所选择的线段，真被试者总是被安排在倒数第一、二位回答。18套卡片总共呈现18次，前几次，大家都做出了正确的判断，从第7次开始，实验者安排那些实验助手故意做出一致的错误选择。在这个过程中，实验的真正目的是测试真被试者在群体压力下的选择是独立的还是从众的。在这种情境下，真被试者实际上面临着一个两难问题：自己的眼睛如果没有问题的话，那么是相信自己的眼睛做出的判断，还是依从于多数人所造成的压力做出错误的判断。结果发现，在整个实验过程中，大约有35%的被试者出现了从众行为，选择了与群体中其他成员一致的回答，也就是说，他们知道自己的答案是错误的，但这个错误答案与群体其他成员的回答是一致的。

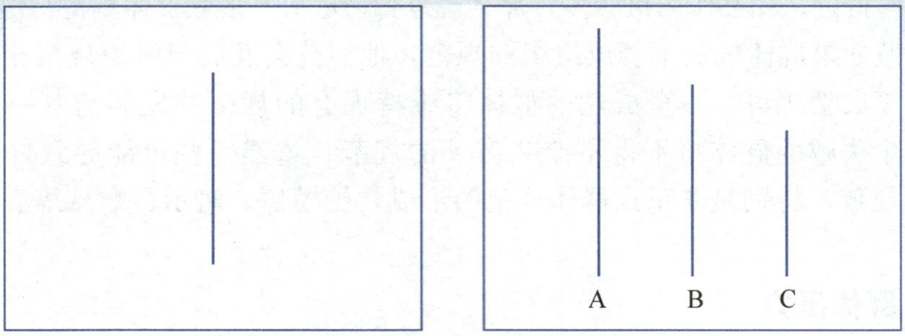

图 5－2　阿希实验中的卡片图示

阿希实验表明，群体规范能够给群体成员形成压力，迫使他们的反应趋向一致。如果个体对某件事情的看法与群体中其他人的看法很不一致，个体就会感到有很大的压力，驱使其与其他人保持一致。

研究发现，个体在下列情境中较易发生从众现象：

（1）判断作业的难度较高，所呈现的刺激模糊不清时，个体顺从社会压力的倾向较高。

（2）群体极具吸引力并有高度凝聚力时，个体较容易表现从众行为。

（3）个体感受到群体成员个个能干，自己却无法胜任时，较容易表现出从众行为。

（4）个体的反应将会被群体大众所知道时，个体较容易表现出从众行为。

（5）群体至少具有三个成员，并且他们的反应是一致的时候，成员较容易从众。

（6）在鼓励遵从社会准则的文化背景下，个体较容易从众。

第三节　群体决策

中国有句俗语“三个臭皮匠，顶个诸葛亮”，说明了群体决策在组织中应用的广泛性和积极性，但是，这并不意味着群体决策一定比个体决策优越。在许多情况下，群体决策是无法取代个体决策的，它们在不同的管理情境下可以发挥各自不同的作用。

一、群体决策的优缺点

（一）群体决策的优点

群体决策的优点包括以下几方面。

1. 信息和知识更完全

我们知道，决策的一个重要步骤是对现在的信息进行解释和评估，信息的来源可以有很多渠道，大众媒体、书籍刊物、访问调查或朋友间的交谈等，不同的来源获得的信息当然也就不同。群体决策通过综合大家的信息和知识资源，为正确的决策提供更好的基础，这是个人决策无法做到的。

2. 观点更多样化

除了提供更多的信息作为决策基础，群体的作用也表现在决策的过程中。每个人思维方式不同、经历不同，对同一事件会有不同的看法，对同一个问题也会提出不同的解决方案。而且，大家在一起讨论时，能够互相学习补充、互相激发灵感，很容易产生新的想法。这样，群体就有机会更全面地考虑问题，并选择一个尽可能好的方案。

3. 决策更容易被接受

很多决策虽然在制定的时候经过了周密的考虑，制定者认为是合理的，但执行的时候却因为人们不接受而夭折。但是，如果在决策时，那些会受到决策影响的人和将来要执行决策的人能够参与进来，他们以后就更容易接受决策，而且会鼓励别人也接受决策。这样，不但企业的执行力会因此增强，员工的满意度也会有所提高。现在很多企业采用员工参与的管理方式，也体现出了群体决策的优点。

（二）群体决策的缺点

由于参与决策的群体成员倾向于把保持群体和谐一致作为目的，因此往往不能理智地分析各种备选方案，而表现出群体空想症。群体决策的主要缺点表现在以下几个方面。

1. 责任不清

群体决策常常会造成责任分散，在决策过程中，个体喜欢分析情况、提出方案，但倾向于规避决策责任。有时会滥用表决权，将责任推给大家，造成决策结果无人承担的局面，特别是当决策失误或决策失败时更是如此。

2. 决策成本高

组织一个群体需要时间。群体产生后，群体成员间的相互作用往往是低效率的，这样，群体决策所用的时间与个体决策所用的时间相比，往往要多得多，从而限制了管理者在必要时做出快速反应的能力。而且，群体决策所需的费用一般比个体决策多。

3. 从众压力大

群体中存在着社会压力。群体成员希望被群体接受和重视的愿望可能会导致不同意见被压制，在决策时使群体成员都追求观点的统一。特别是在由不同层级的人员组成的群体中，下级往往不能真正参与决策，甚至会表现出为迎合上级意图而不提出自己真正意见的倾向。

4. 少数人控制

群体讨论可能会被一两个人控制，如果这种控制是由低水平的人员所致，群体的运行效率就会受到不利影响。特别是当群体决策事关利益的重新分配时，群体内有共同利益的人可能会结成小集团，进而形成“小集团思想”，左右群体决策。

管理故事

蜈蚣的脚

有一群虫子聚集在草地里开联谊会。它们一边兴奋地聊着天，一边开心地吃着美味可口的食物。但是很快，它们就把准备的汽水喝了个精光，大家口渴难耐，商量着要推举一个虫子，帮大家买汽水。卖汽水的地方离这里有一段很长的路，小虫们认为，要解决口干舌燥的急事，一定要找到一位跑得特别快的虫子。大伙你一言我一语，环顾四周，挑来选去，最后一致推选蜈蚣，因为它们认为蜈蚣的脚特别多，跑起来一定像旋风一样快。蜈蚣在盛情难却的情况下，同意为大家买汽水，小虫们放心地继续嬉闹欢笑，一时忘记了口渴。过了好久，大家发现蜈蚣还没回来。螳螂自告奋勇去了解究竟发生了什么事。它发现蜈蚣还蹲在一旁辛苦地穿鞋子呢！

二、群体决策中的典型行为

通常而言，群体决策的效果一般是优于个体决策的，但是如果处理不当，会出现一些不良的倾向。群体思维与群体决策的极化现象是群体决策中的典型行为，它们可能影响群体客观地评估各种方案和达成高质量决策的能力，因而受到了组织行为学研究者的高度重视。

（一）群体思维

你有过类似的经历吗？在选举班干部或是评选优秀个人时，当主持人问“有没有不同意见”时，场上往往沉默。主持人可能会说“那我们举手表决吧”，在场的大多数人可能会举手通过。但在会后，你却经常可以听到有的参与者其实心里有不同的意见，只是没有在会上说出来，其原因可能就是群体思维。

群体思维的概念是社会心理学家欧文·贾尼斯提出的，他将其定义为“由于群体压力所导致的思考能力、事实检测和道德判断的退化”。群体思维特别容易发生在高凝聚力的群体中。为什么群体思维是群体决策中的一个问题呢？因为群体思维实际上是源于个体成员从众以及达到一致性的压力。简单说，就是人们认为应该服从大多数人的想法，达成群体的一致意见，因此，就没有人提出更多想法供大家讨论，少数人的观点也会受到压制。

但是，并不是所有的群体都容易受到群体思维的损害。研究者发现，群体凝聚力、群体领导者的行为、与外部人员的隔离等因素会对群体思维产生影响。

（1）凝聚力较强的群体内部讨论较多，能够带来更多的信息，但这种群体是否鼓励群体成员提出反对意见，尚无定论。

（2）如果群体领导公正无私，鼓励群体成员提出不同意见，则群体成员会提出更多的解决问题的方法，并进行更多的讨论。

（3）群体领导在讨论初期，应该避免表现出对某种方案的偏爱，因为这样做会限制群体成员对这个问题提出批评性意见，使群体很可能把这种方案作为最终的选择方案。

(4) 群体与外界的隔离会使内部可选择和可评价的不同方案减少。

(二) 群体决策的极化现象

我们知道，在做同样的决策时，一些人倾向于冒险，而另一些人可能比较保守。事实证明，群体决策与个人决策在冒险或保守的风格上是存在差异的，群体决策在更多的情况下倾向于冒险。在群体讨论中，往往会出现这样的现象：群体成员的观点不断朝着更极端的方向转移，而这个方向是讨论前他们已经倾向的方向。也就是说，群体讨论会进一步夸大个体成员的最初倾向。

克鲁特认为，造成群体极化的原因主要有以下几方面：

(1) 群体使个人责任得到分散。一般情况下，个人在能够对自己的行为有足够的监控时，会对自己的行为有强烈的责任意识。但是，当个体处于群体状况时，会受到群体的影响，个人行为的责任意识下降，而责任意识的下降必将导致人们的冒险性得到鼓励。

(2) 群体内的信息交流使个体倾向于认为自己掌握了足够多的信息。个体处于群体情境下，不同的信息可以进行交流，大家通过交流信息，彼此的信息就得到了互换，这就使得成员们认为自己掌握了大量的信息，对于做出决策应该有足够的证据，因此就会对自己的判断格外自信，故而排除了一些信息，使得自己的态度或意见倾向于冒险。

(3) 群体领导者的冒险信息促进了整个群体的冒险性。一个有较高凝聚力的群体，其领导者是有威望的，他对于群体成员的影响力也是巨大的。因此，如果一个群体的领导者具有冒险性态度或意见的话，就会倾向于影响成员，最终使群体讨论的结果倾向于极端。

(4) 社会比较机制使群体成员之间相互影响。每个成员都把别人的意见或态度作为自己表达意见或态度的参照点，于是，个人的判断总是依赖于别人的判断，结果就在不知不觉中造成了群体决策倾向于冒险。

(5) 竞争性的群体气氛鼓励冒险。群体的气氛通常是热烈的，情绪是高涨的，这样的群体气氛容易使得成员热血沸腾，倾向于冒险。

三、群体决策的技术

由于群体决策中可能出现前面提到的这些问题，我们可以采用一些改进的群体决策技术来避免这些问题。头脑风暴法、名义群体法、德尔菲法以及电子会议法都是一些有效的工具。

(一) 头脑风暴法

头脑风暴法，简单地说就是群体成员坐在一起，就需要决策的问题畅所欲言，不允许大家对这些想法加以评论。互动群体中产生的从众压力导致成员倾向于赞成大多数人的意见，这会妨碍创造性方案的形成。头脑风暴法就是为了克服群体讨论中的这个问题。

头脑风暴法具体可以这样操作：6～12 人围坐在一张桌子旁，群体的领导先把问题说明白，确保每位成员都清楚地了解。然后，在给定的时间内大家可以自由发言，尽可能多地想出问题的各种解决方案。在讨论的过程中，任何人都不能对别人的观点加以评论，哪怕某些观点是异想天开或者稀奇古怪的。所有谈到的方案都被记录下来，最后再拿出来由大家一起讨论分析。

头脑风暴法是创造新观点新方案的一种方法。群体决策中有的环节需要创新或是需要全面思考，这时使用头脑风暴法效果很好。

（二）名义群体法

名义群体法，简单地说就是一个“纸张群体”。之所以这样命名，是因为在决策过程中要减少成员相互之间的影响，限制群体成员的讨论和人际沟通。社会学家曾经做过研究，把完全互动的群体和名义群体相比较，发现在思想的数量、想法的创新性、想法的质量等方面，名义群体确实有优势。我们在前面讨论过群体决策中很容易出现从众行为和群体成员意见相似的倾向，名义群体法正是避免了这方面的问题。

名义群体法在具体操作时可以按以下步骤进行：

（1）主持人把问题介绍清楚，并确保每位成员都明白；

（2）群体成员每个人分别写下自己对于解决这个问题的看法或观点；

（3）每位成员开始向其他人说明自己的一种观点，一个接一个地进行，每次表达一种观点，在这个过程中，所有的观点都被记录下来；

（4）群体开始讨论每个人的观点，允许个人对自己的观点进行解释和补充，大家对每个观点进行讨论评价；

（5）由每位成员独自对这些观点进行排序，最终的决策结果是排序最靠前、选择最集中的观点。

名义群体法的主要优点是：既有不受相互间影响、独自创造的过程，又有一起讨论的互动作用，结合了个人决策和群体决策的优点。

（三）德尔菲法

德尔菲法最早是在 1953 年由美国兰德公司的研究人员发展出来的，该方法设计的目的是调查某一特殊领域内专家的共识意见，最初应用于军事部门的预测，后来普遍运用于科学和技术领域的长期规划。

德尔菲法与名义群体法相似，不同的是德尔菲法中没有群体成员面对面聚在一起讨论的环节，群体成员是不需要见面的。在德尔菲法中，专家们通常要经过至少两个回合以上的意见调查。第一回合搜集比较广泛的意见回复，在对回收意见进行分析与修正后，再将结果反馈给专家们。第二个回合开始，专家们针对反馈再提一次意见。因此，德尔菲法也被视为一种平衡意见的好工具。此法提供了某一领域内专家意见的综合评析，而不仅是片面地截取少数几个声音。

德尔菲法的具体步骤如下：

（1）在问题明确以后，主持人把精心设计的问卷发给专家，通过填写问卷可以提出解决问题的可能方案；

（2）每位专家匿名独立填写第一份问卷；

（3）主持人把第一次问卷调查结果整理出来；

（4）将第一次问卷调查的结果发给每个人；

（5）在专家看完整理结果以后，要求他们再次提出解决问题的方案，结果通常是启发出新的解决办法，或使原有方案得到改善，如果有必要，重复步骤（4）和（5），直到找到与大家意见一致的解决方案为止。

与名义群体法相同，德尔菲法的一个优点是可以避免成员间的相互影响，特别是避免那些不利于提出创造性意见的影响。还有一个优点是地点的灵活性，因为德尔菲法不需要专家见面，所以在不同地方的成员都可以参与到同一个决策中。如果企业在决策时用这样的方法，由于避免了召集各地区的人员到一起开会，有时还可以节省巨额成本。

德尔菲法也有其缺点。其一是耗费时间，因为步骤较多，所以不适用于那些需要马上得到结果的决策。其二是因为没有成员面对面的相互作用，所以，一般不会像群体讨论那样得到丰富的答案和方法。还有一个受到质疑的地方是，这种方法倾向于强迫取得最后共识意见，而其中主持人的综合分析作用就很重要了，所以主持人对各种观点分析得仔细与否会影响最终的解决方案。

（四）电子会议法

现代的计算机和网络技术可以使成员们不用见面就能够一起进行讨论决策。最近兴起的一种群体决策方法是名义群体法与复杂的计算机技术的混合，我们称之为电子会议法。

只要技术条件具备，这个概念就很简单了。50 人左右围坐在马蹄形的桌子旁，面前只有一台计算机终端。问题通过大屏幕呈现给参与者，要求他们把自己的意见输入计算机终端，个人的意见和投票都会显示在会议室中的投影屏幕上。

电子会议法的主要优点是：匿名、可靠、迅速。与会者可以采取匿名形式把自己想表达的任何想法都表达出来。参与者一旦把自己的想法输入计算机，所有人都可以在屏幕上看到。与会者可以表达自己的真实态度，而不用担心受到处罚。而且这种方法决策迅速，因为没有闲聊，讨论不会离开主题，大家在同一时间可以互不妨碍地相互“交谈”，而不会打断别人。

专家们认为，电子会议法比传统的面对面的会议所用时间快 55%。例如，弗尔普斯·道奇采矿公司运用这种方法，使他们的年度计划会议从几天缩短到 12 个小时。但这种方法也有缺点：那些打字速度快的人，与口才好但打字速度慢的人相比，能够更好地表达自己的观点；想出最好建议的人也得不到应有的奖励；而且这样做得到的信息也不如面对面的沟通所能得到的信息丰富。虽然电子会议法现在刚刚开始发展，但未来的群体决策很可能会广泛地采用电子会议法。

以上介绍的四种群体决策方法各有其优缺点，对它们效果的评价也各不相同。如表 5-4 所示。

表 5-4　群体决策效果的评价

	头脑风暴法	名义群体法	德尔菲法	电子会议法
观点的数量	中等	多	多	多
观点的质量	中等	高	高	高
社会压力	小	中等	小	小

续表

	头脑风暴法	名义群体法	德尔菲法	电子会议法
财务成本	低	低	低	高
决策速度	中等	中等	低	高
任务导向	高	高	高	高
潜在的人际冲突	低	中等	低	低
成就感	高	高	中等	高
对决策结果的承诺	不适用	中等	低	中等
群体凝聚力	高	中等	低	低

微课时间

群体决策——六顶思考帽

请思考：

1. 什么是六顶思考帽？
2. 它是如何帮助企业高效有序地组织群体讨论的？

第四节　团队建设

研究表明，当任务需要多种技能、判断和经验时，团队的效能明显胜过个体。

一、团队的概念和类型

（一）团队和群体的区别

群体是两个或两个以上相互作用相互依赖的个体，为了实现某个特定目标而结合在一起，团队是一种特殊的工作群体。团队与普通的群体不同，它通过其成员的共同努力产生积极的协同作用，团队成员努力的结果使团队的绩效水平远大于个体成员绩效的总和。团队工作强调集体的绩效、共同的责任、积极的合作和相互补充的技能。

有一个需要与工作团队区别开来的概念是工作群体。在工作群体中，成员们通过相互作用来共享信息，做出决策，帮助每个成员更好地承担起自己的责任。与工作团队相比，工作群体的主要目的是共享信息，而不是协作配合，它强调个体的责任，对于成员技能的搭配也没有特别的要求，而工作团队是以个别努力导致集体绩效大于个别绩效总和的团体。因此，团体与团队不同，前者是一群人，后者则为具有集体绩效的一个强有力的单位。前者由管理阶层指导，后者则强调自我管理。

（二）团队的类型

团队分为不同的类型，按照团队的存在目的，组织中的团队一般可以分为三种常见类型，即问题解决型团队、自我管理型团队和多功能团队。

1. 问题解决型团队

问题解决型团队产生于 20 多年前，是最早的团队形式。那时的团队一般由来自同一个部门的 5～12 个人组成，他们定期见面，一起讨论如何提高产品质量、生产效率和改善工作环境。在问题解决型团队里，成员就如何改进工作程序和工作方法互相交换看法或提供建议。但是，这些意见一般是提供给管理者的，这些团队几乎没有权力根据团队建议单方面采取行动。20 世纪 80 年代，一种被称为“质量圈”的问题解决型团队在企业中非常流行，这种工作团队由 8～10 名职责范围部分重叠的员工及主管人员组成，定期一起讨论面临的质量问题，分析原因，并提出可行的解决办法。

2. 自我管理型团队

最初的问题解决型团队虽然在解决问题上有明显的作用，但在调动员工参与决策的积极性方面还没有起到作用。于是，管理者们又建立了一种新型的团队形式，与原来的问题解决型团队相比，新型的团队不仅注意问题的解决，而且执行解决问题的方案，并对工作结果承担全部责任，这样的团队被称为“自我管理型团队”，它通常由 10～15 人组成，他们承担的责任包括控制工作节奏、决定工作任务的分配、安排工作时间等。完全自我管理型团队甚至可以挑选自己的成员，并让成员相互进行绩效评估。我们可以在很多知名的大公司找到自我管理型团队的例子。但我们仍要注意，有些组织采用自我管理型团队的效果并不理想。一些研究也表明，实行这种团队形式并不一定带来积极的效果。比如，与传统的工作组织形式相比，自我管理型团队成员的缺勤率和流动率偏高。有学者解释，可能是因为长时间缺乏统一的控制，自我管理型团队会脱离组织的标准和要求，不利于组织的发展。

3. 多功能团队

多功能团队也是应用很广泛的一种团队类型。它由来自同一等级、不同工作领域的员工组成，他们为了完成共同任务来到一起。许多组织在完成一项新任务时采用这样的团队，多功能团队是一种有效的方式，它能使组织内（甚至组织之间）不同领域员工之间交换信息、激发出新的观点、解决面临的问题、协调复杂的项目。当然，多功能团队的管理不是管理野餐会，在其形成的早期阶段往往要消耗大量的时间，因为团队成员需要学会处理复杂多样的工作任务。在成员之间，尤其是那些背景不同、经历和观点不同的成员之间，建立起信任并能真正地合作也需要一定的时间。在本章后面，我们将讨论一些方法，有助于管理者促进和建立成员间的信任关系。

延伸阅读

团队建设的几个理论

1. 冰山理论

人是组成团队的基本元素，也是团队中最宝贵的资源和资本。冰山理论是团队建设的一个基础理论。它认为人的潜能是无限的，正如漂浮在大海中的冰山露出水面的部分仅占整个冰山的一小部分，藏在水下的部分非常巨大，因此要采用一定的方式来激发个人的潜能。

2. 木桶理论

一只木桶要想盛满水，必须是每块木板都一样平齐且无破损。如果这只桶的木板中有一块不齐或者某块木板下面有破洞，这只桶就无法盛满水。一只木桶能盛多少水，并不取决于最长的那块木板，而是取决于最短的那块木板。木桶理论也可称为短板效应。

一个团队要想成为结实耐用的木桶，首先要做的是想方设法提高所有板子的长度，只有让所有的板子都维持“足够”高度，做到取长补短，变弱势为强势，才能充分体现团队精神，完全发挥团队作用。

3. 鲶鱼效应理论

“鲶鱼效应”来自挪威渔民的故事。挪威人喜欢吃沙丁鱼，市场上的活鱼价格比死鱼高很多。渔民总是想尽办法让沙丁鱼活着抵达港口，可是大部分沙丁鱼还是在途中窒息而死。后来渔民想出一个办法：在装满沙丁鱼的鱼槽里放入几条鲶鱼，鲶鱼是食肉鱼，进入鱼槽后鲶鱼便会四处游动寻找小鱼吃。为了躲避天敌的吞食，沙丁鱼会自然地加速游动，从而保持了旺盛的生命力，如此一来，一条条沙丁鱼就活蹦乱跳地到达渔港。所以，团队建设中需要推陈出新，通过适时增加新鲜血液，提高团队活力与战斗力。

4. 砖块理论

砖块理论指在墙体的内部，砖块被放置在一个固定的位置，这块砖同时要承受来自各方面的压力。在团队建设中，团员就是砖块，每个砖块所承受的不仅仅是来自上方的压力，还有来自侧面的挤力及底层的支持力。因此，要引导员工像砖块一样，敢于承受各种压力，要学会修身养性，同时还要敢于同压力做斗争，增强变压力为动力的勇气。

5. 雁群效应理论

大雁在迁徙过程中总是要排成“人”字形，这时雁阵中飞行的每只大雁速度比单飞高出71%，但是处于“人”字形中间的大雁任务最为艰巨，需要承受更大的空气阻力，因此它们会定时交换位置，这样雁群就可以长距离地飞行而无须休息。雁阵尾部的两个位置最为轻松，于是就让年幼、病弱以及衰老的大雁占据这些位置。大雁在迁徙的过程中，群雁会不停地鸣叫，这是强大的大雁在鼓励落后的同伴。如果有只大雁因为过度疲劳或生病掉队，群雁也不会遗弃它，它们会派出一只健康的大雁陪伴它落在地上休息，一直等到它能够继续飞行后再去寻找团队，继续向着它们的目标飞翔。

在一个团队里面，队员就像大雁，团队就像雁群。如果一个团队能够像大雁一样，目标一致、合理分工、相互支持、相互鼓励、群策群力，就一定能超越自己，飞到队员独自飞不到的高度。

6. 瓜豆理论

“种瓜得瓜，种豆得豆”，这是瓜豆理论的真谛。种瓜也好，种豆也好，都是一个长期的过程，是由一个个环环相扣、互为因果的子过程组成的集合体，哪一个环节出了问题，都会影响最终的收获。

团队建设也是如此，它是一个长期的过程，各子过程也是环环相扣、互为因果，不能一蹴而就，每一步都关系着团队建设的成败。正如松下幸之助所说，经营企业，是许多环节的共同运作，差一个念头，就可能导致整个失败！

资料来源：宫广东，周健．进行团队建设应引用的几个理论．北方经贸，2011（11）.

二、创建有效的团队

团队效力的内容包括对团队生产率的客观评测、管理者对团队的绩效估价以及成员满意度的总体评价。组成有效团队的关键元素可归结为四个一般的范畴：第一个范畴是工作设计；第二个范畴与团队组成有关；第三个范畴是资源和其他前后关联影响因素；第四个范畴是过程变量。

（一）工作设计

工作设计范畴包括自由度或自治权、利用不同技能和才干的机会、完成整个可确认的任务或产品的能力以及完成对其他任务或方案有重大影响的工作的能力。证据表明，这些特征能够激励成员并且增加团队的效力。这些工作设计特征之所以能够激励成员，是因为它们增加了成员对工作的责任感和主人翁意识，而且使得工作更有趣。

（二）团队组成

团队组成范畴包括团队如何配置的相关变量。在这一部分，我们将介绍团队的成员能力、成员人格、角色分配和多样性、团队规模、成员机动性以及成员偏爱。

1. 成员能力

为了有效地运行，团队必须具备多种不同类型技能的成员。首先，它必须有具备专业技能的人。其次，必须有能够确定问题、寻找可选方案、评估方案并且可做出优劣选择的具有问题解释和决策能力的人。最后，团队还需要具备人际交流能力的人，他们能够倾听、反馈、解决冲突等。如果没有这三种类型技能的成员，任何团队无法实现其绩效潜力。此外，合适的比例搭配尤为重要。以牺牲其他的技能作为代价来过于重视一种技能会导致更低的团队绩效，但是团队必须从一开始就让所有互为补充的技能全部到位。让一位或多位成员学习并掌握某种团队缺乏的技能是很常见的，这样能让团队发挥其全部的潜能。

2. 成员人格

越来越多的证据表明，团队成员的人格特点的异同比其平均水平更为重要。例如，团队内的平均责任心是人们期望的较高水平，但是如果将高责任心的人和低责任心的人混在一起，则会降低绩效。这可能是因为高责任心的人不但要完成自己的任务，还要执行或重做那些缺乏责任心的成员的任务；也可能是因为这些差别导致人们感到付出不公平。另一个与人格有关的有趣发现是一个坏苹果破坏整桶苹果。例如，如果有一个团队成员缺少最起码的认同度，那他就有可能给团队绩效带来负面影响。因而，即便团队仅有一位成员缺乏认同、责任心或外向度，都可能导致内部过程不顺利和总体绩效降低。

3. 角色分配和多样性

团体有不同的要求，因而挑选团队成员时应确保多样性并保证他们能占据所有的角色。

潜在的团队选手有九种（见表5-5）。成功的工作团队填满所有这些角色，并且基于技能和偏爱挑选成员来扮演这些角色（在许多团队中，成员扮演多重角色）。管理者应该了解每个成员能够给团队带来的个体力量，在挑选成员时应考虑这些能力，并且给成员分配最合适的工作任务。通过让团队的角色要求与成员的个体偏爱相匹配，管理者可提高团队成员共同做好工作的可能性。

表5-5 九种团队角色

创新者-革新者	发起创造性的想法
探测者-促进者	支持被提出的想法
评估者-开发者	分析决策选项
信任者-组织者	提供组织人员
结论者-生产者	提供方向并实施
控制者-监督者	检查各个细节
支持者-维护者	负责外部战役
通信者-顾问	寻求完整信息
连接者	协调与组织

4. 团队规模

最有效的团队既不是很小（少于4人）也不是很大（超过12人）。团队过小会缺乏观点的多样性，但是如果团队超过12人，则会在很多问题上出现困难，团队成员在进行建设性的交流方面及取得一致上都有麻烦，而且人太多难以形成凝聚力、义务以及达到高绩效所必需的共同责任。因而在设计有效团队时，管理者应当控制人数在5～12人的范围。如果一个工作单元较大，而管理者希望团队更有效，可考虑将团队再分为子团队。

5. 成员机动性

由具有机动的个体组成的团队，成员在必要时可互相完成其他人的任务。这对于团队来说是一个很明显的优点，因为这提高了团队的适应性而不必过于依赖某一个体。因而在挑选团队成员时要选择重视机动性的成员，然后对他们进行交叉培训，随着时间推进将会提高团队的绩效。

6. 成员偏爱

并非每一位员工都是团队选手，如果让他们选择，很多员工会选择在团队之外。当要求偏爱独自工作的人加入团队时，会对团队道德产生直接威胁。这表明，在选择团队成员时，个体偏爱应当与能力、人格和技能同时考虑。高绩效的团队通常是由偏爱作为群体一员而工作的人所组成。

（三）前后关联

与团队绩效关系最大的三种前后关联影响因素是具备足够的资源、领导和结构以及反映团队贡献的绩效评估和奖励系统。

1. 足够的资源

工作群体是组织系统的一部分。正因为如此，所有的工作团队都要依赖群体之外的资源的支持，资源的缺乏将直接降低团队有效执行工作的能力。在考察了 13 个与群体绩效有潜在关联的因素之后，一组研究者得出结论，“也许有效团队的最重要的特征之一就是能够从组织得到足够的支持”。这些支持包括及时的信息、技术、足够的员工配置、奖励，以及行政上的帮助。要想成功地实现团队目标，团队应当接受管理层及组织必要的支持。

2. 领导和结构

团队成员应当在谁做什么上取得一致，而且成员们在工作量上要做到公平。此外，团队必须确定工作进度，应当提高哪些技能，群体如何解决冲突，以及群体如何做出和修改决策。要想在工作细节上取得一致并且将个体的技能结合起来，就需要团队的领导和结构。这些可直接由领导层提供，或者当团队成员们充当促进者、组织者、生产者、维护者和连接者的角色时提供。

当然，领导并非总是必需的。例如，证据表明，自我管理型团队通常比任命了正式领导的团队表现得更出色。领导们如果干涉自我管理型团队，会妨碍其提高绩效。在自我管理型团队中，团队成员承担着许多典型属于管理者的义务。

3. 绩效评估和奖励系统

如何能让团队成员既有个体责任又有集体感呢？要体现团队绩效，就应当对传统的、面向个体的评估和奖励进行修改。

个体绩效评估、固定小时工资、个体激励因素等类似的事物与高绩效团队的发展不可调和。因此，除了要对员工的个体贡献给予评估和奖励之外，管理层应当考虑基于群体评价的评估系统，如分红制、收入分成、小群体激励等，以强化团队努力和责任感。

（四）过程变量

与团队效力有关的最后一个范畴是过程变量。过程变量包括成员对一个共同目的的努力、特定的团队目标的建立、团队功效、对矛盾的控制以及社会惰化的减少。

1. 共同目的

有效团队应有一个共同的有意义的目的，它为成员提供方向、动力和义务。有效团队的成员花费大量的时间用于形成共同目的。当这个属于集体又属于每个个体的目的确立，并最终取得一致，即被团队所接受时，其作用如同导航仪对于船长的重要性一样——在任何情况下它都能提供方向和指南。

2. 特定目标

有效团队将其共同的目的转化为特定的、可测评的、现实的绩效目标。目标可促进员工提高绩效，目标能给团队充电，这些特定的目标可方便交流与沟通，同时，它们可帮助团队将注意力放在结果上。

此外，与个体目标的研究相一致，团队目标也应具有挑战性。有难度的目标可提高团队绩效。例如，数量目标可提高数量，速度目标可提高速度，而精确性目标能够提高精确性等。

3. 团队功效

有效团队对自己有信心，他们相信自己能成功，我们将这种自信称为团队功效。成功培育成功，获得成功的团队对未来的成功更有信心，反过来又激励人们更努力地工作。

管理层怎样才能提高团队功效呢？获得小成功和技能培训是帮助团队提高功效的两种可能选择。小成功能建立团队信心，随着团队的绩效记录越来越好，团队对于现在的努力必定会带来将来的成功的信念也越坚定。此外，管理者应当考虑提供培训以提高成员的技术和人际交往技能。团队成员的能力越强，团队形成信心和传递信心的可能性就越大。

4. 矛盾控制

团队中存在矛盾未必是坏事，完全没有矛盾的团队可能会变成一摊没有情感的死水。事实上，矛盾能够提高团队的绩效——当然不是所有类型的矛盾。个体关系矛盾几乎全都是功能破坏型的，例如人际关系不融洽、紧张，对他人的憎恶。然而，在团队执行的非日常行为上，成员之间对任务内容观点的不一致（称为任务矛盾）却是无害的。事实上，由于矛盾减少了集体考虑的可能性，因而其经常是有利的。任务矛盾刺激了讨论，促进了对问题和选项的批判性评价，而且能促使团队进行更好的决策。因此，有效团队的特征之一是有适当水平的矛盾存在。

5. 社会惰化

人们可能会躲藏在群体中。由于在团队中无法确定个体的付出，团队成员就可能从事社会惰化行为或者不努力工作。有效团队通过让成员承担个体和团队层次的责任，来遏制这种趋势。

有效的团队让成员对团队的目的、目标和实现途径承担个体的和集体的责任。成员很清楚哪些是个体的责任，哪些是集体的共同责任。

课堂讨论案例

难忘的一课

小李在美国进修硕士学位，有一门课要求他们每四个人组成一组到企业去开发系统，由于同组的另外三个美国人对系统开发都没什么概念，因此小李作为组长只好挑起重担，几乎是独立完成了所有的工作。终于拖到了结案，厂商及老师对他的系统都相当满意。

第二天，小李满怀希望地跑去看成绩，结果竟然是一个B，更气人的是，另外那三个美国人拿的都是A。小李懊恼极了，赶快跑去找老师。

"老师，为什么其他人都是A，只有我是B?"

"那是因为你的组员认为你对这个小组没什么贡献。"

"老师，你该知道那个系统几乎是我一个人做出来的，是吧!"

"哦！是啊！但他们都是这么说的，所以……"

"说起贡献，你知道布赖恩，每次我叫他开会，他都推三阻四，不愿意参与吗?"

"对呀！但是他说那是因为你每次开会都不听他们的，所以觉得没有必要再开什么会了!"

"那杰夫呢？他每次写的程序几乎都不能用，都是我帮他改写!"

"是啊！就是这样让他觉得不被尊重，就越来越不喜欢参与，他认为你应该为这件事情负主要责任!"

"那撇开这两个不谈，米米呢？她除了晚上帮我们叫比萨外，几乎什么都没做，为什么她也拿A?"

"米米啊！布赖恩和杰夫觉得她对于挽救贵组陷于分崩离析有很大的贡献，所以得A!"

"亲爱的老师！这不公平吧?"

"哦！可怜的孩子，你会打篮球吗?"

这事到底关篮球什么事？小李想不明白。

老师向他解释说："当你踏入社会，你会发现，个人秀型的竞争是很少见的。不论你是工程师、经理人或是特殊教育的老师，你的成就必须依赖别人跟你合作。就像是一个篮球队员那样，任何得分都必须靠队员之间缜密的配合。就拿乔丹来说，除了他精湛的球技之外，更重要的是他与队员间良好的默契，以及乐于与队员共同追求卓越的精神。"

思考题：

1. 如何与团队成员合作?
2. 如果你是小李，你会怎么做?

职业素养提升

马克思指出：人的本质不是单个人所固有的抽象物，在其现实性上，它是一切社会关系的总和。在社会关系上东西方存在明显的差异：传统中国社会人际关系是以血缘结构、群体人际关系为基础；西方的人本主义强调以个人为本，中国强调的是以群体为本。群体本位文化要求个体作为社会的一个细胞，应遵守群体规范，考虑群体的反应。今天随着社会的发展，我们应该客观辩证地看待群体本位文化的作用。

本章知识结构图

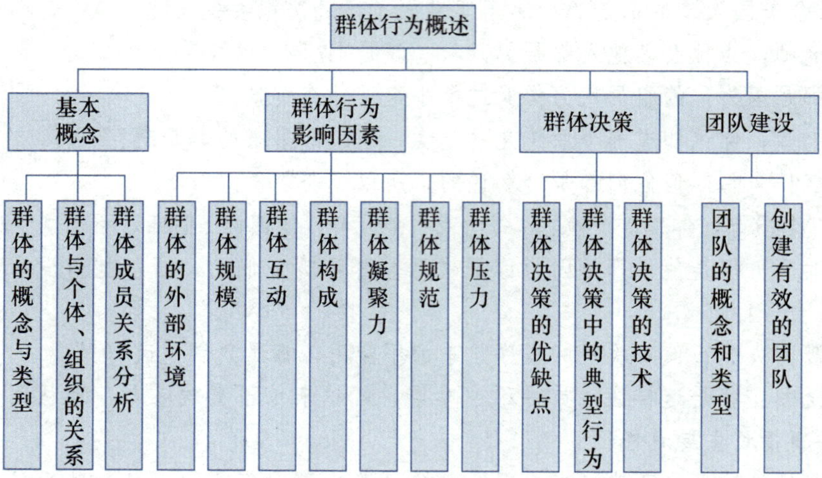

复习思考题

1. 群体行为的主要影响因素有哪些？
2. 正式群体与非正式群体有什么不同？
3. 与个体决策相比，群体决策的利弊各是什么？
4. 群体决策技术有哪些？其特点是什么？
5. 什么是群体思维？在群体决策中如何避免群体思维的影响？
6. 简述团队的类型。
7. 如何解释人们会走到一起形成群体？

认知与行为测试

扫一扫做测试：团队角色测试

团队作业

“世界咖啡”活动召集与组织

一、说明

主持与讨论：把人们在一个团队（无论是正式还是非正式团队）工作视为在一个大型咖啡活动现场，彼此进行“桌边交谈”，以求释放更大的、整体的真正愿望。

二、主持原则

1. 设定情境：澄清目标，确定会谈的界限；

2. 营造友好的空间：让人们有心理安全感、舒适感和相互信任感；

3. 探索真正重要的问题：大家集中关注于真正重要的问题，能够引发大家的参与热情，并能确保讨论有成效；

4. 鼓励每个人积极参与和贡献：通过唤起人们全面参与和踊跃发言的热情，使“我”与“我们”的关系具有生气；

5. 交流并连接不同观点：有意识地鼓励多样性，增加不同观点之间的连接密度，保持对核心问题的共同关注；

6. 共同倾听：在不泯灭个体贡献的基础上集中共同的关注点，孕育思想的一致性；

7. 收获与分享集体的智慧：让集体知识和洞见显现出来并具有可执行性。

案例分析

某体育用品公司的销售定额决策

彭泽东是某体育用品公司华南区的销售总监，他参加了一期由总部与某商学院合作举办的短训班，培训的主题是人员的群体决策问题。短训班上，主讲人姜教授根据她的研究与经验，指出只要能给予足够的机会，员工们就能聚到一起，理智地进行考虑，然后拟订出高质量的决策，而这种由员工参与拟订的决策必将在员工中获得较高的接受度。

短训班结束后，彭总监回到自己的单位，决定实践一下他所学到的相关原理。他召集粤东区销售部门的28名销售管理人员，告诉他们，由于近来公司投入了较多的市场资源，成本相应增加，年前制定的销售定额太低了。他给大家一个机会，让大家去讨论，在公司新的投入政策情况下，销售有了哪些改善，还要大家讨论并决定他们所辖区域门店的销售额应该是多少。彭泽东在离开会议室的时候，深信大家会制定出比他提出的方案还要高得多的定额。

讨论了2个小时以后，大家就把彭泽东请了回来。与他的预计大相径庭的是，大家的集体决定是，原来的销售任务本已定得太高了，现在既然授权他们自己制定定额，那么他们决定把定额降低5%。彭泽东很清楚，要想让公司的投入能赚到一笔可观的利润，这个定额实在是低得不像话了，很难实现这个目标。可是很显然，要是他拒绝大家的决定，那后果肯定是很糟糕的。在采取相应措施之前，彭泽东决定还是去拜访姜教授等高人，倾听他们的专业意见。

问题：

1. 在进行决策时，何时使用个体决策，何时使用群体决策？如何界定群体决策的参与程度？

2. 如果你是这位销售总监，你会怎么应对这种情况？

第六章
管理沟通

◎ 学习目标

知识目标

1. 掌握有效沟通的概念及要素。
2. 了解沟通网络的类型及特点。
3. 熟悉影响沟通的主要障碍。

能力目标

1. 能根据沟通模型分析沟通成败的原因。
2. 能将沟通策略运用到案例分析及生活中。

引例

小张与小莫的沟通成本

小张和小莫是大学同学，毕业后分别在金融公司和医疗公司的市场推广部门工作。在一次同学聚会中她们聊到最近各自负责的项目及相关费用。

小张刚刚完成一个高端产品推荐会，面向公司的300位高端客户推荐最新的"教育保障理财计划"。为了这次产品推荐会，小张连续加班2个多月，进行各项筹划，工作强度很大，十分辛苦。各种事项中最让小张头痛的是与公司财务沟通申请推荐会的预算。经过各方努力，财务最终拨给这次推荐会30万元的预算。

说实话，30万元会务费不算少，可是小张觉得根本不够用。依照目标客户群为高端客户的定位，会议地点必须安排在最好的五星级酒店；部分客户是由外地专程赶来，时逢旅游旺季，酒店住宿与机票费用较高。茶歇选用了本地最好烘焙店的私家定制，小张还动用资源特别邀请了很有名气的节目主持人担当司仪。为了接待好这些客户，公司还专程从外地分公司抽调了20余名市场部骨干工作人员，员工的交通住宿费也要在预算里开支。最后小张只能辛苦同事，让他们住经济型酒店，选择成本最低的交通方式。值得欣慰的是，同事们都很支持小张的工作，这次产品推荐会的效果非常好，有近50%的客户对新的理财产品项目感兴趣。

小莫说她正着手做一场产品说明会，公司给的预算仅有3万元，需要邀请320位客户参加会议。小张十分同情小莫，直言这是几乎不可能完成的任务。小莫说她已经按照预算制订了计划，她选用了某互联网软件公司的网络会议服务，工作人员与所有来宾通过互联网方式参加产品发布会，节省了酒店住宿、往返交通等费用。所有参加会议的来宾会收到一封邀请邮件，只需打开邮件中的链接，找到会议名称，点击进入后就能轻松地进入会议“现场”。在网络视频会议现场，来宾可以清晰地看到主持人的产品演示，听到演讲者的发言，并能阅读产品的相关文档资料；当遇到不理解的问题时，可以通过在线语音或弹幕的方式将问题提出，工作人员当场解答。网络平台还提供调查问卷实时统计功能，将客户对所发布产品和服务的评价及时反馈给主办方。小莫用 3 万元预算支付平台使用费和人工费，完成了一场产品发布会的推广工作。

通过上述案例，请思考：

1. 试比较小张和小莫与客户的沟通方式，你认为哪种方式更有效？

2. 互联网时代，公司的沟通管理需要注意哪些方面？

第一节　沟通概述

一、沟通的定义

一般来讲，沟通就是用任何方法或形式，在两个或两个以上的主体（如人或电脑）传递、交换或分享任何种类的资讯的任何过程。如果传递、交换、分享成功，则沟通成功，该沟通是有效沟通；如果传递、交换、分享失败，则沟通失败，该沟通是无效沟通。具体而言，沟通的含义有以下几个层面：

（1）沟通是信息的传递。发送者凭借一定渠道（亦称为媒介或通道），将信息发送给既定对象（接收者），其传递方式可以是口头的，也可以是书面的或通过电子化方式进行；内容可以是对有关人物或事件的描述，也可以是态度或情感的交流；目的可以是传达信息或取得接受者对人物或事件的看法。

（2）沟通是信息的理解。沟通的完整意义不仅是指信息的成功发送，更是指信息所包含的意义被正确理解和接收。“我告诉张三了，所以我和张三沟通了”，这是对沟通的错误理解。告诉“张三”，不等于“张三”理解了“我”的意思。并不是只要找到合适的语言来表达意思，就完成了沟通。“语言”本身并不能代表“意思”，“意思”存在一个受众翻译转化的过程。

（3）有效沟通并不是沟通双方达成一致的意见，而是准确地理解信息的含义。意见一致与理解正确并非同一概念，沟通双方能否达成一致，还涉及双方的根本利益、价值观念是否一致等其他关键性因素的影响。他人的观点和理解你的观点是两个不同的概念，例如，商务谈判中尽管双方的沟通非常充分，但由于根本利益存在冲突，最终可能导致协议无法达成。

（4）沟通是一个双向、互动的反馈和理解过程。如图 6－1 所示。

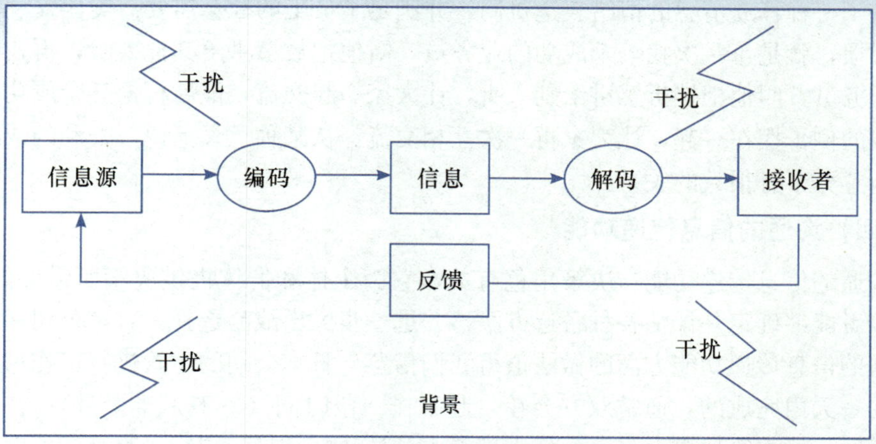

图 6-1 沟通的过程模型

二、沟通的功能

管理故事

应聘

某公司招聘业务主管，几位应届毕业生想应聘。人力资源部经理问他们为什么要应聘。

毕业生 A：我爸爸叫我来的。

人力资源部经理：这么重要的事情你自己都没主见，淘汰。

毕业生 B：我自己喜欢来的。

人力资源部经理：这么重要的事情你都不和家人商量，淘汰。

毕业生 C：默不作声。

人力资源部经理：这样重要的事情想都不想就来了，淘汰。

沟通技能是管理者的基本技能之一。管理者的绝大部分日常工作都是在进行沟通。在群体或组织中，沟通主要发挥着控制、激励、情感表达和信息传递四个主要功能。

（一）沟通的控制功能

沟通可以通过指派任务、设立目标、建立权威和责任等方式来控制员工的行为。比如，员工必须遵守公司的政策法规、遵守组织中的权力等级和规章制度，必须按照岗位职责工作等。

（二）沟通的激励功能

沟通通过以下的途径来激励员工：明确告诉员工做什么、怎么做、如何提高绩效以及向员工展示战略愿景、促使团队合作、唤起员工责任感等。

（三）沟通的情感表达功能

在企业管理中，情感指的是工作上的一种满足或者挫败。对大多数员工而言，工作群体是主要的社交场所，员工通过群体内的沟通来表达自己的挫折感和满足感。沟通提供了一种释放情感的情绪表达机制，并满足了员工的社会需要。美国安利公司有一个习惯，就是每一次找一个成功的业务员，叫他把故事讲给其他人听，再找一个失败的业务员，叫他把挫折感讲给别人听，让大家一起交流，最后再把五个成功的和五个失败的例子摆在一起，让大家再一次互相交流。从某种意义上说，安利的成功，与这种情感分享有很大的关系。

（四）沟通的信息传递功能

沟通的信息传递功能与决策角色有关，它为个体和群体提供决策所需要的信息，使决策者能够确定并评估各种备选方案，并进一步做出战略选择。日本公司在充分发挥沟通的信息传递功能方面的做法值得我们借鉴。日本公司的主管进行工作移交，很少是在一天内完成的，通常双方会在一起工作一段时间（一般是半个月）；在业务交接的时候，原主管通常会带着新任管理者去拜访政府官员、同行，甚至竞争对手与大客户；管理人员离任的时候，一般都会留一本备忘录，给接任的人使用。

三、沟通的分类

沟通是信息、思想或情感的传递和接受。沟通的目的是让接收者正确并完整理解所要传递的信息，良好的沟通将有助于在彼此之间搭建起一座分享信息和感受的桥梁。沟通有着多种多样的形式，依据不同的标准，可以将沟通进行不同的分类。按照沟通所用的信息载体和传送渠道不同，沟通可分为语言沟通和非语言沟通两大沟通形式；按照组织内部沟通渠道，沟通可分为正式沟通与非正式沟通；按照参与沟通的人数多少和沟通的覆盖面大小，沟通又可分为人际沟通、群体沟通、企业沟通、跨企业管理沟通、跨文化沟通等多种形式。了解不同形式的沟通，将有助于我们更加有效地进行沟通。下面介绍三种常见的沟通分类。

（一）按照沟通的方向分类

按照沟通的方向，可以将沟通分为纵向沟通和横向沟通（水平沟通）。其中纵向沟通又可分为自上而下的沟通和自下而上沟通。

1. 自上而下的沟通

自上而下的沟通是指人们按照群体或组织中的级别，从高职务向低职务方向所进行的沟通。管理者与员工沟通就是我们所说的自上而下的沟通。自上而下的沟通通常用于群体领导或管理者向员工分配工作目标、提出工作指示、向员工说明政策和工作程序、指出需要注意的问题，并且提供员工绩效的反馈信息等情况。自上而下的沟通不一定非要通过语言或面对面的接触，团队领导向团队成员发送电子邮件，提醒他们工作期限等，也属于自上而下的沟通类型。

当信息自上而下传递的时候，往往伴随着权力和权威，所以这种沟通在很大程度上影响着员工对上级的忠诚和信任度。如果员工从上级处得不到所需的信息或得到的信息是虚假的，就会对上级乃至整个组织产生怀疑。所以在自上而下的沟通过程中，管理者应慎重，自己必须先了解清楚相关信息，同时要采取积极态度向下沟通，确保信息真正为员工所接受。

2. 自下而上的沟通

自下而上的沟通是指消息向职务高的方向发送的沟通。自下而上的沟通用于向上司提供反馈、告知目前的工作进展，以及提出当前的问题等情况。自下而上的沟通使得管理者能够了解员工对其工作、同事以及整个组织的感想，管理者还通过自下而上的沟通获得各种有益的建议，以便更好地改进工作。

组织中的自下而上沟通的例子包括：下层管理者提交给中层或高层管理者审阅的绩效报告、建议箱、员工态度调查、投诉程序、上级/下属之间的讨论，以及非正式的诉苦讨论会，员工可借此机会表达意见、释放情绪以及和老板或领导层的代表一起确定和讨论问题。

一般而言，除非管理人员积极鼓励，否则自下而上的沟通很容易受阻，因为各级管理人员都不情愿把问题往上呈报，这样做无异于承认自己的失败。

3. 水平沟通

当沟通发生于相同工作群体内的成员之间，属于不同工作群体但具有相同级别的成员之间，相同级别的管理者之间，或任何具有相同地位的职员之间时，这种沟通即所谓的横向沟通或水平沟通。水平沟通在节省时间和方便协调上较为有效。水平沟通有时是正式批准的，而大多数情形是非正式地进行，以便缩短纵向沟通的时间并加速行动。从管理层的观点来看，水平沟通有好处也有坏处。因为如果所有的沟通都符合严格的纵向结构，那么可能会阻碍信息的有效和准确传递，而水平沟通在这方面是有益的，但是它也有不利的一面，经常性的交流加深了组织成员之间的关系，他们极易形成自己的小群体，一旦这个群体有意越过或避开他们的直接领导做事时，他们就破坏了垂直的沟通渠道而有可能导致严重的后果。

（二）按照沟通所用的信息载体和传送渠道分类

按照沟通所用的信息载体和传送渠道的不同，可以将沟通分为语言沟通和非语言沟通两大形式。如图 6－2 所示。

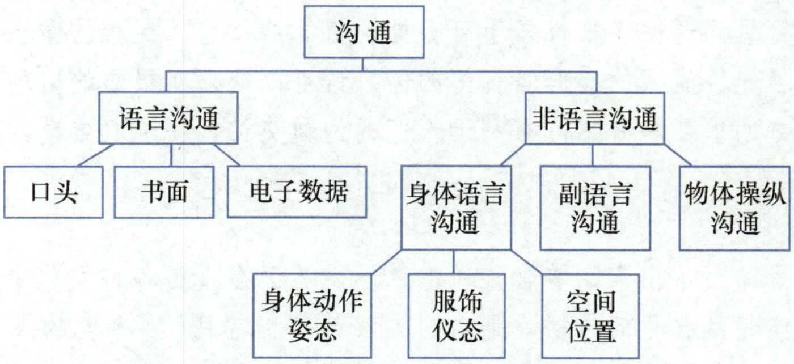

图 6－2　语言沟通与非语言沟通

1. 语言沟通

语言沟通形式建立在语言文字基础上，以语言文字和语言声音为载体。语言沟通形式又可分为口头语言、书面语言及电子数据语言三大类沟通形式。

口头语言沟通形式是人们最常用的一种沟通形式。按照它发生的不同方式，口头语言沟通又可细分为演说、倾听、正式交谈、私人交谈、讨论、征询、访谈、闲聊、小组会议、小组讨论、传话（捎口信）、大型会议、传闻等多种具体形式。书面语言沟通又可细分为正式文件、备忘录、信件、公告、留言便条、内部期刊、规章制度、任命书等多种具体形式。在现代社会，随着有线、无线电技术与信息技术的发展，电子数据语言沟通成为企业管理沟通的重要语言沟通形式。所谓电子数据语言，是指将包括图表、图像、声音、文字等在内的书面语言性质的管理信息通过电子信息技术转化为电子数据进行信息传递的一种沟通方式或形式。电子数据语言沟通的主要特点和优势是，可以将大量信息以较低成本快速地进行远距离传送。

2. 非语言沟通

社会学家艾伯尔·梅拉宾指出“信息的全部表达＝7％的语言（仅指文字）＋38％的声音（其中包括语音、音调以及其他声音）＋55％的肢体动作”，可见非语言部分在沟通中的重要性。非语言沟通形式是指通过某些媒介而非语言文字来传递管理性质的信息。

非语言沟通形式主要包括身体语言沟通、副语言沟通和物体操纵沟通三种形式。身体语言沟通是指通过目光、表情、手势等身体运动以及空间距离、衣着打扮等来传递信息的沟通形式。副语言沟通是指通过非语言的声音，如重音、声调、哭、笑、停顿、语速等，来传递信息的沟通形式。物体操纵沟通即道具沟通，是人们通过物体的运用、环境布置等方式来传递信息的沟通形式。

延伸阅读

人际沟通中的“微”解读

丰富的微表情是人们沟通交流的催化剂，你的微表情、微动作把你的信息清晰地表达出来，使你的举止会说话。体态语研究者欧文·戈夫曼说过：“尽管一个人可能停止说话，但是他不能停止身体习惯动作的传播。”心理学研究表明：人感觉印象的77％来自眼睛，14％来自耳朵，视觉印象在头脑中保持时间超过其他器官。可见沟通的可视性多于可听性。得体的妆容、优雅的举止、热情的态度、友善的目光、真诚的笑容等良好的体态语可以使人在很短的时间内以良好的形象获取对方的信任和好感，有利于人们的沟通交往，促进双方建立和谐融洽的关系。

微笑语

微笑语是通过不出声的笑来传递信息。微笑语在人类各种文化中的含义是基本相同的，能超越文化而传播，是名副其实的“世界语”。冷漠的表情可以屏蔽生命的阳光，而真诚的微笑则能够融化心灵的坚冰。“笑一笑十年少”，微笑不仅表明自己心情愉悦、真诚友善，还能促进身体健康。在沟通交流中，一个微笑能拉近人与人之间的距离，是走向世界的通行证。真诚、发自内心的微笑要与眼睛、语言、身体的姿态结合起来才能让人体会到微笑的魅力。

目光语

目光语又称眼神，是面部表情的核心，是指人们在注视时，眼部所进行的一系列活动以及所呈现的神态。眼睛可以反映人的情绪、态度和情感变化。情绪变化首先反映在瞳孔变化上。情绪由中性向愉悦改变，瞳孔会不自觉变大；面对使人厌恶的刺激物，瞳孔明显缩小。情绪状态由“晴”转“阴”时，亦有同样反应。“眼睛是心灵的窗户”，人的眼神能表达他的思想感情及对事物的倾向性，而且人们普遍对目光语具有一定的解读能力。观察眼神的角度、部位、盯视的时间都会反映一个人的心理状态。视线向下表现权威感和优越感；视线向上表现服从与任人摆布；视线水平表现客观和理智。身体其他部位的沟通也与目光接触有关。人际沟通中如果缺少目光交流的支持，将会使人际沟通过程变得不愉快，而且很困难。在交往沟通中禁忌斜视、扫视、窥视和盯视。

微动作

在表达情感、情绪和态度方面，态势语言有时甚至比口头语言更直观、更明确、更具体、更有感染力。在人们沟通交流过程中，得体的手势与体姿等微动作不但可以使情感流露更充分，还会感染对方，使言语表达的表现力和感染力得以升华，获得良好的沟通效果。

人类的手是大自然最杰出的创造，是人体中最灵巧的一个部位，人类的许多创造都依赖灵敏的双手。指示性手势语，一般用来介绍、邀请，或指示方向和地点、指点物体。情绪性手势语，用来表达情绪、态度，如表示欢迎、感谢时鼓掌；双手于胸前交叉握臂，表现的是防御、消极、紧张或故作镇定的情绪或态度；表示无奈时双手摊开等。象征性手势，是通过带象征性的手势表达某种抽象事物，如右手握拳于耳际表示宣誓，不断上举则表示抗议。

在交往沟通过程中，对方双手抱臂，表示对方的提防与抗拒；对方不停地搓手，表示内心的紧张与焦虑；对方看似无意的踮脚，表示正在酝酿或故作镇定；握手时紧握并用力，说明对方热情好沟通；握手时蜻蜓点水，说明对方自我保护意识重。得体的手势语能增加有声语言的表现力和感染力。

体姿语，指通过身体的姿势、动作来表达情感、传递信息的态势语。“站有站相，坐有坐相”。站如松、坐如钟、行如风的体姿都会都给人以挺拔劲秀、朝气蓬勃、庄重大方、精力充沛、信心十足、积极向上的印象。而抖腿、耸肩、双手抱臂都会给人留下紧张、不自信的表现，不要让这些微动作泄露了你的“秘密”。优雅的体姿语会让沟通交流更加和美、愉悦、舒畅。

资料来源：董玉梅．微表情与微动作在人际沟通中的魅力．中国成人教育，2014（13）.

（三）按照组织内部沟通渠道分类

按照组织内部沟通渠道，即组织成员间沟通的途径不同，可以将沟通分为正式沟通与非正式沟通。

1. 正式沟通

正式沟通一般是指在组织系统内，依据组织明文规定的原则进行的信息传递与交流，如组织与组织间的公函往来、组织内部的文件传达、召开会议、上下级之间的定期情报交换等。

正式沟通的优点是：沟通效果好，比较严肃，约束力强，易于保密，可以使信息沟通保持权威性。重要的消息和文件的传达、组织的决策等一般都采取这种方式。正式沟通的缺点在于这种沟通方式过于刻板，沟通速度很慢，此外，也存在信息失真或扭曲的可能。

在管理学里提到的正式沟通形态一般有五种：链式沟通、Y式沟通、轮式沟通、环式沟通和全通道式沟通（见图6-3）。

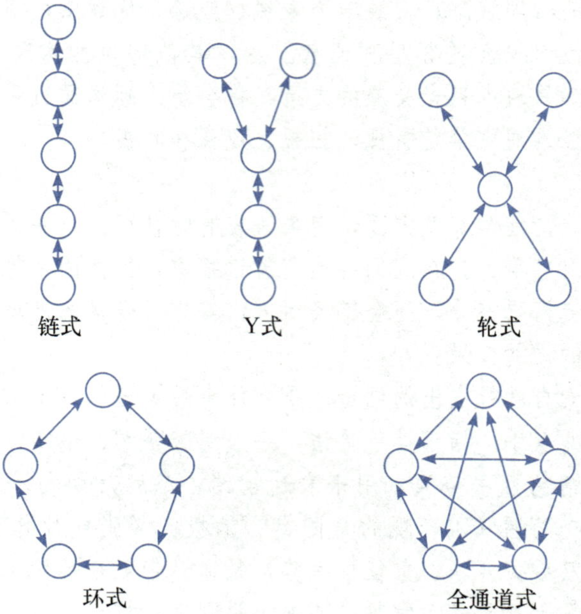

图6-3　五种正式沟通形态

（1）链式沟通。链式沟通是一个平行网络，其中居于两端的成员只能与内侧的一个成员联系，居中的则可分别与两人沟通信息。在一个组织系统中，链式沟通是一个纵向沟通网络，代表一个五级层次，逐级传递，信息可以自上而下或自下而上传递。在这个网络中，信息经层层传递、筛选，容易失真，各个信息传递者所接受的信息差异很大，平均满意程度有较大差距。如果某一组织系统过于庞大，需要进行分权授权管理，那么，链式沟通网络是一种行之有效的方法。

（2）Y式沟通。Y式沟通是一个纵向沟通网络，其中只有一个成员位于沟通的中心，成为沟通的媒介。在组织中，这一网络大体相当于组织领导、秘书班子再到下级主管人员或一般成员之间的纵向关系。这种网络集中化程度高，解决问题速度快，组织中领导人员预测程度较高。除中心人员外，组织成员的平均满意度较低。Y式沟通适用于主管人员的工作任务十分繁重，需要有人选择信息，提供决策依据，节省时间，而又要对组织实行有效的控制时的情况。但Y式沟通易导致信息曲解或失真，影响组织中成员的士气，阻碍组织提高工作效率。

（3）轮式沟通。轮式沟通属于控制型网络，其中只有一个成员是各种信息的汇集点与传递中心。在组织中，大体相当于一个主管领导直接管理几个部门的权威控制系统。轮式沟通集中化程度高，解决问题的速度快，但沟通的渠道很少，组织成员的满意程度低，士气低落。轮式沟通是加强组织控制、争取时间、抢速度的一个有效方法。如果组织接受紧急攻关任务，要求进行严密控制，则可采取此沟通形式。

（4）环式沟通。环式沟通可以看成是链式沟通的一个封闭式控制结构，表示组织成员之间依次联络和沟通的关系。其中，每个人都可同时与两侧的人沟通信息。在这个网络中，组织的集中化程度和领导人的预测程度都较低，畅通渠道不多，组织中成员具有比较一致的满意度，士气高昂。如果在组织中需要创造出一种高昂的士气来实现组织目标，环式沟通是一种行之有效的措施。

（5）全通道式沟通。全通道式沟通是一个开放式的网络系统，其中每个成员之间都有一定的联系，彼此了解。此网络中集中化程度及主管人员的预测程度均很低。由于沟通渠道很多，组织成员的平均满意度高且差异小，因此士气高昂，合作气氛浓厚。全通道式沟通对于解决复杂问题、增强组织合作精神、提高士气均有很大作用。但是，由于这种网络沟通渠道太多，易造成混乱，且又费时，影响工作效率。

2. 非正式沟通

非正式沟通是指通过正式组织途径以外的信息流通程序，一般由组织成员在感情和动机上的需要而形成。非正式沟通和正式沟通不同，因为非正式沟通的沟通对象、时间及内容等都是未经计划和难以辨别的，而且途径也非常繁多且无定型，沟通的途径是通过组织内的各种社会关系来实现的，超越了部门、单位以及层次。非正式沟通具有更大弹性，它可以是横向交流，也可以是斜角交流，一般以口头方式为主，不留证据、不负责任，也比较迅速。

非正式沟通的优点在于：不拘泥于沟通形式，直接明了，速度很快，容易及时了解到正式沟通难以提供的“内幕新闻”。非正式沟通能够发挥作用的基础是组织中良好的人际关系。非正式沟通的缺点在于：沟通信息难以控制，传递的信息不确切，容易失真，而且，它可能导致小集团、小圈子的形成，影响组织的凝聚力和人心稳定。

非正式沟通的形态主要有四种，即群体链式、密语链式、随机链式和单线链式。如图 6－4 所示。

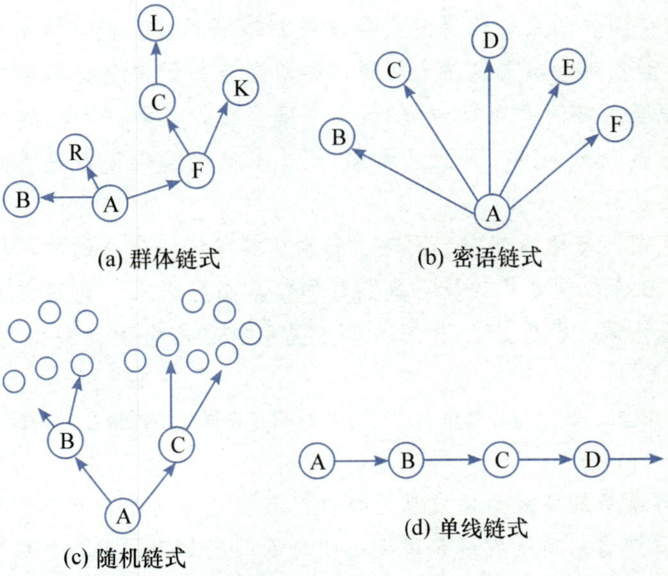

图 6－4　非正式沟通形态

群体链式是指在沟通过程中，可能有几个中心人物，由其转告若干人，而且有某种程度的弹性，如图 6－4（a）中的 A 和 F 就是两个中心人物，代表两个集群的“转播站”。密语链式是指由一人告知所有其他人，犹如其独家新闻，如图 6－4（b）所示。随机链式是指碰到什么人就告诉什么人，并无一定中心人物，如图 6－4（c）所示。单线链式是指由一人转告另一人，被转告者也只再转告一个人，如图 6－4（d）所示，这种情况最为少见。

第二节　沟通障碍

课堂讨论案例

顺丰与菜鸟的摩擦

2017 年 5 月 31 日 18 时，菜鸟接到顺丰发出的数据接口暂停告知。6 月 1 日凌晨，顺丰关闭了丰巢自提柜（由深圳顺丰投资有限公司控股的丰巢科技所提供的智能快递自提柜），并进一步关闭整个淘宝平台物流信息的回传。14 时 32 分，菜鸟网络官方微博发布顺丰暂停其物流数据接口的声明。18 时 45 分，顺丰在其官方微博回应称：菜鸟以安全为由单方面切断丰巢的信息接口，并指责菜鸟索要丰巢的所有包裹信息（包括非淘系订单），认为菜鸟有意让其从腾讯云切换至阿里云……两大行业巨头掐架，引发一些用户和快递员获取物流信息困难，此事旋即在网上引发热烈讨论。

6 月 1 日夜间，国家邮政局发文要求维护市场秩序。但双方并未休战，6 月 2 日，菜鸟方面指责顺丰恶意放大问题，称与顺丰关于快递柜的合同已经于 3 月到期，是“完全正常的商业行为”。顺丰态度坚决，表示“不能建立在公平、公正、合理、共赢上的合作，我们只能说不”。丰巢快递柜官方微博回应“超范围使用数据”质疑。

随后，京东、美团、苏宁、圆通、易果生鲜等纷纷表态站队，快递江湖战火蔓延。6 月 2 日晚，国家邮政局召集菜鸟和顺丰高层来京，就双方关闭互通数据接口问题进行协调。6 月 3 日中午，双方握手言和，全面恢复业务合作和数据传输。

资料来源：田野．顺丰与菜鸟角力　官方及时叫停止损．中国报业，2017（13）．

思考题：

1. 顺丰与菜鸟的摩擦为何发展为事件？其沟通障碍是什么？
2. 从管理沟通的角度看这起事件，政府部门应如何引导，解决沟通障碍？

沟通作为人类社会行为中的基本行为，是人类社会不断发展进步的动力因素之一。沟通是人与人之间发生相互联系的最主要形式，但实际的沟通过程却不是一帆风顺的，常常会因种种因素阻碍了有效沟通的实现。

沟通障碍就其来源而言，主要有人为障碍、语言障碍和物理障碍。人为障碍是指人的精神状态、价值观念、能力水平等造成的沟通干扰；语言障碍是词语、图像、身体语言引起的语义障碍；物理障碍是沟通的一种干扰因素，通常与沟通的环境有关，如沟通渠道不畅、距离障碍和时机不当等。

沟通障碍还可分为个人障碍和组织障碍。人与人之间的沟通障碍称为个人障碍，公司与公司间的沟通障碍叫作组织障碍。个人障碍通常包括：地位的差异、信息的可信度、认知的偏误、过去的经验、情绪的影响。沟通的组织障碍，就是公司里面所发生的问题，如信息泛滥、时间压力、组织氛围、信息过滤、信息反馈。本节将主要介绍在人际交往以及组织管理当中最为常见的沟通障碍。

一、过滤

过滤是指消息发送者故意地操纵信息而致使接收者更乐于接受该信息。

过滤的主要决定因素是组织结构中等级的数量。组织纵向级别越多，出现过滤的机会就越多，在有身份差别的地方尤其如此。例如，害怕传递坏消息以及希望取悦老板等因素，导致员工向上级报告他们认为上级愿意听到的消息，这样就歪曲了自下而上的沟通。沟通信息在组织层级上的损失比例如表 6－1 所示。

表 6－1　沟通信息在组织层级上的损失比例

组织层级	信息接收比例（%）	信息损失比例（%）
董事会	100	0
副总裁	66	34
高级经理	56	44
工厂主管	40	60
总领班	30	70
员工	20	80

在现实生活中，完美的沟通并不容易达到，沟通过程的每一个环节都有可能造成信息的丢失，我们通常用沟通漏斗来解释这一现象（如图 6－5 所示）。沟通漏斗解释了为什么接收者最后所得到的信息很少与发送者的本意完全一致。

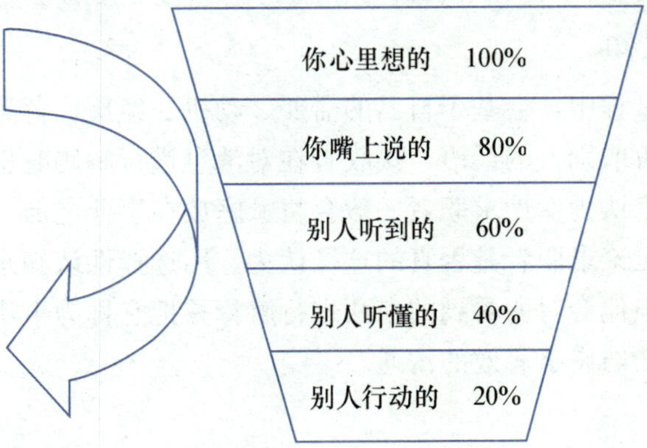

图 6－5　沟通漏斗

二、语言

由于地域、文化、生活方式的不同，语言可分为多个不同的语系（如印欧语系、汉藏语系等）；语系内部又分为若干语族（如印欧语系又分为印度语和日耳曼语等）；即使是同一语族，也会由于地方不同而演变成不同的方言（如我国汉语分为北方话、闽南话、粤语等）。如此多的语言种类，沟通时必然存在障碍。

即使在同一语系同一方言内，仍会存在沟通障碍。同样的词汇对不同的人来说含义是不一样的，“语言的含义并不在语言中，而在说话者的心中”。一个人的语言风格及其对词汇的界定，受到知识水平、表达能力、年龄等因素的制约。另外，现代社会分工越来越细，专业术语越来越多，专业术语的应用也会导致沟通障碍。

（一）专门术语

一般而言，主管的学识优于员工，言谈之间不免夹带一些专门术语，通常容易使对方产生威胁感，尤其对新进员工而言，这样一来必然增加员工的不安全感，从而导致沟通的失败。有时，当主管和技术人员进行沟通时，由于技术人员所使用的专业术语主管也不太了解，同样会带来沟通的麻烦。

（二）语义含糊

任何语言都包含具体含义和抽象含义。具体性的语言有客观的事物作为凭证，容易使沟通的当事人一目了然，而抽象性的语言一般没有固定的意义，沟通的参与者对此容易产生不同的理解。

人类学家爱德华·霍尔根据沟通中的“语境传达”，把语言文化分为两类：高语境文化和低语境文化。高语境文化中，沟通主要依靠语境和非语言沟通；在低语境文化中，由于字词句意思明确清晰，语言在沟通中的障碍相对较小。

三、情绪

接收者在听到一个消息时的情绪，会影响他对所听到信息的解释。对于同样一则消息，在生气或烦乱时听到它和在愉快时听到它，人们往往会给出不同的解释。狂喜或消沉，这样的极端情绪最有可能阻碍有效沟通。在这种情况下，我们最容易失去理智和客观性，而被情绪化的判断代替。

四、选择性认知

接收者在沟通过程中，会基于自己的需要、动机、经历、背景以及其他的个体特点有选择地理解和听取别人的话语，接收者在对消息进行解码时也会带入个人的兴趣和期望。如果面试官认为女性求职者一般会将家庭放在事业之前，他可能对女性的第一印象都是这样，无论求职者是否真的这样认为。用选择性认知来解释就是：尽管他看到的不是事实，但他会对所看到的东西进行解释并把它称为事实。不论有意还是无意，这种选择性认知妨碍了有效的沟通。

延伸阅读

常见的七大沟通障碍

随着社会发展越来越快，人们越来越忙，人与人之间越来越缺乏沟通，甚至越来越不懂得如何去沟通，“沟通障碍症”主要由以下七个因素构成。

1. 感受不同

不同年龄、国籍、文化、教育、职业、性别、地位、个性的人，对于同样的情境会有不同的感受，这往往是许多沟通障碍的根源。

比如你爱吃甜粽子他却爱吃咸粽子……“天哪，这完全无法理解!!!”

2. 刻板印象

俗话说经验是把双刃剑，有经验是好的，但那些经验也容易让人形成对某件事或某个人的刻板印象，与别人沟通起来就容易妄下结论，不欢而散。

比如：“什么？××路又出车祸了？肯定是女司机!”如果这时候和你谈话的是位女士，那么她很可能因为这句话对你有意见。

3. 缺乏兴趣

沟通过程中最大的一个障碍，就是对方对你不感兴趣，或者对你说的话不感兴趣。因为一些人所关心的事情，另一些人并不一定关心，为了能更好沟通，这时就需要调整话题。比如：

A：“天哪，富坚老贼又休刊了!”

B：“这次C罗表现不太出色哦，但我觉得葡萄牙国家队还是让人期待的。”

这要怎么聊下去……

4. 缺乏知识

高尔基说书籍是人类进步的阶梯，培根说知识就是力量，知识能够拓宽眼界，改变人的思维方式，能够让人更有思想，语言更有深度。如果让一个博士后和一个高中没毕业的人聊天，场面可能就会有点惨不忍睹。比如：

A：“你是传媒大学毕业的?”

B：“是啊。”

A：“学的都是传销方法吧，改天教教我?”

5. 表达困难

表达困难俗称“语死早”，就是找不到合适的语言来传达自己的意思，这样的人通常说话没什么恶意，甚至是好意，但是表达出来意思就不太对了……

比如在表白时：

A：“你愿意死后住进我家的祖坟吗?”

B：“……你这是在咒我?”

6. 情绪失调

应避免在情绪激动的时候跟他人沟通，以免语无伦次或口无遮拦。但反过来说，适当有点情绪也不完全是坏事，因为如果你的声音里没有一点情绪，对方大概也不会想听你说话。

情绪失调的情况下聊天可能变成这样：

A：“你今天真漂亮。”

B：“你什么意思？你是说我平时就不好看是吗？我早就知道你看不惯我了！爱咋咋地，不行就分！”

7. 工具选择

随着我们越来越忙碌，平日里与朋友、家人在一起的时间会越来越少，这时如果没有一个适当的沟通工具，那么以后的相处可能就会愈发困难了。比如：

A：“我上个月给你写了一封信你看到了吗？”

B：“我觉得那封信可能寄丢了，你写了什么？”

A：“我忘了……”

资料来源：http://www.sohu.com/a/102978239_313427，2016-07-03.

五、信息过载

人们处理信息的能力是有限的。当我们面前的信息量超过我们的处理能力时，结果会产生信息过载。面对电子邮件、电话、传真、会议以及必须到岗的要求，越来越多的管理者及专业人士抱怨他们被信息过载困扰。当人们需要处理超过其处理能力和需要的信息时会出现什么情况呢？他们会清除、忽略或者忘却信息，或者推迟信息处理，直到信息过载状况结束。无论如何，其结果是丢失信息和沟通效率低下。

六、性别差异

男性和女性往往是出于不同的原因而进行语言沟通，因此，性别差异成为异性之间有效沟通的障碍。有证据表明，男性通过交谈来强调自己的身份，而女性则是为了建立关系。也就是说，男人的说和听是一种表达身份和独立的语言，而女人的说和听是一种表示关系和亲密的语言。因此，对于许多男人而言，交谈主要是保持个体独立和维持社会等级秩序与身份的一种方法。对于许多女人来说，交谈则是为了亲近而进行的商谈，她们努力寻求认同和支持。例如，男人经常会抱怨女人一遍又一遍地谈论她们的困难，而女人则批评男人没有耐心听她们的表述。实际情况是，当男人听女人谈到问题和困难时，他们总是希望通过提供解决方案来表现他们的独立和对问题的控制。相反，女人则将谈论困难看作是拉近彼此距离的一种方法。女人谈到困难是为了获得支持和理解，而不是想听男人的建议。

以下是心理学家发现的男女沟通方法的不同之处：

（1）男性比女性更为饶舌。根据研究资料统计，对同一事情的叙述，女性平均使用的叙述时间为 3 分钟，而男性则为 13 分钟。

（2）男性较女性喜欢在交谈中插嘴，打断别人的话。

（3）在谈话中，女性比男性更喜欢凝神注视谈话的对方，而男性则只从对方的语言中寻求理解。

（4）在谈话过程中，男性注重控制谈话的内容，以显示他的力量，女性则注重维持对话的延续。

（5）女性比男性更易将个人思想向别人诉说，男性则自认为是强者，故较少暴露自己。

（6）女性的谈话方式较男性生动活泼，而男性只注重语言力量的表达。

（7）一般而言，女性显露笑容的机会较男性多。

（8）女性习惯于接受挑战，而男性喜欢挑战别人。

（9）女性在交往过程中原则性、精神性较强；而男性随机性、生物性较强。女性不喜欢同性当上司，也不喜欢与同性上司有深入的沟通；男性则不愿异性当上司。

管理故事

男人来自火星，女人来自金星

现在，请想象“男人来自火星，女人来自金星”的景象：

很久很久以前的一天，火星人摆弄着“射电望远镜”，突然发现了美丽的金星人。虽然只是惊鸿一瞥，但他还是浑身战栗。金星人唤醒了他的爱，唤醒了他从未有过的绝妙感觉！金星人同样如此，他们一见钟情，彼此爱上了对方。于是，火星人兴致勃勃地发明了空间旅行器，风驰电掣地飞向金星。

金星人张开双臂，热情地欢迎另一个星球的精灵。这是他们的第一次约会。他们本能地意识到，神奇的一刻到来了！他们含情脉脉，彼此注视。他们紧紧地拥抱在一起，品味着前所未有的爱的滋味。

他们的爱情，是不可思议的。他们因相识而喜悦，因共处而鼓舞，因分享而幸福。当然，他们存在显著的差异，因为来自不同的星球。但又有什么不好的呢？彼此的差异，使他们新奇，让他们狂喜。他们用了几个月的时间了解彼此。他们想看看，对方和自己究竟有什么不同。果不其然，他们的需要、喜好、言行举止都不相同。种种差异，带给他们的是神秘感，是美的诱惑。他们尊重彼此的差异，顺理成章地生活在一起，而且充满了爱与和谐。

后来，他们突发奇想，一起飞到了地球上，他们把这个星球作为永远的家园。一开始，他们生活得稳稳当当，无牵无挂，一切还是那样美好，有着梦幻般的色彩。不过，地球上的气体是特殊的，慢慢地改变着他们的感觉。一天早晨，他们从睡梦中醒来，不约而同地患上了一种“健忘症”，医学上称之为“选择性健忘”，他们忘了当初选择对方时，都是心甘情愿的决定，忘了彼此来自不同的星球，有着不同的特征和属性。

于是，从那天早晨开始，彼此存在差异这个事实，从他们的记忆中消失了。从那一刻起，火星人和金星人——也就是男人和女人——陷入了永远的矛盾和冲突当中。

资料来源：约翰·格雷．男人来自火星，女人来自金星．长春：吉林文史出版社，2005.

第三节 有效沟通的技能

沟通是情感表达的前提，有效沟通有助于正确表达情感和情感交流。凡是达到交换有效信息、彼此充分理解目的的沟通，都借助于有效沟通完成了信息流通的基本职能，从而有助于控制行为、激励士气、交流感情。

什么样的沟通才是有效的沟通呢？有效沟通有四个特点：其一，沟通双方要有共同的动机，这是人们进行有效沟通行为的直接原因；其二，沟通双方都是积极的参与者，即有效沟通过程中的每个参与者，都要求自己的伙伴具有积极性；其三，有效沟通过程会使沟通双方达到双赢，即有效沟通应当在一定程度上影响对方的思想、行为目的，结果使沟通者之间原来的关系优化；其四，沟通双方应当有一定的沟通能力，即具有相互进行沟通所需要的知识和经验。

著名管理学家德鲁克曾指出，要确保管理沟通的有效，需遵循四个基本原则，即要解决以下四个问题：

（1）听众能感知到沟通的信息内涵。

（2）沟通是一种听众期望的满足——人们习惯于听取他们想听的，而对不熟悉的或威胁性的信息具有排斥情绪，因此，沟通要有一个循序渐进的过程。

（3）沟通能够激发听众的需要。管理者要分析听众花费时间来获取你的信息是否值得，是否愿意花费时间来获取这些信息。

（4）所提供的信息必须是有价值的。沟通和信息是两个不同的概念，由于信息量非常大，听众没有必要获取所有的信息，因此，沟通时所提供的信息应该是有价值的、重要的信息。

沟通并不是一种本能，而是一种能力。也就是说，沟通不是人天生就具备的，而是在工作实践中培养和训练出来的。也有另外一种可能，即我们本来具备沟通的潜在能力，但因成长过程中的种种原因，这种潜在能力被压抑了。既然在沟通中存在各种障碍，那么管理者应当怎样做来减少问题并且克服这些障碍并进行有效沟通呢？

具体而言，需注意以下几方面技能的运用。

一、使用多种渠道

沟通的渠道即沟通所借助的媒介，一般包括以下几种：电话、微博、传真、电子邮件、面对面、会议、备忘录、文件、正式报告等，不同的渠道有不同的优势和劣势。

电话沟通比较方便迅速，不受距离限制；但由于它是口头沟通的一种方式，一旦发生纠纷，往往口说无凭，且由于双方在电话沟通中看不到对方的表情，损失了很多非语言信息。

微博，以 140 字的文字信息，实现即时分享。发布微博的人也可以作为观众，浏览自己感兴趣的信息。其优点是发布信息速度快，信息传播的速度快。缺点是随意性较大。

传真、电子邮件沟通的优点在于正规化，可以保留，且不受距离的限制；但在形成文字时需要审慎，是一种单向交流。

会议沟通的优点在于可以多向沟通，可以利用氛围及多种媒介（如录音、录像等），信息的传达范围比较广；缺点在于耗费时间，受时间、地点的限制。同时，群体思维的存在容易使会议沟通的结果走向极端。

面对面沟通是传递信息最多的沟通方式，具有双向沟通且信息传递准确的特点；缺点是受沟通的时间、地点的限制，受沟通对象的地位和面子影响，传达的范围有限，需要沟通双方及时反应。

文件、备忘录沟通比较正式，可以事先准备，还可以控制篇幅，使沟通变得简短；但由于是单向沟通，时效性受限。

正式报告的优点在于正式、完整和充分，传播的范围广；缺点在于需要大量时间，用词可能不易理解，费用高，而且也属于单向沟通。

延伸阅读

微博的四大属性

微博既有社交属性，也有媒体属性，同时也具备渠道属性和平台属性。

对名人而言，其媒体属性大于社交属性；对草根而言，其社交属性大于媒体属性；对企业而言，其渠道属性大于平台属性；对机构而言，其平台属性大于渠道属性。

微博，就是关系。它很轻巧地将各路网友的“现实关系链”进行巧妙的“虚拟迁徙”，“虚拟社交”和“现实社交”已经形成了比重上的颠倒。

如果你在约朋友出去谈事、聊天、聚餐的时候，曾经使用手持终端上网和网友对话，那你就应该明白“虚拟社交”和“现实社交”的颠倒。在强大的“虚拟社交”面前，“现实社交”开始变得脆弱。传统的行为学理论已经解释不了这个微博时代。大家都需要重新思考这个趋势所带来的各方面的巨大变化。

以前我们常说“六度空间”理论，说只要通过六个人就可以找到任何你想要找到的人，而微博显然已经改变了这些，它目前的发展趋势是只需要通过三个人即可达到目的，“三度空间”正在形成。

资料来源：杜子建．微力无边．沈阳：万卷出版社，2011.

使用多种渠道传递一条消息，至少可从两方面提高沟通的准确性。首先，可以让接收者获得多种感官刺激。例如，电子邮件和电话分别可带来视觉和听觉刺激。使用不同的渠道重复一条消息能够强化人们对信息的理解而减少曲解的可能性。其次，人们理解吸收信息的能力各不相同。有些人容易理解书面信息，另一些人则更擅长口头沟通。后者倾向于沟通中获得的强化理解的、字面意思没有表达出来的非语言暗示。

二、简化语言

莎士比亚曾有这样的名言：简洁的语言是智慧的灵魂，冗长的语言是肤浅的藻饰。语言是沟通的障碍之一，管理者应当尽量以明晰和易理解的方式组织语言，措辞应当仔细谨慎。管理者应当简化语言，而简化语言的重中之重就是讲话要有重点。除此之外，还需考虑谈话的对象是谁，根据谈话的对象而简化语言可以改进谈话对象对信息的理解。举例来说，医院院长应当始终以一种明晰而易理解的语言与人交谈，他应注意和外科医护人员谈话的语言与他在医院行政办公室所用的语言有所不同。和同一圈子内的人谈话时，行话可以促进谈话内容理解，但是如果和外人也用行话交谈，就会出现数不清的麻烦。另外，善用比喻也是语言沟通表达中重要的技巧。所谓善用比喻，就是举例子给别人听，例子因为生动，真实可信，非常容易触动人，使听众一听就明白了。即使很复杂的问题，也可以用简单的比喻讲出来。我国古代先贤之一孟子是这方面的典范，他讲话就很喜欢用比喻的方法。

管理故事

爱因斯坦与“相对论”

爱因斯坦有一次参加一个晚宴，有一位老太太跟他说：“爱因斯坦先生，你真是不得了啊，得诺贝尔奖了。”爱因斯坦说：“谢谢，谢谢。”“爱因斯坦先生，我听说你得诺贝尔奖的那个论文叫作什么相对论，相对论是什么东西啊？”什么叫作相对论呢？问他这个问题的是一个 70 多岁的老太太，爱因斯坦要怎么回答呢？能量等于质量乘以光速的平方，这种相对论的公式，你跟她讲她能听懂吗？爱因斯坦马上就用比喻的方法告诉她了：

“亲爱的太太，当晚上十二点钟，你的女儿还没有回家，你在家里等她，十分钟久不久？”

“真是太久了。”

“那么亲爱的太太，如果你在纽约大都会歌剧院听歌剧《卡门》，十分钟快不快？”

“真是太快了。”

“所以太太，你看两个都是十分钟，但相对不同，这就叫作相对论。”

三、积极倾听

当别人说话的时候，你听见了，但不一定代表你倾听了。在面对面的沟通场合里，倾听不仅是“耳到”，还包括“眼到、心到与脑到”。听见是被动的，而倾听是在积极地寻求话语的原意。倾听的时候，发送者和接收者两个人都在思考。

我们很多人都不是称职的倾听者。为什么呢？因为倾听很困难，普通人说话的速度是每分钟 150 字，而我们每分钟能听超过 1 000 字，这种差别显然可以让空闲的大脑有时间和空间走神。研究表明，全神贯注地听别人说话有一个极限时间，通常为 1

小时，这也是为什么心理咨询师提供咨询服务的时间为1小时。事实上倾听比说话更累，倾听需要投入智力，积极倾听要求全神贯注。倾听是受习惯影响的（见表6-2）。学会倾听是成功领导者的基本素质。

表6-2 两种不同的倾听习惯

不好的倾听习惯	良好的倾听习惯
喜欢批评，打断对方的谈话	了解对方的心理
注意力不集中	注意力集中
表现出对话题没有兴趣	创造谈话的兴趣
没有眼睛的交流	观察对方的身体语言
反应过于情绪化	辨析对方意思，并给予反馈
只因了解事实而倾听	听取谈话者的全部意思

管理故事

三个小金人

曾经有个小国到中国来，进贡了三个一模一样的小金人，金光闪闪，皇帝非常高兴。可是这小国不厚道，同时出一道题目：这三个金人哪个最有价值？

皇帝想了许多办法，请来珠宝匠检查，称重量，看做工，都是一模一样的。怎么办？使者还等着回去汇报呢。泱泱大国，不会连这个小事都不懂吧？

最后，有一位老大臣说他有办法。

皇帝将使者请到大殿，老臣胸有成竹地拿着三根稻草，插入第一个金人的耳朵里，这稻草从另一边耳朵出来了，第二个金人的稻草从嘴巴里直接掉出来，而第三个金人，稻草进去后掉进了肚子，什么响动也没有。老臣说：第三个金人最有价值！使者默默无语，答案正确。

最有价值的人，不一定是最能说的人。善于倾听，才是成熟的人最基本的素质。

全神贯注地倾听是一种能力，掌握一些倾听技巧会有助于提高这方面的技能。下述行为可有效提高倾听技能。

（一）设身处地站在对方立场

我们除了站在自己的立场上考虑之外，也必须有站在别人的立场上考虑问题的处事能力。当接收者设身处地站在发送者立场上考虑时，倾听可得到加强。由于发送者有不同的态度、兴趣、需要和期望，设身处地可以帮助接收者更加容易理解消息的真实内容。

管理故事

换位思考

故事 1

某富商到商业街的银行贷款 50 000 元，贷款期限为 2 周。银行贷款需要抵押，富商用自己停在银行门口的汽车做抵押。

银行职员把富商的车停至银行的地下车库，然后借给富商 50 000 元。两周后富商还钱取车，支付了 150 元利息。

银行职员问富商："您账上有百万的现金，为什么要贷款 50 000 元？"

富商说："150 元两周的停车费，在整个商业街都是找不到的。"

故事 2

一对恋人乘坐一辆巴士进入山区，车上只有他们两人中途下车。下车后，巴士继续向前行驶，途中，一块大石从高处坠落，砸中巴士，全车乘客无一生还。

这对恋人得知此事后说："如果我们中途没有下车就好了！"

一般人会说："还好我们下了车，没在那辆车上！"但他们却说了不同于一般人的话，为什么呢？

"如果我们留在车上，没有下车，那辆巴士会因为没有人下车而在大石坠下前经过出事地点。"

（二）得体地运用非语言符号

要想了解谈话对象真正的情感，你应该仔细观察他的脸部表情，因为，驾驭语言比控制面部表情容易多了。在倾听过程中赞许性的点头、使用目光交流和恰当的面部表情，能向对方表明你在认真地倾听。面对面交谈中，与对方没有眼神的交流，通常会被视为冷漠或不感兴趣。

（三）提问与复述

根据研究，他人在讲话的时候，如果你常常提问题，会让其认为你在注意听他讲话，对他讲的话题非常感兴趣。与人沟通时，不要只是听，要不时地提问一两句，这样对方会非常愿意表达，而且会讲出你想知道的内容。提问与复述可以检验自己理解的准确性，同时是核查你是否认真倾听的最佳监控手段。

（四）不要批评和打断说话者

批评和打断有两种情况：其一，没有把话全部听完就批评；其二，看不起对方，认为对方不懂。在做出反应之前先让说话者讲完自己的想法，在事实清楚、证据确凿之前，不要轻易下结论或猜测分阶段的想法。注意自己的偏见，即使是思想最无偏见的人也不免心存偏见。诚实地面对、承认自己的偏见，并且聆听对方的观点，容忍对方的偏见。

（五）有话也要少说

有话也要少说可以显示出你对对方的尊重，同时也容易留下空间思考。

四、克制情绪

魏征在历史上以“犯颜直谏”而闻名，唐太宗每次与魏征谈完话以后，都会出去散步。有一天，身边的一个侍从忍不住问他：“皇上，为什么魏大人每次讲完话，您都出去散步?”唐太宗答得很简单：“我怕我杀了他。”

认为管理者永远以理智的方式与人沟通，这是一种幼稚的想法。我们知道，情绪会严重地阻碍和歪曲消息含义的传递。如果我们从情绪上与某个问题相抵触，可能会误解收到的消息，而且可能会表达不清自己的想法。管理者应当怎么做呢？最好的办法就是停止谈话，等到重新恢复清醒和理智之后再讨论。

美国著名心理学家安东尼·罗宾斯在他的畅销书籍《唤醒心中的巨人》中概述了控制情绪的技巧：

（1）确认你真正的感受。通常，人们并不确切知道自己真正的感受。只要你肯花点时间去确认真正的感受，随之针对情绪提出一些问题，那么就能降低所感受的情绪强度，以客观且较理性的态度处理问题。

（2）肯定情绪的功效。绝对不可“扭曲”情绪的积极功能，任何事物若是被“预设了立场”，那么我们就无法看出它的真貌，而别人善意的建议也无从接受了。

（3）注意情绪所带来的信息。当你为某种情绪所困时，要想把它摆脱掉，最有效的办法就是重新认识情绪，以积极的态度去解决问题，让它未来不再发生。当你有某种情绪的反应时，要带着探究的心理，去看看这种情绪真正带给你的是什么，到底得怎么做才能使情况好转。

（4）要有自信。对自己要有信心，确信情绪是能够随时掌控的。掌控情绪最迅速、最简单且最有效的方法，就是汲取过去的经验，然后针对目前的状况，拟出可以让你成功掌控情绪的策略。由于过去你曾面对并处理过这种情绪，而现在对情绪又有了新的认识，相信这可以帮助你拟定策略。

（5）要确信你不但今天能掌控，未来亦然。要想未来依然能够很容易地掌控情绪，你必须对自己目前的做法有充分的信心才行。你要让你成功的经验深印在你的神经系统中。此外，你要再想出其他三四种可能的处理方法，把它们写在小纸片上，以便不时提醒自己。可能的处理方法包括：改变你的认知、改变你的沟通方式或改变你的行动等。

（6）要以振奋的心情拿出行动。之所以振奋，是因为知道自己可以很容易地掌控情绪；而拿出行动，是为了证明自己确有能力掌控，千万别让自己陷于使不出力的情绪状态之中。

若能熟知并灵活地运用这六个技巧，基本就能掌控跟我们人生最有关的几种情绪。

古代先哲亚里士多德曾说过：“问题不在情绪本身，而是情绪本身及其表现方法是否适当。”各式各样的困扰之源并不在情绪，关键在于你能明白妥善处理情绪的重要性。

五、使用小道消息

小道消息是组织通过非正式沟通渠道所传达的信息。小道消息有三个特点：一是它不受管理层的控制；二是大多数员工认为它比从正式渠道得来的消息更可信；三是它在很大程度上有利于传播者自身的利益。研究表明，小道消息是员工获得关于组织信息的重要途径（见表 6-3）。

表 6-3　员工获得信息的渠道

信息来源	占比
小道消息	66%
上司	47%
公司的出版物	42%
备忘录	40%
公告栏	38%
管理会议	29%

资料来源：孙健敏．组织行为学．上海：复旦大学出版社，2005：289.

一般而言，当组织内部小道消息盛行时，极有可能滋生组织内部的消极因素，小道消息有时会传播破坏性的谣言从而降低正式沟通的效力。没有人能清除小道消息，管理者所能做的就是使用正规沟通渠道，减少小道消息的负面作用，表 6-4 提供了减少小道消息消极效应的几点建议。

表 6-4　减少小道消息消极效果的建议

1. 公布进行重大决策的时间表
2. 公开解释那些看起来不一致或隐秘的决策或行动
3. 对目前的决策和未来的计划，强调其积极一面的同时，也指出其不利的一面
4. 公开讨论事情可能的最差结局，这肯定比无端的猜测所引起的焦虑程度要低

资料来源：斯蒂芬・罗宾斯. 组织行为学精要．北京：机械工业出版社，2003：147.

在某种程度上，管理者也可以利用小道消息为他们服务。如管理者可以利用小道消息迅速地传递消息，通过它来测试人们对不同决定的反应以便做出最佳决定；而且当管理者自己也参与传播时，小道消息可以作为一种有价值的反馈来源。

具体来说，消除小道消息的负面影响，最大限度地发挥其积极作用，可从以下几方面着手：

（1）分析小道消息盛行的原因。如检讨管理工作是否存在缺陷，组织所倡导的价值取向是否符合组织长远的发展战略。分析非正式沟通渠道产生成员的状况，如哪些人或谁在非正式沟通渠道中处于主导地位，非正式沟通网络对正式沟通产生影响的历史状况，非正式沟通网络的价值取向等。

（2）开诚布公，正本清源。管理者尽可能向组织开放沟通渠道，公开必要的信息，杜绝各种不实谣言散布的情况。

（3）提供事实，驳斥谣言。要想阻止小道消息带来的谣言，最有力的策略是正面提供客观事实，以事实击破谣言存在的基础。这种事实要求有较强的针对性。

（4）诚信待人，与人友善。培养组织成员对组织的信任和好感，这样他们比较愿意听并且相信组织提供的消息。

（5）突破中心，价值引导。从网络中心人物切入，“擒贼先擒王”，实施内部瓦解，通过对非正式沟通网络成员的价值观引导，先转变部分成员的价值取向。

良好的沟通技能是实现个人和组织的需要及目标的重要手段，是通向成功的桥梁。在人际交往与组织管理中不断地考虑“受众需要什么”“我能给受众什么”，如何把“受众的需要”同“我能提供的”相结合是最基本的沟通技能，始终注重换位思考，将有助于发挥沟通的有效性。

职业素养提升

沟通是管理的灵魂，有效沟通决定了管理的效率。在沟通中学会换位思考，培养共情的能力，勇于自我反思，积极倾听，有效表达，互相尊重，求同存异，将有效沟通行为内化为自觉自发的职业素养，促进构建和谐的人际社会。

本章知识结构图

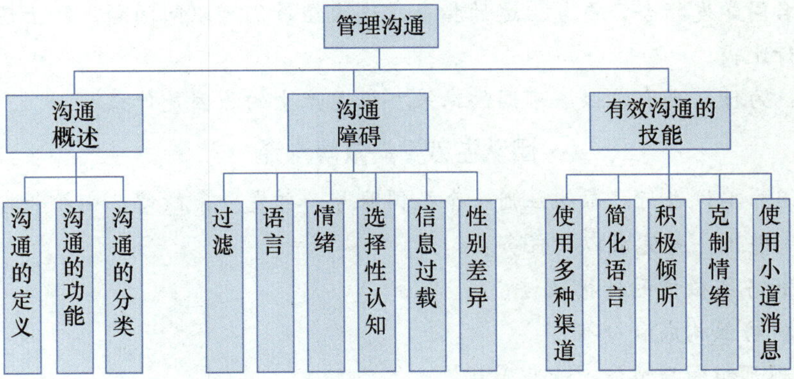

复习思考题

1. 什么叫沟通？正确理解沟通有什么意义？
2. 沟通发挥着哪些功能？
3. 如何理解沟通漏斗？
4. 组织中为什么会出现小道消息？如何处理小道消息的负面影响？
5. 沟通的障碍有哪些？如何开发有效沟通？
6. 讨论男性与女性在沟通风格上的差异。

认知与行为测试

测试：倾听商数测验

团队作业

团队游戏 1：语言沟通

以小组为单位进行。给每位组员发一张 A4 纸，由一名同学发指令，指令如下：

1. 大家闭上眼睛，全过程不许问问题；
2. 把纸对折；
3. 再对折；
4. 再对折；
5. 把右上角撕下来；
6. 转 180 度；
7. 把左上角也撕下来；
8. 睁开眼睛，把纸打开。

换一名同学发指令，重复上述的指令，这次组员们可以问问题。将上述两次指令的结果进行比较。

讨论：为什么会有这么多不同的结果？误差产生的原因是什么？

团队游戏 2：微博沟通

以小组为单位进行。每组注册一个微博账号，并发一条微博，由组长控制信息的合法性与完整性，并完成以下任务：

1. 分析各组微博的传播轨迹；
2. 分析粉丝构成和分布；
3. 预测哪组的微博能“走得最远”。

案例分析

扁鹊见蔡桓公

扁鹊进见蔡桓公，在他面前看了一会儿，说道：“您的肌肤纹理之间有些小病，不医治恐怕会加重。”蔡桓公说：“我没有病。”扁鹊离开后，蔡桓公说：“医生喜欢给没有病的人治病，把治好‘病’作为自己的功劳！”过了十天，扁鹊又进见蔡桓公，说：“您的病在肌肉里，不及时医治将更加严重。”蔡桓公又不理睬。扁鹊离开后，蔡桓公更不高兴。又过了十天，扁鹊又进见蔡桓公，说：“您的病在肠胃里了，不及时治疗将更加严重。”蔡桓公又没有理睬。扁鹊离开后，蔡桓公又不高兴。又过了十天，扁鹊远远看见蔡桓公就转身跑了。蔡桓公特意派人问扁鹊为什么转身就跑，扁鹊说：“皮肤纹理间的病，用热水焐、用药热敷，可以治好；肌肉里的病，可以用针灸治好；肠胃里的病，可以用火剂汤治好；骨髓里的病，那是司命神管的事情了，医生是没有办法治好的。桓侯的病现在已到了骨髓，所以我不再过问了。”又过了五天，蔡桓公身体疼痛，派人寻找扁鹊，扁鹊已经逃到秦国了。蔡桓公就病死了。

问题：

1. 从沟通角度分析扁鹊的失误。扁鹊应该如何改进其沟通策略？
2. 蔡桓公为什么没有把扁鹊的话当作一回事？

第七章

领导与权力

◎ 学习目标

知识目标

1. 掌握领导的概念和内涵。
2. 熟悉关于领导理论的相关知识。
3. 理解权力的来源和类型。

能力目标

1. 能区分领导与管理的异同。
2. 能根据情境分析领导行为。
3. 能识别组织政治行为。

引例

唐僧喜欢八戒

唐僧赴西天取得真经100年之后的一天，唐僧到如来家里做客。如来为了检验他这100年来的修炼程度，与之谈了很多。席间谈话如下：

“众所周知，你当年的成功，离不开你的三个得力徒弟——悟空、八戒、沙僧。那么你最喜欢哪个徒弟呢?”唐僧给的答案多少有些出乎如来的意料，那就是：八戒。

“八戒最大的优点就是可爱。”唐僧满面笑容地说道，“有他就少不了笑声。有很多人误以为他懒惰，其实不然。每次他打扫马厩或者收拾包裹，都是一丝不苟，挑不出什么错儿来。但是他很小气，总是要暗地比较，自己比别人多干了多少，他吃不得一点亏。而且他又喜欢睡懒觉，所以大家才会以为他很懒。”

“作为一个领导者，必须知人善用。手下队伍要精简，属下个人能力要强。”唐僧如是说。

“但是八戒的个人能力是你三个徒弟里面最差的，又有不负责任等对工作不利的缺点。你为什么不换一个精明能干的人选呢?”如来不解地问。

“的确，八戒在队伍里面是个人素质最差的一个。但是，并不是由最好的人员组合起来的队伍就可以最大限度地发挥队伍的整体功效。一个强大的、完整的队伍，成员必须有不同的特点和分工。你仔细观察一下就会发现，通风报信的往往是八戒，而打不过就跑这个特点也只有八戒有。我记得以前有个将军，他就是要用怕死的兵放哨。别人不解，他说：假如用勇猛的士兵放哨站岗，遇到敌人一定会战死，而胆怯的士兵则会跑回营中报信。这就是一个说明人员搭配问题的很好的例子。”唐僧神采奕奕地说。

“而且，八戒这个人脸皮很厚，不怕指责。一件事情做不好，大家都可以把责任推到他头上，这样就节省了内部处理问题的时间。而且由于他的存在，其他的人员自然而然就会对自己有一种信心，因为他的能力一定比八戒强。”

“对于我个人来讲，”唐僧兴致勃勃地说，“我之所以喜欢他，是因为他比较喜欢溜须拍马。一个领导者，不可避免地就会对一个总是夸赞他的手下产生好感甚至依赖感。你看，几乎每个领导者身边都会有八戒这样的人物存在。因为你不能要求领导者在一个至高无上的地位上，还要放低身份和自尊，去听取下属的批评和接受下属的顶撞。你必须有一个会说好话的人在身边，否则你早就被气死了。”

唐僧的话把如来逗笑了。如来问：“你觉得悟空这个徒弟怎么样？一路上他多次救你性命！”

“是呀，我西天取经还有一个主角人物，他就是齐天大圣孙悟空。他由于紧箍咒问题的存在，和我的关系非常微妙。其实，我们之间最终是敌人的关系。”唐僧缓缓地说。

“每次危难时刻，他都能出来救我，很多次我都非常感动。但是只要一风平浪静，我就会恢复对他的敌视态度。”唐僧说，“因为我是一个嫉妒心很强的人，每个希望自己建功立业的男人都有嫉妒心。”

如来站起来给唐僧沏了杯茶，唐僧呷了一口继续说道：“西游记不是无间道，我必须做男一号，别人不可以和我抢戏份，比风头。因为我是整个组织的领导者，也是西天取经的唯一执行者，他们都是我的助手，助手的功劳怎么能大过执行者的功劳呢？可是悟空没有真正认识到自己的身份，总是擅自行事，关键时刻英雄当头。我知道他的人气和知名度高过我，实际上这是不正常的现象，毕竟经是我拿回来的。”

“那么，你们在个性上和感情上有什么冲突呢？”如来问。

“首先，我先说我们的共同点：其一，我们都是很执着的人，其二，我们都是禁欲者。在这两点上我们可以相互激励对方。但是，孙悟空其实是一个无知的土猴，他的文化素质是很差的，而且脾气太倔强，因为没有受过良好教育。作为一个被领导者，过于倔强的性格一定会跟领导者有矛盾。一山不容二虎，当在一件事情上我们有了分歧时，那么到底该听谁的呢？当然是听领导者的。因为领导者是一个指挥者，他负的是全局成败的责任。不管是他指挥失当还是用人失当，只要最后结果是失败的，他就要全部负责。像中国足球队的教练，输球了怪队员就是一种低素质指挥者的表现，因为队员是他选拔和训练的。坦白地讲，我是一个完美的指挥者，最后取经成功的结果说明了一切。而如果指挥者下了命令手下不听从，那么最后就是要手下负责。作为一个真正意义上的下属，即使领导者让他跳崖他也一定要执行，只要彻底执行了他就没有责任。而悟空就不懂这个常识，所以我说他是土猴。说实话，他的处事方法真的让人讨厌，很多次我都想让他卷铺盖回家。”

“你们矛盾爆发程度最激烈的一次是不是白骨精事件的那次？”如来继续问道。

唐僧咳嗽了几声，“唉，那是我最丢脸的事情了。”唐僧继续说道，“那次我是直接输给了他，至今我都耿耿于怀。人都是有感情的，虽然敌对情况严重了点，但是我们毕竟还是战友，是上下级，相处久了一定是有感情的。那次我让他走，实在是因为他让我太生气了。看他一次次给我下跪认错，我忍不住心软。但是我告诉自己，这是赶走他最好的时机，如果这次他走了，他永远都是个土猴，而我自己会独享取经归来的光环，所以我咬牙赶他走了。后来发现不能没有他，你看哪一个君王不是等稳定之后才除掉自己眼中钉的，所以我想请他回来，等取经成功以后再向你揭发他的一些丑行。请他回来的时候我有多丢面子，好在大家都是自己人，家丑不可怕。”

“那个紧箍咒问题你怎么看？”如来问。

“这个问题是我们师徒关系中的核心问题。我总是会在恰当的时机让他见识我的厉害。看他痛苦的样子，其实我很有满足感，但是我还装出很心痛的样子。而且正是因为有紧箍咒的存在，我认为他一定把我当仇人看，等到了取经成功以后会找我报复。遗憾的是他没有抓住那个机会，因为他的谋略比我差很远，反而是我向你推荐他当佛，当佛就不能好打抱不平了。他的性格我清楚，他忍不住火气的，所以他常常被你教训。”

（注：本故事仅为教材内容服务，纯属戏撰。）

通过上述案例，请思考：

1. 什么是领导？如何成为一个好的领导？

2. 如果你的上司是唐僧这种类型的，你需要注意哪些方面？

第一节 领导概述

一、领导的含义

领导现象随着人类社会的产生而产生，并与人类生活相伴始终。领导，作为大千世界中令人瞩目的社会现象，也引起人们极大的研究兴趣，尤其是进入现代社会后，领导学作为一门综合性、应用性的新兴学科蓬勃发展起来。

领导虽然是人类社会中很常见的现象，但是，在对其含义的界定上，研究者们各执己见，莫衷一是。孔茨认为，“领导是一门促使其部属充满信心、满怀热情来完成他们的任务的艺术”；特里认为，“领导是影响人们自动为达成群体目标而努力的一种行为”；布兰查德则认为，“领导是一种过程，使人在选择目标及达成目标上接受指挥、引导和影响”；戈特利布·冈特恩博士认为，“领导是人际关系的一种特殊过程，其参与者扮演着基本上是等价的，但又是互补的角色，他们为了非凡的表现而获得灵感和动机”。

从研究者们的成果来看，领导的定义应该包括三个方面：一是领导是能够决定组织或群体运行发展的职位特征；二是领导是一个系统的行为组合和过程；三是领导个性特征。按照这三个方面的内容，可以把领导定义为：领导者在一定的环境下，为确定和实现既定目标，对被领导者进行统御和指引的行为过程。领导者是领导行为过程中的核心，也是组织工作关系、人际关系和多种社会关系的中心，并肩负着协调它们之间的相互关系的使命。

二、领导与管理

领导是一种重要的管理职能，但并非所有的领导者都是管理者，也并不是所有的管理者都是领导者。

（一）领导与管理的区别

从一般意义上说，管理的范围要大一些，而领导的范围要小一些。管理是为组织活动选择方案、建立秩序、维持运转等活动，是在整个管理过程中的战术运用和具体实施；管理的主要功能是解决组织运行的效率。而领导在组织中的作用表现在为组织活动指出方向、设置目标、创造态势、开拓局面等，具有战略性。

（二）领导者与管理者的区别

哈佛商学院的亚伯拉罕·扎莱兹尼克指出，管理者和领导者是两类完全不同的人，他们在动机、个人历史及想问题做事情的方式上存在差异。管理者是在组织中指挥其他人活动的人，往往是被任命的，拥有合法的权力进行奖赏和处罚，管理者的影响力来自其所在职位赋予的正式权力。领导者可以是被任命的，也可以是从群体中产生的，他可以不用正式权力来影响他人的活动。在理想情况下，所有管理者应是领导者，但并不是所有领导者必须具备管理潜能，所以不是所有领导者都处于管理岗位。一个人能影响别人，不表明他能够计划、组织和控制。

延伸阅读

有关管理者与领导者的心理测试

心理学专家曾让一名管理者和一名领导者参加了这样一个心理测试：让被测者针对一幅只有一个人（面对一把小提琴深思的男孩）的图画，写出一篇具有想象力的文章。

被测试的管理者写的关于男孩与小提琴的“富于想象力”的文章为：

> 爸爸和妈妈坚持要他们的儿子去上音乐课，因为他们确信，只有这样，将来他们的儿子才能成为一名音乐家。订购的小提琴恰好刚送到。男孩思忖着是去和小伙伴们一起玩橄榄球还是去弹这把像老鼠般发出吱吱叫声的乐器。他实在不能理解爸爸妈妈为什么会认为小提琴能比触地得分更精彩。
>
> 练习了4个月的小提琴之后，男孩对此已是厌倦到了极点。对此，爸爸已经不再抱有什么幻想，妈妈也勉强地放弃了希望。橄榄球赛季现在已经结束了，然而精彩的棒球比赛马上于春天开始。

被测试的领导者对同一幅图画的描绘如下：

> 这个小男孩拥有一张艺术家的面孔，他被眼前的小提琴深深地打动了，心中涌动着弹奏这件乐器的强烈欲望。
>
> 小男孩似乎刚刚完成其正规训练，看起来像是对自己不能弹奏出想象中

的悦耳之音感到有些垂头丧气。

他看起来似乎正在暗暗地发誓，一定要花大量时间和精力来练习，直到能够演奏出令自己满意的旋律来，演奏出比现在好四倍的音乐来。

凭着如此大的决心和苦练，小男孩终于成为他那个时代伟大的音乐家。

从上述测试中可以看出，管理者缺乏热情，或者说缺乏一种凭直觉感受他人情感或思想的能力，管理者依据自己在事件或决策制定中的角色来与人交往。领导者则不同，他们更关心某种想法，他们以一种直觉的和更富于情感的方式与人交往。管理者关心的是事情应该怎样进行下去；而领导者关心的则是事情以及决策对参加者意味着什么。

资料来源：明茨伯格，等．领导．北京：中国人民大学出版社，2000：73－74.

三、领导的作用

从管理的角度来说，领导是组织的核心，组织的运行就是围绕着领导展开的。作为一种服务本质，领导的功能主要体现在以下几个方面：

（1）组织设计作用。任何一个组织在开始设计时不可能达到完美，需要在组织的运行过程中不断补充和完善，以使组织处于更佳状态。对组织的设计和完善是组织赋予领导的使命，组织通过领导的设计、调整和不断完善，使其运行达到实现目标的需要，从而保证其目标的顺利实现。

（2）指挥作用。领导可为组织成员指明活动的目标和达到目标的路径，并进行有效的指挥，以保证组织朝着目标前进。

（3）协调作用。组织是由不同层次、不同部门构成的，在组织运行中不可避免地存在各种各样的冲突。领导通过缓和、解决冲突，转化不利因素，协调组织内部的活动，使组织高效运行。

（4）激励作用。组织中的每个成员都有不同的动机、需要，领导通过有效的激励，将其成员的主观能动性和创造性发挥出来，使他们在努力为组织目标奋斗的过程中达成自己的各种愿望，并通过促进成员职业生涯的发展使组织获得更大的发展。

第二节　领导理论

一、领导理论的产生与发展

现代社会活动的特点是社会化的大生产规模庞大，结构复杂；科技进步突飞猛进，社会变化加快，社会和经济的一体化发展影响越来越广泛和深远。在这样的社会背景下，现代的领导工作必须顺应社会发展的潮流，从经验上升到科学。于是，在现代社会对领导工作的特殊要求下，以领导工作为独立的研究对象的领导理论得以产生并发展起来。

自 20 世纪 30 年代以来，人们对于领导及其效能问题，有各种各样的解释或讨论，内容十分丰富。随着管理理论的发展，领导理论大致形成四种理论学派：早期的特质理论和行为理论、近期的权变理论以及当前的领导风格理论。按照时间的顺序，在20世纪40年代末，也就是领导理论出现的初期，研究者主要从事的是领导的特质理论的研究，其核心观点是：领导能力是天生的。从20世纪40年代末至60年代末，研究者主要进行的是领导行为理论的研究，其核心观点是：领导效能与领导行为、领导风格有关。从20世纪60年代末至80年代初，出现了领导的权变理论，其核心观点是：有效的领导受不同情境的影响。从20世纪80年代初至今，出现了大量的领导风格理论的研究，其主要观点是：有效的领导需要提供愿景、鼓舞和注重行动。

二、传统的领导理论

按理论提出的时间先后顺序，传统的领导理论可分为三类，即特质理论（又称性格理论）、行为方式理论、权变或情景理论。

（一）特质理论阶段（20世纪初期至40年代）

特质理论是指通过对领导者的身体、性格、气质、智力等方面的分析，找出好的领导者所必须具备的特性。长期以来，西方国家的管理学者一直把领导者的各种个人性格和特征，作为描述及预测其领导成效的标准。这种研究试图区分领导者与一般人的不同特征，并以此来解释他们成为领导者的真正原因。许多从事测评、招聘和选拔领导的人，深信这些理论的有效性。

著名历史学家托尔斯泰曾经说过：世界的历史就是伟人的历史。传统的性格理论认为，天赋是一个人能否成为领导者的根本因素，由此提出“伟人说”理论，早期研究者还总结出领导者的多种特征。然而，众多分离领导特质的研究未能得到有效的成果，也就是说，人们并未找到一些特质因素用以区分领导者与下属以及有效领导者与无效领导者。不过，进取心、领导和影响他人的愿望、正直和诚实、自信、智慧、与工作有关的知识和技能，普遍被认为是领导者应具备的基本特质，见表7-1。

表7-1　成功领导者的素质要素

1. 行业和企业知识	有广泛的行业知识；广泛了解公司情况
2. 在公司和行业中的人际关系	在公司和行业中建立了一整套广泛而稳固的人际关系
3. 信誉和工作记录	在公司主要活动中，有很高的声望和出色的工作记录
4. 能力和技能	思维敏捷（相当强的分析能力，良好的判断力，以及能从战略上、全局上考虑问题的能力等）；很强的人际交往能力（能迅速建立起良好的工作关系，感情投入，有说服力，注重对人及人性的了解）
5. 个人价值观	十分正直（能公平地评价所有人和组织）
6. 进取精神	有充沛的精力；很强的领导动机（它是建立在自信心基础上的对权力和成就的追求）

资料来源：约翰·科特.现代企业的领导艺术.北京：华夏出版社，1997：34-35.

现代性格理论认为，领导是一个动态的过程，是一种发展变化的行为过程。领导者的性格特征并非与生俱来，而是在实践中形成的，是可以训练和培养的。

归纳而言，用领导特质理论来预测领导效果和指导选拔领导者，显得并不可靠。其原因主要有：

(1) 领导者的成败，不仅与个人特质有关，也与环境有关。特质理论把个人特质看作是领导成败的主要因素，忽视了环境的影响，当然不能预测领导效果。

(2) 从成功的领导者身上鉴别出来的特质至少上百种，但并未找到完全一致的特质，而且，进一步的研究发现，如按这种特质清单选拔领导者，没有人能够符合当领导者的条件。

(3) 对领导者特质测定的信度和效度不一定令人满意，有可能会遗漏了某些领导者特质，调查结果也可能并不十分客观。

（二）行为方式理论阶段（20 世纪 50 年代开始）

由于特质理论的有效性受到怀疑，研究者转而致力于研究领导者实际工作中可观察的行为。领导才能与追随领导者的意愿都是以领导方式为基础的。所以，许多人开始从研究领导者内在特征转移到外在行为上，这就是行为方式理论。这种理论认为，依据个人行为方式可以对领导进行分类。

1. 领导方式理论

美国管理学家怀特和李皮特将领导方式分为权威式、民主式及放任式，这也是一般人所熟悉的分类。

(1) 权威式领导。权威性领导是指所有政策均由领导者决定；所有工作进行的步骤和技术也由领导者发号施令；工作分配及组合，多由领导者单独决定；领导者与下属较少接触，如有奖惩也往往对事不对人。

(2) 民主式领导。民主式领导是指主要政策由组织成员集体讨论决定，领导者采取鼓励与协助的态度，通过讨论使其他人员对工作有所认识，在所设计完成的工作途径和范围内，下属人员对于完成工作的步骤和所采用的技术，有选择的机会和权力。

(3) 放任式领导。放任式领导是指组织成员或群众有完全的决策权，领导者放任自流，只负责给组织成员提供工作所需要的条件和咨询，而尽量不参与，也不主动干涉，只偶尔表达意见，工作进行几乎全依赖组织成员自行负责。

从经验来看，这三种方式中，民主式领导比较顺应现代社会发展的趋势。从经营实践来看，无论哪种领导方式，在不同的环境和条件下都有成功的实例，不可简单地说哪种方式更有效，具体条件不同，采取的方式不同。

2. 领导行为连续体理论

美国管理学家坦南鲍姆和施密特提出领导连续体理论，即主管者—非主管者的行为连续体。他们认为领导方式各式各样，一个适宜的领导方式取决于环境与个性。依据领导把权力授予下属的大小程度不同，领导方式一般分为以领导为中心和以下属为中心之间的一系列领导方式。该理论认为领导方式中不是独裁与民主的两种方式任选其一，而是一系列连续的领导方式，并不是一种方式正确而另一种就总是错误的。另外，领导方式具有开放的性质，组织环境和社会环境也会对领导方式施加影响，主管人员必须在做出决定或在管辖下属时适当考虑组织外部的利益。

3. 工作中心与员工中心理论

1947年后，利克特及密歇根大学社会研究所的有关研究人员，曾进行了一系列的领导研究。他们把领导者分为两种基本类型，即以工作为中心的领导和以员工为中心的领导。前者任务分工结构化，依照详尽的规定行事，并给予严密的监督；后者重视人员的行为反应及问题，利用群体实现目标，给予组织成员较大的自由选择的范围与权力。

工作中心与员工中心理论认为，领导者做什么和怎样做是领导效果的决定因素，只要其行为得当就能取得好的领导效果。该理论研究的主要倾向是以工作任务为中心和以关心人为中心的两种领导风格如何相结合，以取得好的领导效果。

4. 管理方格论

布莱克和莫顿在“关心人”和“关心生产”的基础上提出了管理方格论，如图7-1所示。方格图中有81种领导形式，其中最具代表性的有五种：

（1）贫乏式领导（1，1）。贫乏式领导对生产和人的关心度都很小，领导仅为“信使”的角色，即把上级的信息单纯地传达给下级，对必需的工作付出最少努力以维持恰当的组织成员关系。

（2）任务式领导（9，1）。任务式领导对生产和工作的完成情况很关心，但很少注意下属的士气、情绪和发展状况，即只抓工作，不关心员工。

（3）逍遥式领导（1，9）。逍遥式领导只注重创造一种良好的人际关系环境，让组织中的每一个人都感到轻松、友好，使人感到满意，很少关心员工工作和任务的完成情况及存在的问题。

（4）中间式领导（5，5）。中间式领导对人和生产都有中等程度的关心，其目的是追求正常的生产效率和说得过去的士气，是一般化的领导。

（5）协作式领导（9，9）。无论是对员工还是对生产，协作式领导都表现出最大可能的关心，通过协调、综合等活动来提高生产和士气。

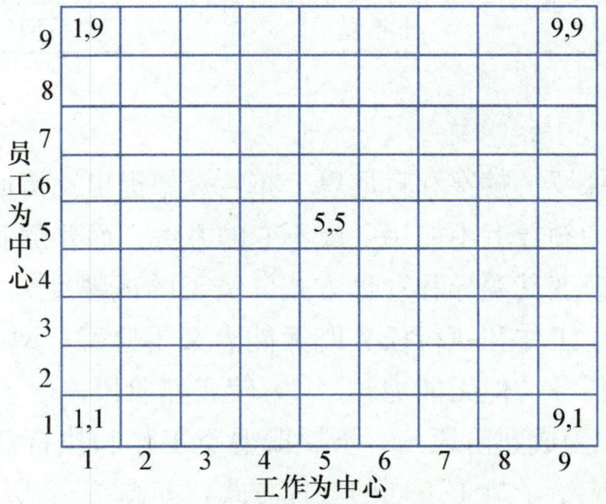

图7-1 管理方格图

与特质理论的天赋观点相比，领导行为理论认为领导风格和行为是可以通过学习和训练加以提高的，这为领导者培训提供了广阔的天地。但它无法回答诸如“为什么同样的领导行为或风格在不同的组织、环境下会导致不同的效果?”“为什么效果很好的领导者，其领导行为或风格却迥然不同?”等问题。研究者们意识到，并不存在适用于所有情况和环境的领导行为或风格，于是，研究转向了领导权变理论。

（三）权变理论阶段（20世纪60年代开始）

领导的作用在于领导人们的行为，而人们的行为又受其动机和态度以及客观环境的影响，因此，决不能认为某一种领导方式可以普遍应用于所有的情况和所有的人群；相反，必须把这种环境因素，包括组织人员动机与态度同时考虑。这就是研究领导问题的权变理论的基本观点。

1. 路径-目标理论

路径-目标理论由美国管理学家罗伯特·豪斯提出。他认为，最富有成效的领导方式是领导者采取种种步骤去设计一种环境，使群体成员潜在地或明显地受到动机的激励，并能对它做出有效的响应。

2. 权变理论

美国管理学家菲德勒提出的权变理论认为领导工作是一个过程。在这个过程中，领导者施加影响的能力取决于群体的工作环境、领导者的风格和个性，以及领导方法对群体的适合程度。换句话说，按照菲德勒的理论，人们之所以成为领导，不仅仅是因为个性，而且还因为各种环境因素以及领导与环境之间的相互作用。菲德勒提出，对一个领导者的工作最具影响的三个基本因素是职位权力、任务结构和上下级关系，如表7-2所示。

表7-2 菲德勒模型

情境类型	1	2	3	4	5	6	7	8
上下级关系	好	好	好	好	差	差	差	差
任务结构	明确	明确	不明确	不明确	明确	明确	不明确	不明确
职位权力	强	弱	强	弱	强	弱	强	弱
情境特征	有利			中间状态			不利	
有效的领导方式	任务型			关系型			任务型	

3. 情境领导理论

情境领导理论由保罗·赫塞和肯尼思·布兰查德提出。情境领导理论是一个注重下属的权变理论，认为领导者不能用一成不变的方法，而要随着情况和环境的改变及依据员工的成熟度而改变其领导和管理方式。员工的成熟度分为四个阶段：M_1 为不成熟阶段——下属对于工作和执行任务既无能力又不愿意；M_2 为较不成熟阶段——下属愿意工作和执行任务，但无能力；M_3 为较成熟阶段——下属有能力工作和执行任务，但不愿意；M_4 为成熟阶段——下属既愿意工作和执行任务，又有能力。针对员工的成熟度，领导应给予员工不同的管理方式，如图7-2所示。

特质理论与领导行为方式理论都过分强调了领导者对领导效果的主导作用，而忽视了被领导者和环境的影响。权变理论则综合考虑了领导者、被领导者和环境的影响，认为领导者必须按照不同的被领导者和环境，调整领导行为或风格，这样才能取得好的领导效果。迄今为止，权变理论成为领导理论研究的主流。

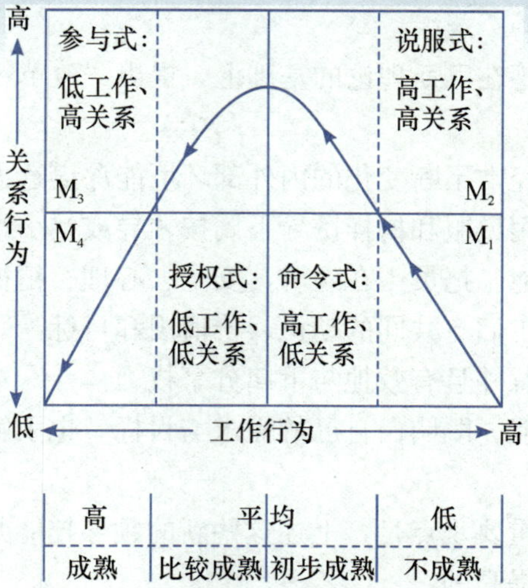

图 7－2　情境领导理论

管理故事

猎人的誓言

从前有位猎人，他有一个习惯，爱立誓言。

一天他要打猎，出门前立下誓言：今天只打兔子。然而，这天他遇到的都是山鸡，于是，猎人这一天空手而归。

晚上，他躺在床上左思右想，十分后悔，发誓明天一定要打山鸡。

第二天，他按照自己的誓言去打猎。然而，这一天他遇到的全是狐狸，结果还是空手而归。后悔过后，他又发誓次日只打狐狸。

第三天，他又按照自己的誓言去打猎。而这天他遇到的全是野猪，晚上他又是空手而归。

后来，这个猎人穷困潦倒地死去了。

三、领导理论的最新发展

随着社会和经济的发展，领导理论研究也在不断发展。总的来看，关于领导学的最新研究减少了理论上的复杂性，开始从普通人的角度上看待这一主题。主要成果包括以下几个方面。

（一）关于改革精神的领导理论

美国管理学家巴斯把领导者分为两类，即执行型和改革型。前者为下属提出需要做什么，有哪些要求，并且帮助下属树立信心，只要付出必要的努力，定能达到组织与个人的目标；后者则通过强调集体和组织的利益高于个人利益，以及通过强调追求更高层次的需求等来激励下属完成比原来预期的更多的工作。

巴斯认为，前述的三类领导理论完全适合于执行型的领导者。当然，这些理论在过去、现在甚至将来都仍然是可用的、有益的。但是，作为一个领导者，为了工作更有成效以及对自己的组织发挥重大的影响力，就必须运用个人的想象力和精力去鼓舞下属。

（二）领导技能理论

美国管理学家傅伊德在巴斯理论的基础上，提出“改革精神”的领导者必须具备五种新的领导技能：

（1）预见技能。对经常不断变化的内外部环境能深谋远虑。

（2）想象技能。运用说服和榜样诱导下属按领导或整个组织的意图行事。

（3）价值观综合技能。把员工在经济、安全、心理、精神、美学和特质等方面的需求综合起来，以使员工们有共同的动机、价值观和目标。

（4）授权技能。乐意并且有效地与下属分享权力。

（5）自知或反省技能。既明白自己的需求与目标，也了解下属的需求与目标，并注意对其反省。

傅伊德理论的一个重要观点是，上述这些新的领导技能并不是与生俱来的，而是在实践中锻炼、培养和提高的。

（三）豪斯关于超凡魅力的领导理论

豪斯的超凡魅力领导理论实际是马克斯·韦伯理论的发展。豪斯认为，超凡魅力的领导者拥有非常大的权力，其中部分来自领导者影响其他人的一种需求，因此领导者应该具备强烈的自信心，强大的支配力，以及对于信念和道德的坚定性，以使下属确认跟随领导者是正确的。豪斯还指出，超凡魅力的领导者能提出一个有想象力的更远大的目标，从而赢得追随者的支持。这样的领导者还应该细心地创造一个成功而又能胜任的形象，并以自己为榜样来表达他所坚持的价值观，以使追随者确信领导者的期望。有领袖魅力的领导者的关键特点，如表 7－3 所示。

表 7－3　有领袖魅力的领导者的关键特点

1. 自信	有领袖魅力的领导者对他们的判断和能力有充分的信心
2. 远见	他们有理想的目标，认为未来会比现状更美好。理想目标与现状相差越大，下属越有可能认为领导者有远见卓识
3. 清楚表述目标的能力	他们能明确地陈述目标，以使其他人都能明白。这种清晰的表达表明了对下属需要的了解，它可以成为一种激励的力量
4. 对目标的坚定信念	他们被认为具有强烈奉献精神，愿意从事高冒险性的工作，承受高风险。为了实现目标能够自我牺牲
5. 不循规蹈矩的行为	他们的行为被认为是新颖、反传统、反规范的。当获得成功时，这些行为令下属们惊诧而崇敬
6. 作为变革的代言人出现	他们被认为是激进代言人而不是传统现状的卫道士
7. 环境敏感性	他们能够对需要进行环境约束，对资源进行确切的评估

课堂讨论案例

有效的领导方式

刘红和李娜是南方鞋业公司的两名销售经理。刘红负责广东区域市场，李娜负责湖南地区。根据公司的组织人事改革政策，计划将广东区域与湖南地区合并，设置一名大区销售经理。公司的初步意向是提升李娜，解聘刘红。人力资源部门准备在做出最后决定前，分别找二人谈一次话。

人力资源部经理先约见了李娜。公司之所以考虑提拔李娜，除了因为她负责的区域工作做得十分出色外，还因为她在工作中表现出良好的领导特性。她所在区域的员工对她的评价都很高。

人力资源部经理问李娜，为什么她和她的同事们有这么好的工作关系。李娜说："首先，也是最重要的，是我把团队中每个成员当作朋友来看待。我告诉他们，遇到困难时，我会尽力帮助他们，做他们的坚强后盾。当然我也让他们明白，每一个人都必须为工作做出贡献。其次，我还花了大量时间，考评员工的工作。我相信，我所负责的区域内每一位同事都知道，他们怎样干才能得到好的评价，才能评优。最后，是对不同情况要采用不同的方法去解决，这一点也非常重要。对员工的日常工作，我不必告诉他们每个人应该干什么；而对新来的同事，我要对他们进行指导，确保他们每个人都知道自己的职责和工作的程序。"

人力资源部经理在和刘红的谈话过程中遇到的情况则不一样。在刘红所管辖的区域，近来有较多的员工对工作大发牢骚，跳槽和离职率较高，大家平时干活也是马马虎虎。当问到为什么会出现这种局面时，刘红自己也搞不太清楚。她说："这个我也说不好。我总认为，作为负责人，就应对大家一视同仁。我做事从不偏心。我甚至想尽力保证使我们的员工不出现错误想法。我与同事们始终保持一定的距离，这样才能在评优提薪时，确保同等地对待每个人。我也一直在努力，确保工作的质量。我整天忙于监督、检查同事们的工作。他们每开始做一项工作之前，我都要跟他们讲清楚该怎么做。"

思考题：

1. 哪种领导理论能够最好地解释李娜的领导方式和工作效果？为什么？
2. 哪种领导理论能够最好地解释刘红的领导方式和工作效果？为什么？

第三节　权力与政治

一、权力概述

（一）权力的定义

权力是人们在日常经济生活和政治生活中经常遇到并切身感受到的一种社会现象。社会学家马克斯·韦伯把权力定义为："一个人或几个人所获得的机会，这些机会使他们通过集体行为，甚至是在他人反对的情况下，实现自己意志的可能性。"可见，权力是指个人或群体影响或控制其他个人或群体行为的能力。例如，若工人的受雇用与否、工资水平高低等方面受到厂长的控制，那么即使工人不愿意调换工作岗位，也要服从厂长做出的职位调换的安排。当然，权力不一定加以运用才能显示其效果，它可以存在着而不被使用，是一种“潜在的”影响力。

从另一个方面说，权力不是绝对的，而是动态的，会随着人和环境的变化而变化。例如，某些权力是赋予某个职位或职务的，一旦个人不再拥有这个职务，他也就失去了与之相伴的权力。部门主管能够控制和影响自己的下属，但是对于其他部门的职员可能只能产生边缘上的影响，甚至没有影响。

（二）权力的来源和类型

如果我们被要求列出生活中的所有领导，绝大多数人或许至少能列出 100 个。在我们的清单中，一些人处在被认可的领导位置上，如部长、校长、董事长。其他的则还没有正式的领导职位，但却是领导者，如把人们召集起来去旅游的“驴友”等。所有这些领导者的共同特征是他们施加某种影响。为什么某些人会比另一些人有更大的影响？为什么有些人是领导而其他人成为追随者？领导者从哪里获得权力来影响其他人？他们有什么样的权力？

马克斯·韦伯根据权力的主要来源将权力分为三种主要类型：一是传统型权力，由习俗和惯性所授予，即“君权神授”；二是魅力型权力，由领袖人物所具有的与其建立特殊关系的能力而导致的权力，一定程度上来自个人魅力，即“振臂一呼，应者云集”的力量；三是法理型权力，以合法性原则建立起来的理性权力，选举或任命的领导者以及一个正式组织的领导者都拥有这种类型的权力。

约翰·弗伦奇和柏崔姆·瑞文则将组织中的权力基础划分为五大类，即法定权、强制权、奖赏权、专家权和参考权。见图 7－3。

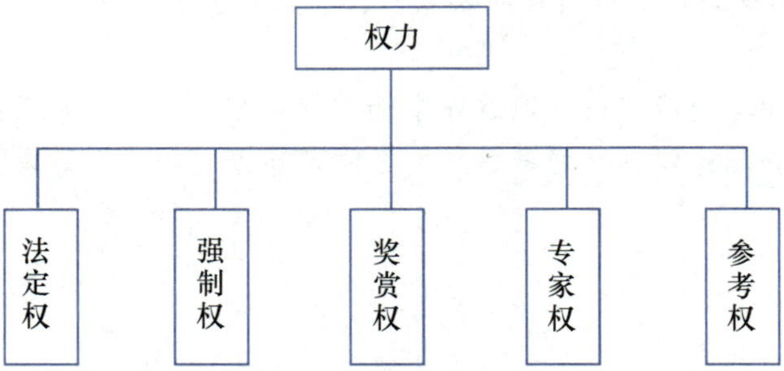

图 7－3　权力的构成

1. 法定权

在正式的群体与组织中，通过组织职位所拥有的法定权力即法定性权力。领导者以其法定权领导组织或影响他人，使组织成员工作以完成组织目标。这种类型的权力也被称为“制度型的权力”，因为它来源于管理人员在组织机构中的职位结构，是最普遍的权力来源。然而，仅有合法性还不足以使指令得以执行，职位权威的另一个重要的构成要素就是拥有惩罚和奖励的手段，也就是说，法定权中实际上已包括奖赏权和强制权在内，但是，法定权的涵盖面比强制权和奖赏权更为宽泛，它还包括组织成员对通过组织职位所拥有的法定权的认可。

2. 强制权

强制权主要是指通过威胁或使用惩罚手段来影响他人的能力，它建立在畏惧的基础上。这种权力取决于权力主体拥有使权力客体的身心受到伤害的能力，如肉体上的伤害、精神上的打击、基本需要的控制等。例如，当领导者不满意下属的工作成果时，对下属进行责骂、扣奖金等形式的惩罚，就是强制权的运用。使用强制权会产生敌意、愤恨甚至报复，破坏信任和人际关系，从而导致不满意的效应。

3. 奖赏权

和强制权相对的是奖赏权，奖赏权是指通过使用奖赏的能力来影响他人。当你拥有别人所期望得到的东西时，你就拥有了权力。在组织中，当领导者拥有足以控制他人的具有价值的事物时，如晋升、薪资、休假、培训等，那么，领导就拥有了奖赏权。通常，奖赏权能提升下属的满足感及降低下属的抗拒。当然，奖赏权不仅仅局限于物质范围，认可、友好、激励、赞扬等也是一种奖赏。这些奖赏并不仅仅只是领导者才能给予的，组织中任何一个人都可以使用。

4. 专家权

专家权是指来源于专业技术、特殊技能和知识的影响力，如专业知识、教育程度等。当某人拥有专门的技能或知识，足以处理某些事件，而使他人信服时，则此人具有专家权。专业知识是权力的主要来源之一，特别是在技术导向的社会中。通常，越专业化或技术取向越强的工作，就越需要具有专家权的成员。

5. 参考权

参考权的基础是对于拥有理想资源或个人特质的人的认同。如果我称赞且认同你，你就可以对我行使此项权力，因为我希望取悦于你。参考权基本上是通过认同而来，如果你认同欣赏某人到了想仿效他的行为和态度时，此人对你就产生了参考权。参考权通常是与那些具有令人羡慕的个性、魅力或良好声望的个人联系在一起的，一般包括三种类型：

（1）个人魅力权，建立在对个人素质的认同及其人格的赞赏基础上。

（2）背景权，是指那些由于辉煌的经历或特殊的人际关系背景、血缘关系背景而获得的权力。

（3）感情权，是指一个人由于和被影响者感情融洽而获得的一种影响力。

参考权通常涉及信任、相似性、接受性、情感、追随者的意愿及情绪上的投入，有时也显现在模仿上。这就是为什么诸如电影明星等其他名人常常会出现在影响购买行为的广告中的原因。

（三）依赖：权力的关键

权力关系产生于相互依赖，也就是说，权力最重要之处在于它的依赖性。B 对 A 的依赖性越强，A 对 B 的控制力越大。当他人所需要的资源，你是唯一的控制者时，不对称的依赖格局就产生了，你就拥有了对他人的权力。这种依赖关系基于感觉到自己有多少其他的选择机会，以及对于受控于别人的选择机会的重视程度。如 B 对 A 没有依赖关系，或 B 有自己另外的意愿时，B 可以不受控于 A 的影响，可自由选择或决定自己的行为。如比赛时，足球运动员明知犯规会被处罚但仍然犯规一样。对资源的不同控制形式导致因渴望获得资源而形成的依赖，不平衡的依赖和摆脱依赖的有限可能性导致权力和服从。

依赖性与个体掌握其他可替代性资源成反比。在组织中，如果下属认为管理者控制着自己渴望获得的晋升机会、发展前途等资源，那么该管理者对下属所具有的权力就比较大。如果下属更注重于自己的选择，开发自己的技巧和设法保持自己在多个组织机构中的受欢迎程度，那么管理人员对下属所具有的权力就会大幅度减少。对下属而言，这是一个非常有利的策略，下属手中掌握的可替代资源越多，别人手中的权力就越少。

依赖是如何产生的？当你控制的资源是重要、稀少且不可替代时，别人对你的依赖就产生了，而资源的重要性、稀少性和不可替代性三者共同决定了权力与依赖关系的性质和强度。

1. 重要性

要想创造依赖性，必须使人们感觉到你所控制的事物或资源。在组织中，那些能够消除或避免不确定性发生的个人或群体，被认为是控制了重要的资源，从而增加了组织对他们的依赖性，提高了其权力。例如，某公司面临的最大不确定性是销售产品，那么该公司的市场部就是一个最有权力的部门；而在一个高技术导向的公司，工程师则是最有权威的群体，因为他们能够使公司的产品在质量和技术上保持优势，降低不确定性。重要性是依情境的不同而变化的，不同的组织情况不一样，同一组织在不同的情况下，重要性也会发生变化。例如，工会在工人罢工时肯定比平时拥有更大的权力。

2. 稀少性

“物以稀为贵”，在工厂里，有的老工人级别低但拥有几十年的丰富经验，在某些方面，往往是关键方面，高级别的工人也要依赖他，因此，他比高级别的工人更有权力。

3. 不可替代性

一种资源越是没有替代品，那么由于实现对它的控制而带来的权力就越大。企业中某一部门的功能是否可以由其他部门、个人或者企业外部某些部门来完成，这方面的互换程度越高，那么，该部门潜在的权力就越小。

总之，如果在组织中，某个部门越能够解决重要问题，并且它所具有的专业知识技能越独特且不可替代，组织内其他部门对它的依赖程度越高，则拥有该知识技能的个人或部门就会获得越大的权力，且对组织决策也会产生越大的影响力。

二、政治行为概述

（一）政治行为的定义

何为政治？政治行为和权力的关系如何？最早用权力来界定政治的是 16 世纪意大利的政治思想家、哲学家马基雅维里。他认为“政治是夺取权力、掌握权力的必要方法的总和”，政治的目的是获取和保持权力，政治的手段是玩弄权术。

马克斯·韦伯认为，政治就是对权力的获得和运用，“政治意指力求分享权力或力求影响权力的分配”。

斯蒂芬·罗宾斯从组织行为学的角度考察组织政治的定义，发现几乎所有的定义都将注意力集中于如何使用权力影响组织的决策，或者组织约束软化而由成员自我服务行为的方面。因此，罗宾斯将组织中的政治行为定义为那些不是由组织正式角色所要求的，但又影响或试图影响组织中利害分配的活动。这一定义涵盖了大多数人在谈及组织政治行为时所包含的关键因素，它包括各种政治行为，如扣留决策者所需要的信息，散布谣言，向新闻媒体泄露组织机密，为了一己私利与组织中的其他成员交易好处，游说他人以使其支持或反对某人或某项决策等。这些和组织利害分配有关的行为排除在个人的具体工作要求范围之外，因此，需要人们试图使用权力基础。

人们可以将政治行为分为正当的政治行为和不正当的政治行为。每天都会发生正常的政治行为，如向上司抱怨、形成联盟等；不正当的政治行为是指那些极端且违反游戏规则的行为，从事这些行为的人通常会“不择手段”。政治行为可能会导致积极和消极的结果，它可能产生满意或不满意的决定，而要避免政治行为需要付出某些实际的代价。一项对 30 个组织中 90 位经理的研究表明，这些经理都能证实政治行为的有益作用和有害影响。有益作用包括事业的发展、获得嘉奖和个人寻求其合法利益的地位，以及组织目标的实现，即任务的完成，这是组织中正常的政治行为的结果。有害影响包括政治活动中“失意者”的降级和丢掉工作，资源的错误使用以及无效率的组织文化的产生。

从政治行为影响组织发展的运作过程来看，政治行为的负面功能体现在组织中的个人或团体为了掌握决策制定的主导权和争取到更多的资源，必然会采取许多具有攻击性的权力手段，进而引发组织内部的冲突，其结果轻则排挤掉其他个人或团体原先应享有的资源，重则影响到组织的协调运作并损及组织整体的利益。

组织中的政治行为协助组织发展的功能主要体现在以下几方面：首先，各个管理者和团体为了赢得本身的权力地位，会在各种不同的政策方案上进行竞赛，并且运用他们既有的权力和资源去强化所提方案的影响力。在这种充分竞争的过程中，组织内部会自然产生创新的机能，能够有效改善组织的决策品质，并且使组织的资源得到最有效率的运用。其次，组织的政治活动也能够进一步激发组织的变革，以增进组织对变迁环境的适应力。面对瞬息万变的环境，管理者或团体为了生存和发展，往往会联合具有共同利益目标的管理者和团体，在组织内部推动各种革新策略或进行结构变革，通过权力的运用让组织能够摆脱过去的包袱，走向新的方向。

（二）引发政治行为的因素

组织中政治行为发生的原因往往可以从组织情况和员工个体特征上两个角度来进行考察。组织情况包括组织环境、组织文化、组织结构、政治管理等方面，而员工个体特征往往和个体差异、权力需求、控制地位、冒险倾向等因素相联系。

1. 组织因素

有研究表明，当决策制定和执行过程具有高度的不确定性和复杂性，而个人和群体间又为争夺稀缺资源展开的竞争十分激烈时，经理和员工采取政治行为的可能性较高。反之，在比较稳定而不太复杂的环境里，决策过程很透明，竞争行为很少，这时，极端的政治行为就不太可能会发生。

斯蒂芬·罗宾斯认为，滋生政治行为的组织有如下特征：

（1）组织信任度低。组织中政治行为发生的频率和组织信任度成反比。组织信任度越低，政治行为就越容易发生，非法的政治行为相应就越多；而高的信任度一般来说可以抑制政治行为，特别是非法的政治行为。

(2) 角色模糊。如果组织对员工行为范围、职权缺乏明确界定，那么，员工的政治行为的范围和功能几乎不会受到什么限制。因为政治行为是指那些正式角色要求范围之外的行为，角色越模糊，越易使人卷入政治行为而不易被察觉。

(3) 不明确的绩效评估系统。组织在绩效评估中所用的主观标准越多，且强调单一结果的衡量或者行为和评估间的时间拖得过长，则员工参与政治行为且能蒙混过关的可能性就越大。

(4) 零和（非得即失的）报酬分配体系。零和报酬分配方式是把分配量生成固定的数额，任何个人或群体的所得必须以其他个人或群体的所失为代价，即你得我必失。这就使人们总是力图使自己显得劳苦功高而贬低他人，容易产生政治行为。

(5) 民主化决策。理论上民主化决策可以降低组织的专制程度，但是管理者为了谋取权力往往绞尽脑汁，付出高昂代价，必然不愿意与他人分享权力，实现民主化决策。这样就导致领导者可能利用团队、讨论大会和小组会议作为他们施展手腕、玩弄权术的竞技场。

(6) 以高压手段追求高绩效。员工感到干好工作的压力越大，他们越有可能卷入政治行为。如果一个人觉得他一生的事业，都取决于他下个季度的销售额或产量报告，那么他就会想尽一切办法来确保结果对他有利。

(7) 自私自利的高层管理者。上层管理者热衷于政治行为，并获得了成功和一定回报，那么组织中就会形成支持政治行为的氛围。当情况如此时，员工也许就会被诱导去从事政治行为，以获得某些好处。

2. 个体因素

不同的人从事政治行为的概率也不尽相同，某些人很可能比其他人会更多地从事政治行为。就性格特征而言，有高度自我监督、内控型性格及高度权力需求的人，较可能从事政治行为；此外，个人在组织中所做的投资、感觉到出路的多寡，以及对政治行为是否成功的预期等因素，都会影响其采取不正当政治行为的意愿。

在黑尔里格尔和斯洛克姆等人的著作中，讨论了以下四种与政治行为有关的个性特征：

(1) 对权力的需求。对权力的需求是一种要影响和领导其他人，以及要控制当前环境的动机或基本愿望。对权力具有高度需求的人很可能会在组织中从事政治活动。对权力的需求有两种不同的体现形式，即个人权力和制度权力。强调个人权力的领导者要求下属对自己忠诚，而不是对组织忠诚。一旦这种类型的领导离开，工作班子可能会崩溃。强调制度权力的领导者使其下属产生对组织的理解和忠诚，创造了一种有效工作的良好风气和文化。有研究表明，与男性领导者相比，女性领导者在制度权力方面具有更大的需求，而在个人权力方面则需求较小。

(2) 马基雅维里主义。马基雅维里是16世纪意大利著名的政治思想家和哲学家，在西方政治思想史上占有很重要的地位，其主要理论是“政治无道德”的政治权术思想。在他的著作中包含了一系列对于获取和掌握政治权力的建议。许多世纪以来，人们把那些为达到自己目的，缺乏对常规道德的关心，不惜在人际关系中使用欺诈和机会主义手段，审视和摆布别人者称为“马基雅维里主义者”。曾有研究表明，在组织中，马基雅维里主义与政治行为高度相关，它是许多组织中具有政治行为的良好预报器。

（3）控制点。由于具有较高内部控制地位的人认为，事情基本上都产生于他们自己的行为，他们往往乐于假定自己的努力会成功，因此，他们比具有较高外部控制地位的人对于从事政治行为的偏好更为强烈，更可能试图去影响他人。

（4）冒险倾向。从事政治行为往往要冒风险，它可能会带来与当初目的相反的结果，因此，避免冒险倾向的风险回避者比具有明显冒险倾向的风险爱好者更不愿意从事政治行为。

延伸阅读

组织中的政治取向

人们通常会认为组织中的政治取向是不好的。大多数政治活动被看成是博弈，更多的是为了个人目的，而不是组织目标。同时，政治取向确实有一些消极影响，为了地位而采取对抗策略时，会产生较低的信任感，并且浪费时间。但是人们也已开始认识到，一些类型的政治活动是有积极作用的，是对抗独裁的唯一有效办法。这种观点已在组织中得到了广泛传播。管理者只有认识到这一点才会取得效果。

巴德利和詹姆斯曾对不同政治活动类型及结果进行了详细分类，归纳出对政治活动的分析可采用的两个独立维度，一个是“政治意识”维度，根据“政治的意识”和“政治的无意识”进行分析；另一个维度是关于人们“是以一种诚实的且符合组织利益的方式行动”还是“以一种博弈的并寻求从他人身上获取个人利益的方式行动”。两种维度的组合，产生了如图 7－4 所示的四种类型，每种类型用一种动物的特征来描述。

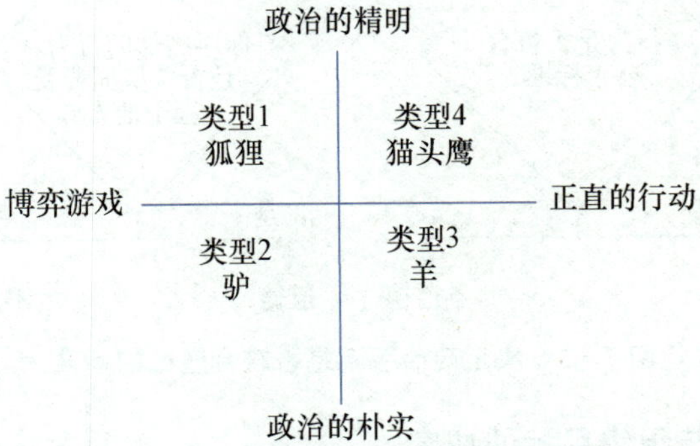

图 7－4　组织中政治取向的四种类型

第一类：狐狸。代表一种进行博弈游戏的精明个体，他有政治方面的意识和技能，是传统意义上被认为在组织中有消极作用的政客，多不被欢迎。

第二类：驴。代表一种进行博弈游戏的个体，既缺乏政治活动意识，又缺乏诚实的行动。这种类型的个体在推行政治活动时总不恰当，表现莽撞，容易被有政治技巧的人操纵。

第三类：羊。代表一种以正直方式行动并没有政治意识的人。这种人最容易被组织中有政治意识和技巧的人利用，尤其是被“狐狸”们利用，表现为在会议上和其他场合被人操纵，而自己还在疑惑“发生了什么事情”。

第四类：猫头鹰。这一类是聪明的个体，有政治意识并能诚实行为，是有才能的管理者，会在恰当的场合使用政治的方式。

资料来源：波特·马金，等．组织和心理契约：对工作人员的管理．2版．北京：北京大学出版社，2000.

三、道德地使用权力和政治

有人的地方，就有政治。莎士比亚说过一句话：人类天生就是搞政治的动物。人们使用政治手腕的目的会直接影响组织的建设与发展。在组织建设中，我们强调要道德地使用政治手腕。如何界定政治手腕是否符合道德规范？我们通常以政治手腕的使用是否与组织的目标、团体及个人的权利一致为标准。如果是一致的，那么这种政治手腕就是符合道德规范的，对组织的发展具有建设性意义。图 7－5 概括了决定政治手腕是否符合道德的标准。

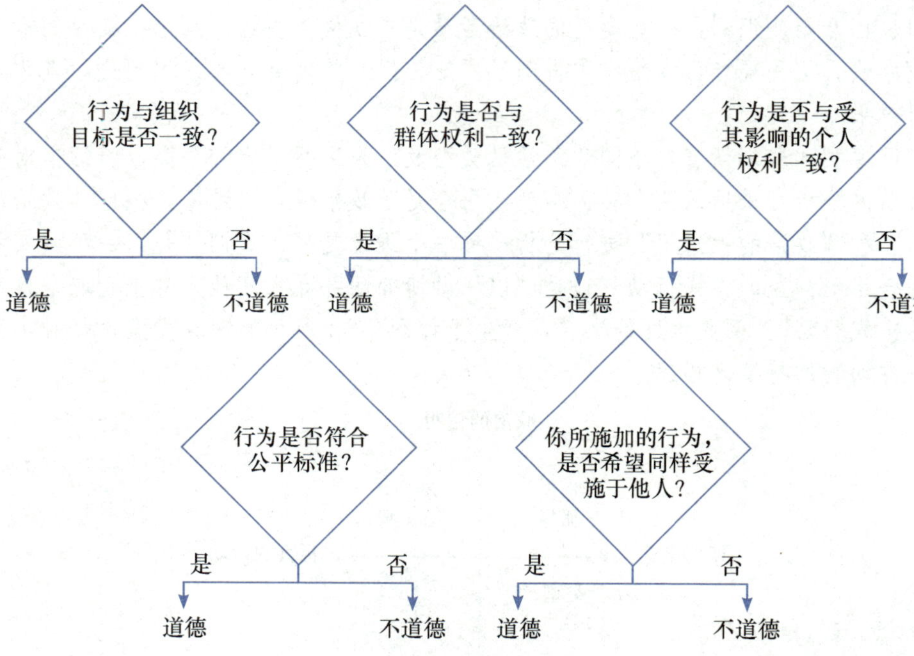

图 7－5　决定政治手腕是否符合道德的标准

（一）个人目标与组织目标的冲突

正如我们在组织机构中所看到和了解的一样，人们会将权力和政治作为达到目标的资源。组织成员会劝服、奖励、施压或鼓舞其他人像他所希望的那样做事。如果组织成员以权利吸引他人完成组织目标，那么这种行为很显然是对组织有利的。而事实上，组织正是为这种目的而提供职位权力。我们知道，在组织机构中存在着个人目标和组织目标并非永远一致的问题，当组织目标与个人目标发生冲突时该如何处理？

作为组织中的一员，支持组织的目标是每个组织成员的角色义务。一个有责任为员工安排工作进度表的团队应该以使公司受益为标准创建进度表，例如，保证该工作团队有必需的人员结构，在必要的情况下有正确的员工数量。

在有些案例中，道德问题显得更复杂，不容易分类。个人可能认定组织的目标是不切合实际的，甚至是不符合职业道德的。例如，如果组织期望员工无原因地连续加班几个小时，个人就可能使用政治手腕来解决这个冲突以获得和家人在一起的时间。一个利用职权抽出时间休息，却无视员工超负荷工作的经理很难得到员工的尊敬。相对于这些做法，道德权力策略则强调处理问题要满足所有方面的利益——员工的和组织的。一个想减少加班时间的人可以使用合理劝说、联合研究问题以及寻找人员配备等可选择的方法来达到目的。这些方法可能因为减少了疲劳度、压力和额外加班所产生的费用而使组织受益。

领导者还可以通过鼓励或限制建设性的参与来影响人们所采用的政治行为。当组织目标和个人目标相冲突时，对员工进行授权的组织能提供更多的方式建设性地使用权力。相比而言，如果组织不让员工参与解决问题，将会使员工的选择被限制在更自私的政治行为中。

（二）处理破坏性的政治行为

只要是处在群体中，再加上不均衡的权力利益分配，自然而然地就会出现破坏性的政治行为。通过在组织内部奖励员工的建设性行为，可以防治、处理破坏性的政治行为。如图 7－6 所示，组织中的人们通过鼓励建设性行为、识别和结束破坏性政治行为来与破坏性政治行为作斗争。

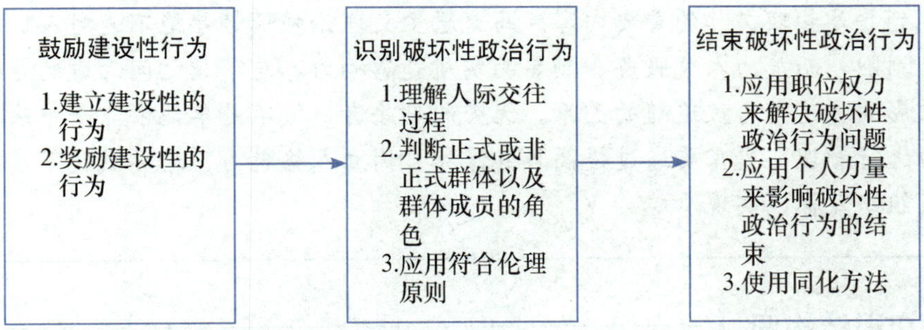

图 7－6　控制破坏性政治行为的方法

管理人员可以通过建立模式、奖励道德性的行为、支持合作等达到组织目标，以防止过分的政治行为。组织中各层面的人尽力通过使用所拥有的奖励权力来奖励建设性的、道德性的行为。例如，某技术咨询公司的总经理鼓励所有的员工做新员工的顾问。这样，员工可能让任何一个同事来指导他们的工作，建立分享知识的价值观，而不把拒绝分享的负面态度作为获取权力的途径。

当破坏性政治行为在组织中出现时，首先需要有人能识别该行为。这就要求组织的领导者必须了解感觉、交流和冲突管理等人际交往过程，能识别出组织中的正式和非正式群体，并意识到他们之间的依赖关系。当群体或个人目标不明确或与组织目标相冲突时，这种能力就可以提供识别的基础。

当人们识别出破坏性政治行为时，他们能使用自己的权力进行阻止。管理者使用职位权力来阻止这类行为，即使没有职位权力，组织中的成员也可以通过指导力量和不给予行为不好的人社会奖励来控制负面行为。

领导者还可以通过使各个派系集中于一个共同目标来转移权力争斗，处于对立面的团体会因为发现他们在新的任务前站在同一战线上而结成同盟。

微课时间

萨利机长

请思考：

1. 萨利是一个卓越的领导者吗？为什么？

2. 当机上人员全部生还，萨利成为人们口中的英雄时，美国国家交通安全管理局却公开质疑萨利的决策，同时媒体也发出了“萨利机长究竟是英雄还是骗子？”的质疑。你如何看待这件事？这背后是政治行为的体现吗？

3. 面对舆论、制度与人性的冲突，作为未来的管理者，你有哪些思考？

职业素养提升

领导是管理工作的重要内容。马克思主义理论强调领导绝不是对人民的统治和剥削，而是为人民服务。领导的实质是影响力，与下属之间形成的是影响与被影响、追随与被追随的关系。优秀的领导者，绝不是单纯依靠手中法定的权力进行管理，更需要通过提高自身修养、树立人格魅力、培养成就下属进而达成组织目标，实现卓越。

本章知识结构图

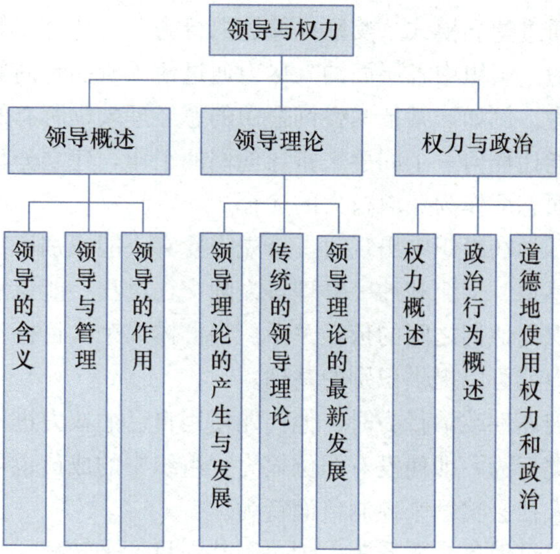

复习思考题

1. 领导者是否应具备某些个人特点？请举例说明。

2. 请用菲德勒的权变理论分析一个具体的例子。

3. 权力的主要来源有哪些？

4. 如何理解下面的说法，谈谈你的感受。

(1)“海纳百川，有容乃大”，领导者要有这样的胸怀。

(2) 员工是组织之本，领导是组织之魂，员工是基础，领导是关键。

(3) 没有绩效的员工是不合格的员工，没有谋略的领导只配守机床。

(4) 人管人，人用人，这体现着谋略的技术性和艺术性。

5. 比较领导（者）与管理（者）的异同。

6. 试比较民主、权威、放任三种领导方式的特点。

7. 什么是无为而治？你认为这种领导境界是可以达到的吗？

8. 你如何看待组织内的政治行为？

认知与行为测试

你是个值得信赖的领导吗？

团队作业

领导风格调查

一、内容

请以小组为单位对某企业的领导进行访谈，将访谈情况进行记录、整理、分析，判断该领导的领导风格，加深对领导理论的理解。

二、要求

每组学生写出报告，在课堂上进行交流。

案例分析

唐晶的领导风格

电视剧《我的前半生》开播后，收视率、网络播放量、话题量一路高涨，收视率较开播增长 328%，成为近年来都市题材的扛鼎之作。剧中以唐晶为代表的新时代社会精英的职场生存法则吸引了大众的眼球。

电视剧场景一　唐晶开除凌玲

背景：

唐晶以副总的身份第一天来辰星公司上班。

凌玲很气愤，当她与小董议论为什么没有让陈俊生当副总的时候，唐晶出来了。凌玲假装高兴地与唐晶打招呼。

唐晶：我有几件重要的事情需要在这里完成。第一件事是我要解雇你！

凌玲：什么？

唐晶：你被解雇了。

凌玲：为什么？

唐晶：因为从现在开始，这里我做主。我的眼皮底下，容不得任何造谣生事、挑拨离间的员工，不管你的业务能力有多强。

凌玲：你这是在说我吗？我在辰星这么多年，从来没有人这么说过我，你这是公报私仇！

唐晶：等你坐到我现在的位置，你才有资格来评论我的为人处世！

电视剧场景二　唐晶霸气斥责小董

背景：

小董与凌玲同为数据部门同事，凌玲是小董的上司，两人在工作中合作愉快，关系良好。凌玲被唐晶开除后，小董主动去唐晶办公室问有什么可以帮忙的。

唐晶：你是凌玲那个部门跟着凌玲的。

小董：我不是跟着凌玲的，我也是在辰星做了很多年的员工，我就是在工作上跟凌玲会有些交集，但是私下里没那么紧密的。

唐晶：你也觉得我不应该请凌玲离开辰星？

小董：应该呀！我觉得你做得没有错啊。凌玲这个人在工作能力上是有一点，但是她这个人为人处世是有点自私。我们这些下属都不好意思说。

唐晶：凌玲怎么会有你这么一个白眼狼下属?!

小董：呵呵呵（尴尬的微笑），唐总，我是信任你才跟你实话实说的。

唐晶：我初来乍到，哪谈得上什么信任。墙头草在职场上有时候能得到一时的便宜，但一定走不了太远。我唐晶尤其不喜欢这样的人。你想升职，想坐到凌玲原来的位置，要先学做人。

问题：

1. 请分析唐晶的领导风格及特点。

2. 你认为唐晶是一个有能力的领导者吗？上述案例给你哪些启示？

第四篇

组织行为

第八章

组织结构与设计

◎ 学习目标

知识目标

1. 掌握组织的概念、特征及分类。
2. 理解组织设计的基本原则及影响因素。
3. 熟悉常见的组织结构及特征。
4. 了解未来组织结构的特征及新兴组织结构。

能力目标

能根据情境分析不同组织结构的优劣。

引例

老王的烦恼

老王原是一家汽车销售分销公司的中层领导，后来他承包了公司下属的一家分销处——腾达公司。在头几年，主要采取原公司的管理模式与方法。

当公司规模还小时，一切都运转顺利。随着公司销售量增加，规模不断扩大，公司并购了一家汽车出租公司，不久又兼并了另一家汽车代理厂商。规模的扩张，增加了老王的工作量，也花费了他大量的时间和精力。但公司的运行仍是按照以前的一套，组织结构也没有变化，结果有些事情不能得到很好的解决，有些会议通过的决议也没有得到执行，许多重要的项目被推迟。老王意识到必须在尽可能短的时间内，重新建立起精简高效的组织机构。对于组织的一些概念他也听说过，可是，应该怎样设置部门，管理幅度与层次是怎么回事，有哪些可供选择的组织形式等问题，弄得老王一头雾水。

通过上述案例，请思考：

1. 你认为腾达公司目前存在哪些问题？它们是怎么产生的？
2. 你认为老王现在应该怎么做？

第一节　组织概述

一、组织的定义及特征

关于组织的定义，可谓众说纷纭。要全面把握组织的含义，可以借鉴亨利·西斯克在《工业管理与组织》中提出的概念："组织这个词有两个不同的意义，其一涉及作为实体本身的组织，另一个涉及作为一个过程的组织。"

可见，组织有两个基本含义。其一作名词用，是指有一定目的、结构，互相协作，并与外界相联系的人群集合体。组织可以是营利性的机构，如海尔集团、中兴通讯等各种企业性组织，也可以是非营利性的机构，如政府部门、慈善机构等。其二作动词用，是指组织活动，即按照一定的目的、任务和形式，对做事的人进行编制并形成工作秩序。

组织一般具有三个特征：

（1）既定目标，即组织成员一致努力以求达成的共同目标。

（2）既定分工，即组织成员通过分工而专门从事某项职能工作。

（3）既定秩序，即通过有关的规则设定所形成的成员之间的正式关系。

二、组织结构

任何组织都有其一定的结构。组织结构是指一个组织内各构成要素以及它们之间的相互关系，它描述组织的框架体系。组织结构主要涉及组织部门构成、基本的岗位设置、权责关系、业务流程、管理流程及组织内部协调与控制机制等。组织结构由组织的目标、任务以及环境所决定，直接影响着组织内部行为的效果和效率，影响着组织宗旨的实现。

管理者在进行组织结构设计时，必须首先回答六个关键问题，具体如表 8-1 所示。这些问题及其答案，构成了组织结构的六个基本要素，也是设计组织结构的基本依据。

表 8-1　组织结构的六个关键要素

有关组织结构要素的关键问题	答案
1. 把人、物分解成各自独立的工作应细化到什么程度？	工作专门化
2. 对工作进行分组的基础是什么？	部门化
3. 员工个人和工作群体向谁汇报工作？	指挥链
4. 一位管理者可以有效地指导多少个员工？	管理幅度
5. 决策权应该放在哪一级？	集权与分权
6. 应该在多大程度上利用规章制度来指导员工和管理者的行为？	正规化

（1）工作专门化，是指将组织中的任务进行细分，分至各个独立职务的程度。

（2）部门化，是指职务组合的基础，一旦组织任务分为各个不同的职务，就需要将不同的工作进行组合。

（3）指挥链，是组织从高层到基层的不间断的权力链条，它明确了谁向谁汇报工作的脉络。

（4）管理幅度，是指一个管理者可以有效指导的员工数量。

（5）集权与分权，是指在组织中，决策权放在哪一级别，高层、中层还是基层？决策权所在的级别越高，权力越集中；反之，则是权力分散。

（6）正规化，是指在组织中职务标准化的程度，即组织采用规章制度来管理员工和管理者行为的程度。

三、组织类型

从不同的角度组织可划分为不同的类型。例如，从组织的性质和目的划分，有企业组织、政府组织、政党组织；从组织的规模划分，有大型组织、中型组织和小型组织；从人为设定还是自发形成划分，有正式组织和非正式组织。下面从企业组织系统的特征角度划分，有机械型组织和有机型组织两种。

（一）机械型组织

所谓机械型组织，即以高度复杂化、高度正规化和高度集权化为特征的一种组织。这种组织的结构一般有职能制、直线职能制、基于职能的事业部制等（具体介绍见本章第三节）。机械型组织的主要特征是：

（1）高度专业化、集权、等级分明。

（2）高层管理独占信息，强化权力和层次结构。

（3）采取正式的等级体系进行协调和沟通。

（4）每个职务的角色、职责、工作内容和资格条件都有明确规定。

（5）职权、控制和调配分等级、层次实施。

（6）注重纵向、上下级之间的沟通。

（7）主管部门依靠制定和下达规则条例、指示、命令来进行管理。

（8）对组织成员强调服从上级和对组织忠诚。

（二）有机型组织

有机型组织与机械型组织截然不同，它是以低复杂化、低正规化和分权化为特征的一种组织。这种组织的结构一般有任务工作组、矩阵制等。有机型组织的主要特征有：

（1）工作没有固定的规定和分工。

（2）个人的任务根据整个公司的总任务和目标，结合个人的知识、能力和特长来确定。

（3）个人的任务可通过与其他人的协调来不断调整，强调多方位、多层面的合作，包括纵向和横向层面。

（4）注重横向的沟通和交流。

（5）信息共享。

（6）分权决策。

（7）重视组织成员对公司任务的完成和承担的义务及职责。

机械型组织和有机型组织在运行过程中，各有其优点与不足。总体而言，机械型组织的优点主要体现为：组织一旦成立，即能快速进入运行系统；运行过程中，组织成员根据事先设定的岗位职责各司其职，有序进行，一旦组织哪个部位出错或功能失调，也容易查出责任者。但不足之处是信息传递慢，且经常会层层过滤，使信息遗漏或变样；组织成员不能充分发挥个人专长，容易滋生个人保护主义。有机型组织的优点主要体现在：组织成员能根据个人专长从事其合适的工作；成员能共享组织愿景；信息沟通顺畅。不足之处是组织内容易出现“真空地带”，即组织中的少数需要做的工作可能无人去做；有些部门的工作可能人员饱和；组织运行中有时会出现紊乱。

第二节 组织设计

一、组织设计的基本原则

组织设计是管理者为实现组织目标而对组织工作和组织结构进行设计的活动。其目的就是要对组织成员之间的工作关系做出正式安排，即形成正式组织。一般来说，组织设计的基本要求和原则包括以下几方面。

（一）统一指挥原则

统一指挥原则最早是由法约尔提出来的。统一指挥原则是组织活动有秩序、高效率开展的重要保证。依据这一原则，组织中每位员工只需服从一个上级的命令和指挥，并仅对这一个上级负责。只有这样，才能保证命令和指挥的统一，避免了多头领导的现象。统一指挥原则要求上级指示从上到下逐级下达，不允许发生越级指挥的现象。下级只接受一个上级的领导，只向一个上级汇报工作并负责，这就在上下级之间形成了“一个”指挥链，如果需要两个或两个以上的管理者同时指挥，则必须在下达命令前，管理者先相互沟通，达成一致意见后再下达。

统一指挥原则使组织内各个职位的权责明确，沟通渠道清晰，命令逐级下达，工作逐级上报，有利于组织进行有效的指挥和管理。

（二）分工协作原则

分工与协作是社会化大生产的客观要求。分工是指按照提高管理的专业化程度和工作效率的要求，把组织的目标和任务分成各层次、各部门及每个人的任务和目标，明确各层级应完成的工作。协作则是指明确部门之间、部门内部以及各项职权的协调与配合的方法，分工与协作是相辅相成，缺一不可的。因此在进行组织设计时，要同时考虑这两方的问题。

（三）权责一致原则

权力是指在规定的职位上具有指挥和行事的能力；责任就是在接受职位、职务时应尽的义务。职权与职责必须协调一致，要履行一定的职责，就应该有相应的职权，这是权责一致原则的要求。如果有责无权，就会束缚人的积极性和主动性；相反，有权无责，必然造成滥用权力，助长官僚主义。所以，设置适当的机构，配备适当的人员，规定适当的职责，也应授予适当的权限。

（四）有效管理幅度原则

有效管理幅度是指一个管理者能够直接有效管理下属的人数。影响管理幅度的因素是多方面的，管理幅度会因组织或个人的差异而不同。由于管理幅度的大小影响和决定着组织的管理层次、主管人员的数量等一些重要的组织问题，所以，每一个管理者应根据不同的情况并结合工作的性质以及被管理者的素质等特征来确定适用本组织的管理幅度，从而既能保证统一指挥，又有利于组织内信息的沟通。

（五）稳定性与适应性相结合原则

稳定性与适应性相结合原则是指组织结构及其形成既要有相对的稳定性，不要轻易变动，又必须根据组织内外条件的变化和组织的发展目标，做出相应的调整。

一般来说，组织要进行有效的活动，就必须维持一种相对平衡的状态，组织越稳定，其效率越高。但是任何一个组织都是一个开放的社会子系统，组织在其活动过程中，总是与其外部环境发生一定的相互联系和影响。组织生存环境的变化就要求组织结构不能僵化，必须具备一定的弹性以适应变化和调整的需要，因为只有调整和变革，才会给组织重新带来活力和效率。

（六）集权与分权相结合原则

为了保证组织的有效运行，必须处理好集权与分权的关系。如果事无巨细，把所有的权力都集中在最高管理层，不仅会使高层管理者淹没于烦琐事务之中，顾此失彼，还会助长官僚主义。实行局部管理权限的分散，使下属有责、有权，不仅可以调动他们的积极性，提高工作效率，还可减轻上级主管的负担。

处理好集权与分权的关系，要求组织中的重大决策及全局性的管理问题实行集权，对局部的日常管理实行分权，即该集中的权限必须集中起来，该下放的权限就应当分给下级。

（七）精简效率原则

精简效率原则要求在围绕组织目标或任务进行业务活动的前提下，力求减少管理层次，精简管理机构和人员，提高工作效率，从而更好地实现组织目标。如果组织层次繁多，机构臃肿，人浮于事，则势必导致办事拖沓、效率低下的结果。因此，一个组织是否精简高效，是衡量组织结构是否合理的主要标准之一。

二、组织设计的影响因素

在本章开篇引例中，老王承包了腾达公司。随着公司规模扩大、业务不断扩张，原有的管理模式与方法已无法适应公司的发展。老王作为企业负责人清醒地认识到公司需要进行组织再设计。

从组织行为学的角度来看，组织设计最重要的环节是找到纵向控制和横向协调之间的合适的平衡点。纵向控制的目的是保持效率和目标的一致性，横向协调则是为了保持组织的学习能力、创新能力和适应能力。组织在特定的发展阶段是重视效率和控制，还是重视学习和灵活性，以及如何平衡纵向控制与横向协调的关系，完全取决于组织的战略、环境、组织生命周期、技术等关键要素的具体特征，如图 8－1 所示。下面分别就这些权变因素是如何对组织设计产生影响进行简要说明。

（一）战略

战略是组织在与竞争性环境相互作用中实现预定目标的计划，是影响组织设计的第一个重要因素。目标和战略不同，目标是组织要达到的目的地，战略是如何到达目的地。战略的选择会影响组织的内部特征，组织设计必须支持企业的竞争战略。例如，力求成长和开发新产品的公司，看起来或者“感觉”起来就与那些身处稳定的旨在维持市场份额的企业有很大不同。

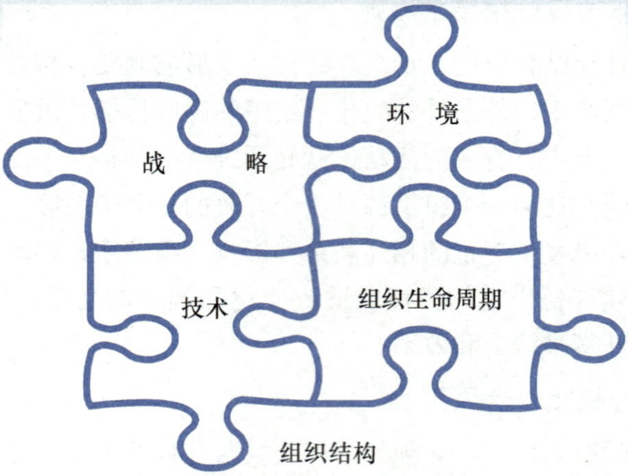

图 8-1 组织设计主要影响因素分析模型

表 8-2 概括了迈尔斯和斯诺的战略分类及相应的组织设计特征。

表 8-2 迈尔斯和斯诺的战略分类及相应的组织特征

战略分类	战略特征	相应的组织特征
探索型	着眼于创新、冒险、寻求新的机会以及成长。探索型战略适合于动态、成长中的环境，因为这时创造性比效率更重要。当今领先的高科技企业，基本采取此种类型的战略。	1. 学习导向 2. 灵活、机动、分权的结构 3. 强大的研究开发能力
防御型	与探索型战略相反，防御型战略的采用者更关注稳定甚至收缩，它力求保持现有的顾客，而不寻求创新和成长。防御者主要关心内部的效率和控制，以便为稳定的顾客群提供可靠的、高质量的产品。处于衰退的行业或稳定的环境中的组织，采用防御型战略较多。	1. 效率导向 2. 集权和严格的成本控制 3. 强调生产效率和降低管理费用 4. 严密地监督 5. 很少向员工授权
分析型	分析型战略的采用者试图维持一个稳定的企业，同时在周边领域创新。企业中有些产品面向的是一种稳定的环境，因而对应采取追求效率的战略，以便保持住现有的顾客。其他产品则处于新的、更为动态，但具有成长性的环境中。因此，分析型战略就力图在现有产品线的高效率生产和新产品线的创造性开发之间取得平衡。	1. 效率和学习相平衡 2. 在进行严格的成本控制的同时保持灵活性和适应性 3. 产品高效率生产，同时强调创造性 4. 研究及冒险的创新行为
反应型	反应型战略实际上并不能被称为战略，因为反应者只是以一种随机的方式对环境的威胁和机会做出被动的反应。采取这一战略时，高层管理者既没有制订长期的计划，也不明确指出组织的使命和目标，因而组织所采取的行动似乎是为了满足眼前的需要。	1. 没有明确的组织形式 2. 根据情况的变化，组织设计特征会发生急剧的改变

（二）环境

环境是影响组织设计的第二个重要因素，它是指组织开展各种业务活动所涉及的处于组织边界之外的区域。

一般来说，对外部环境进行分析的主要内容包括 10 个方面：行业、原材料、人力资源、金融资源、市场、技术、经济形势、政府、社会文化以及国际环境。分析的角度则包括两个维度，即复杂性和稳定性。

环境的复杂性指的是与组织运营有关的外部环境要素的数量与不相似的程度，通常也称为环境的异质性。复杂的环境意味着有许多不同的外部要素与组织发生相互作用并影响到组织。而简单的环境，只有三四个相似的外部要素影响组织。环境的稳定性指的是环境要素是稳定的还是动态多变的。如果在几个月或者几年时间内环境因素一直保持不变，这就是稳定的环境。不稳定的情况是指环境要素突然变化。虽然现在大多数组织都面临着越来越不稳定的环境，但是传统的稳定环境在某些地区或者某些行业仍然存在。环境的复杂性和稳定性相结合，决定了组织所处环境的不确定程度。为保持组织的执行力，组织应该在内部结构和外界环境之间保持恰当的匹配。

（三）技术

组织采用的技术包括用于将组织投入（资源）变成产出（产品和服务）的工具、方法及活动。许多研究考察了技术与组织设计之间的关系，这一关系可以达到极为复杂的程度，因为它不仅涉及制造及维修技术，也涉及对部门一级技术和组织一级技术的考虑。

区分技术的一个主要角度是，看它是例行的还是非例行的。查尔斯·佩罗设计了一个方法，可以根据任务的多变性（意外新奇事项发生的频率）及任务的可分析性（工作活动可在多大程度上分解成几个机械性步骤，使员工可按标准的客观的程序完成工作）的程度，将技术分成例行性技术和非例行性技术。通过研究以上这两个角度，人们可以确定某技术是例行性的还是非例行性的。例行性技术的特点是任务没有多变性，具有很高的可分析性，即可采用客观的可计量的程序完成工作，任务是正式化的、标准化的，如汽车组装业。非例行性技术则有很高的任务多变性，转化过程不易分析或被深刻理解，分析问题及活动时需人力大量参与，就像研究或战略规划部门中的情况一样。常规工作（如家具制造）也是一种非例行性技术，需要有经验和技术知识的人来解决问题并完成工作。

总的来说，例行性技术与组织的机械性结构是相关联的。组织采用垂直的、高度部门化的结构（如传统的职能结构）就可达到成功。与例行性技术配套的常常是：广泛的正式化、更多的中央集权和严格的指挥链。而在采用非例行性技术时，组织方针一般是有机的，结构更灵活、正式化程度低、有更多的权力下放及广泛的水平协调。表 8-3 介绍了两种技术的结构特点。

表 8-3 技术与组织结构特点的关系

例行性技术（机械结构）	非例行性技术（有机结构）
高度正式化	低度的正式化
高度中央集权	低度中央集权
高度专业化	低度专业化
广泛的控制面	控制面中等或较窄
垂直书面交流	水平交流

同一组织内不同部门可能采用不同的技术，因此就产生了不同的信息处理需求，为此，不同部门需应用不同的结构方法。制造部门可能会用例行性技术，在采用高度机械的结构方法的情况下取得成功。而研发部门则需用更有机的结构，以便为非例行性研究活动提供必要的更高水平的交流及协作。这突出表明了组织结构的复杂性。与常见问题及不确定性打交道的部门，需有一个更灵活的（结构）方法，尽管组织本身采用了以机械性为主的结构。例如，在医院急诊室，高度熟练的医护人员需要有根据遇到的独特问题，主动和酌情处理的权限和自由。如按严格程序办事，急诊医护人员就无法面对突发的生死问题而做出适当反应。但对例行的医院活动（如收取医药费等）来说，严格的规则和标准的程序，是适宜的也是必要的。

（四）组织生命周期

所谓组织生命周期，是指一个组织的诞生、成长直至最后消亡的过程。一般将组织生命周期划分为创业阶段、聚合阶段、规范化阶段和协作阶段。在这四个阶段中，随着每一次组织向生命周期的下一个阶段演进，组织的结构、领导风格和管理系统等都会相应地演变为一种相对可预见的模式。

（1）创业阶段。组织诞生之初的经营重点是创造出一种产品，并力求在市场竞争中生存下来。此时的组织是一种非正规的组织，不具有明显的以层级为主的行政式机构的特征。组织中的工作时间往往很长，且依靠创业者的亲自监督来实施控制。在创造性地推出某种新的产品或服务的过程中，组织获得了成长。

随着组织成长，在创业阶段的末期，组织一般会经历领导危机。由于员工的日益增多，富有创造力的、精于技术的创业者将面临强化组织内部管理的问题。当领导危机出现的时候，创业者要么调整组织的结构以适应成长的需要，要么引入更能胜任管理工作的得力的职业经理人来进行管理。

（2）聚合阶段。如果创业阶段的领导危机得到了很好的解决，组织有了强有力的新的领导者，这时组织就开始提出明确的经营目标及发展方向。组织设置职能部门，建立职权层级链，并给各层级、部门分配明确的任务，从而有了初步的劳动分工。员工们对组织使命一致认同，竭力协助组织取得成功。此时，组织中开始出现一些非正规的制度，但沟通和控制大多是非正式的。

在聚合阶段末期，组织一般会经历分权危机。如果新的管理层成功地进行了领导，低层级的员工们逐渐发现他们受制于自上而下的强有力的控制之中。下层管理人员开始在自己的工作领域中获得自信，从而要求有更多的自主权，而凭借强有力的领导和愿景激励从而获得成功的高层管理者可能不愿意放弃自己手中的权力，这样就会产生分权危机。高层管理者希望确保组织的各个部分都协调运作并齐心协力，这时，组织需要找到一些方法来协调和控制各个部门的活动，而又不需要高层管理者进行直接的监督。

（3）规范化阶段。在组织生命周期的第三个阶段，组织会大量地建立和使用各种规则、程序和控制系统。私下的非正式的沟通逐渐被正规的沟通比如会议、报告等取代。组织中增加了工程人员、人力资源专家以及其他职能领域的专业人员。高层管理者关心的重点转移到了战略、经营计划、财务管理等方面，而把公司的日常经营管理问题交给中层管理人员进行处理。在这个阶段，组织可能会设立产品群部或者其他的分权单位，以增进协调。

规范化阶段的末期，组织一般会经历文牍主义的危机。这时，制度和规划的广泛使用可能开始成为困扰中层管理人员的最大难题。组织似乎过于行政化、官僚化了，中层管理人员可能对职能部门中参谋人员的大量介入表现出极度的不满。此时，在创新方面，组织也开始受到来自各个方面的束缚。组织开始表现出过于庞大、臃肿和复杂的趋势，以至于难以通过正规的计划进行正常的管理了。

（4）协作阶段。克服文牍主义危机的办法是通过培育一种新的管理，以促进组织内部各业务单元和职能部门之间的协作，以及以团队工作的方式来进行运作。在这个阶段，管理者要开发员工面对和解决问题以及协同工作的能力。这时，官僚体系可能已经发展到了极致，管理者需要学习在官僚系统中不再增加官僚作风和习气。正规的制度可能开始得到简化，取而代之的是管理者团队和任务小组。

在协作阶段的末期，组织一般会经历缺乏活力的危机。当组织成熟以后，可能会步入暂时衰退的时期，可能每 10～20 年就需要对组织进行一次重建，使之获得新的活力。这时的组织可能不再适应其环境，或者变得行动迟缓，过于官僚化，因而必须经历一个重塑和创新的过程。在这个阶段，组织通常需要更换高层管理者。假如一个成熟的组织不能成功地进行周期性的旨在再造活力的变革，它就会衰退。

随着组织在生命周期四个阶段中的演进，其结构、控制系统、创新、目标等方面都会发生相应的变化。

（五）其他因素

除了上述四个主要因素对组织设计具有重要影响外，组织规模和文化等因素也对组织设计具有一定的影响。

大型组织往往以一种标准化，甚至常常是机械化的方式运作，并且呈现出高度的复杂性，这种复杂性使得组织能够拥有大量的各种职能专家，他们能完成复杂的任务，生产出复杂的产品。而且，大型组织一旦成为稳定运行的机构，能在市场上持续地存在多年。

小型组织则实行一种扁平化的结构和机动、灵活的管理风格，这有助于激发创新精神和创造力。员工在小型企业的经营过程中的个人高度参与感也极大地激发了他们的工作积极性和对企业的全身心投入。

微课时间

腾讯第三次组织结构调整

请思考：

什么原因促使腾讯进行第三次组织架构调整？

三、组织设计的思路与流程

组织设计的基本思路一般遵循“因事设岗，因岗设人，以人成事”的原则。也就是说，按照组织目标和任务的需要进行部门划分、组建机构、设立岗位，然后再按照岗位的需要选择合适的人员来担负责任、行使权力、落实工作。做到“因事设人，人得其位，各尽所能，扬其所长”。

一般来说，常见的组织设计思路及流程有以下两种。

（一）自上而下的设计思路

按照自上而下的组织设计思想，首先必须明确组织目标，并根据组织目标来确定组织的基本职能，即图 8-2 中的第一个层次；然后再以职能细分和归类为依据，设置相应的机构，并把各机构部门的任务和功能分解，设置相关的具体职务，即第二层次；最后以必要的职位与各种职务相对应，确定编制，按照职位要求和编制配置合适的人员，即第三层次。

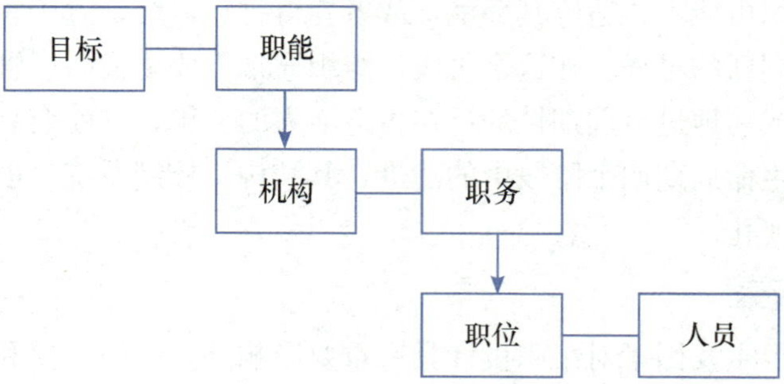

图 8-2　自上而下的设计思路

其中，职位是根据组织目标为个人规定的一组任务及相应的责任。职位即岗位，它是人与事有机结合的基本单元，职位与个人是一一匹配的；职务则包括了一组责任相似或相同的职位，它是同类职位的集合，也是职位的统称。

（二）自下而上的设计思路

自下而上的设计思路多适用于设计全新的组织之中。其设计思路是：首先，在目标活动逐步分解的基础上设计和确定组织内开展工作所需要的职务类别和数量，依据职务分析来确定任职人员责任和素质要素并形成职务规范；其次，依据组织所处的环境、所拥有的资源和一定的原则，并根据各职务的工作内容的性质和与其他职务之间的关系，进行组织的部门划分，对于划分后的各部门，还要对其工作内容和数量进行调整，从而达到设计的合理化；最后，根据各部门工作的性质、内容和需要，设计整体组织结构和纵向、横向组织关系，规定各部门之间的职责和权限，从而构成完整的组织结构网络（见图 8-3）。

组织设计的最终成果体现在两份文件上——组织结构图和组织手册。组织结构图是用图示的方法显示组织的层次、职务间联系、沟通关系、职能部门的指挥与协作关系，它能以简明、标准、清楚的形式，显示复杂、抽象的组织结构和组织关系。组织手册是用于说明组织结构目标、权责关系、职务规范、组织制度等组织基本事务的文

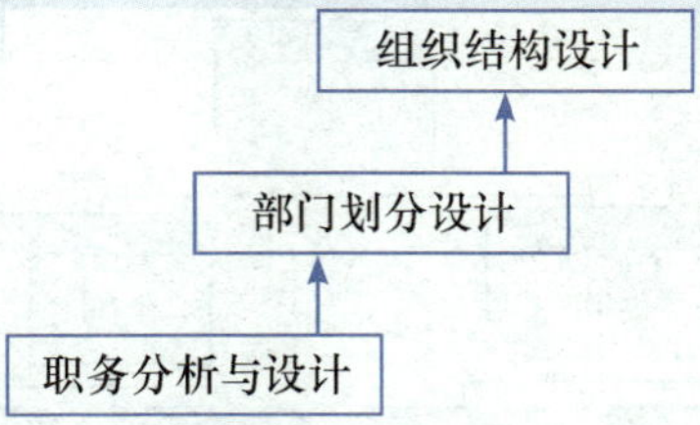

图 8-3 自下而上的设计思路

件汇编。组织手册有助于促进组织成员相互了解其职责，并为进一步研究组织问题，改进和完善组织提供了重要依据。虽然不同的组织有不同的组织手册，且其格式也不尽相同，但通常包括部门职责范围、部门人员定编资料、职务说明书、职务规范、组织管理原则等方面的资料。

最后，需要指出的是，组织设计是一个动态过程，在组织结构运行的过程中，由于组织环境不断变化、新情况不断出现，会出现许多不足和不完善的地方，因此，在组织运行中，依然需要对组织结构进行必要的修正和完善。

第三节　组织结构

一、组织结构的基本形式

组织结构是组织设计的结果和具体体现。在组织的发展过程中，形成了不同的组织结构形式，具有典型意义的组织结构形式主要有以下五种。

（一）直线制

直线制组织结构也叫单线型，是一种最简单的组织结构形式，如图 8-4 所示。如果直线制组织结构只有两三个纵向层次，则这种组织结构扁平化，决策权集中于一人的形式又称为简单组织结构。直线制组织结构的特点是组织中各种职位是按垂直系统直线排列的，指挥与管理职能基本上由主管领导者自己执行，不设职能机构。

直线制组织结构的优点是：权力集中，责任分明，联系便捷，命令统一，有利于指挥和控制。其缺点是：由于各层领导机构实行综合管理，要求领导者通晓多种知识和技能，尤其是在业务复杂、技术水平要求很高的情况下，领导者往往难以做到，而且这种综合管理还会造成无专业化分工，不利于提高专业管理水平。如果出现管理层次过多的情况，还会造成横向沟通困难，不利于部门之间的合作。

直线制组织结构受多种因素的限制，因此它适用于小型企业组织或用于现场作业管理。

（二）职能制

职能制组织结构又称为多线制。在这种结构形式中，各级单位除主管负责人外，

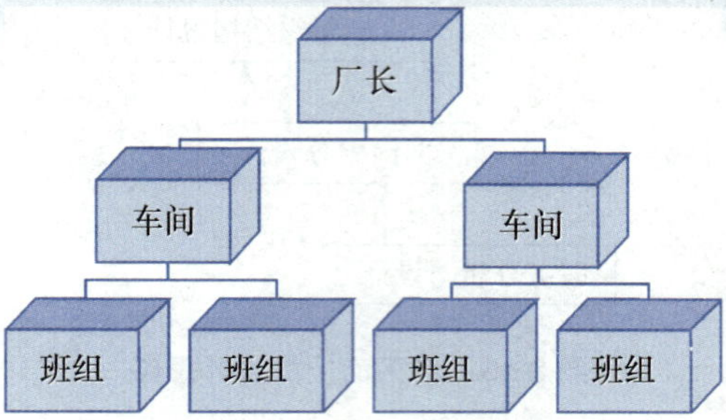

图 8－4　直线制组织结构

还相应地设立一些职能结构，分管职能管理的业务，如图 8－5 所示。这些职能部门在职能范围内有权直接指挥下级单位。职能制组织结构的优点是：可以解决主管负责人要对所有专业工作进行指挥的困难，借助于职能部门可以进行专业的管理。其缺点是：各个职能部门都拥有指挥权，因而导致下属要接受多头领导，扰乱指挥链。

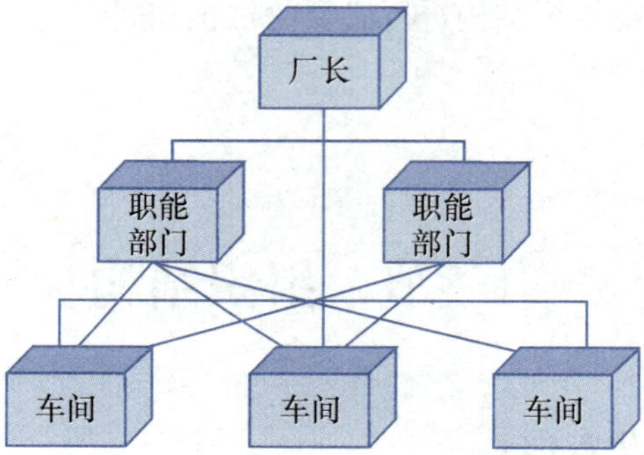

图 8－5　职能制组织结构

（三）直线职能制

直线职能制组织结构起源于 20 世纪初，是法约尔在一家法国煤矿担任总经理时所建立的组织结构形式，故又称之为“法约尔模型”。它是在“直线制”和“职能制”的基础上，吸收了这两种组织结构的优点，克服了它们的缺点而逐渐形成和完善的，如图 8－6 所示。直线职能制组织结构的特点是在组织的第二级机构按不同职能实行专业分工，即整个管理系统被划分为两类，一类是按命令统一原则而设置的指挥系统，另一类是按专业化原则设置的职能系统。其中，职能管理人员是直线领导的参谋，对下级部门提供职能支持，起到一种业务上的指导和服务作用，而不能进行直接指挥和命令。这样既保证了组织的统一指挥和管理，又避免了多头领导和无人负责的现象。

直线职能制组织结构的优点是：按职能划分部门，其职责容易明确规定；每一个管理人员都固定地归属于一个职能结构，有利于整个组织系统的长期稳定；部门实行专业分工，有利于提高工作效率，强化专业管理；管理权力高度集中，便于高层管理者对整个组织进行有效控制。其缺点是：高度的分工使得各职能部门各尽其职，往往片面强调本部门工作的重要性，容易产生本位主义，造成部门之间的摩擦，横向协调性差；各部门专业分工，不利于培养素质全面、能够熟悉全面情况的管理人才。

由于直线职能制组织结构能较好地适应现代组织的要求，因此这种结构形式被普遍采用。

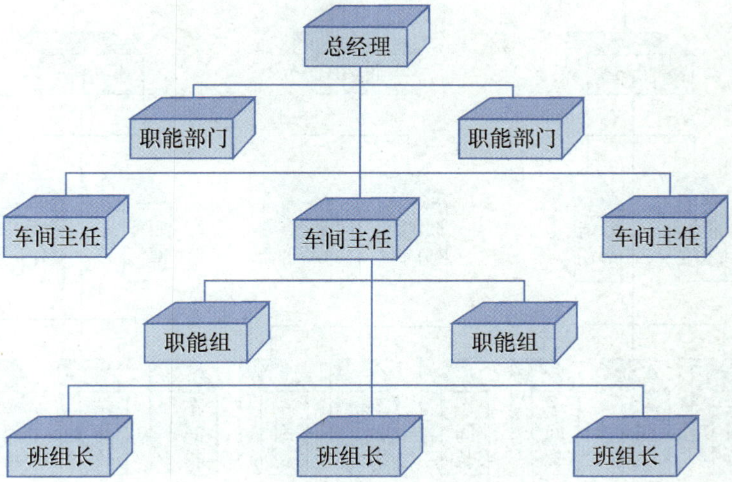

图 8－6　直线职能制组织结构

（四）事业部制

事业部制组织结构最早是由美国通用汽车公司总裁斯隆于 1924 年提出的，故有“斯隆模型”之称，是一种高度（层）集权下的分权管理体制。它适用于规模庞大、品种繁多、技术复杂的大型企业，是国外较大的联合公司所采用的一种组织形式，近几年，我国一些大型企业集团或公司也引进了这种组织结构形式。

事业部制是一种“集中政策，分散经营”的组织结构形式，即在集中指导下的分权管理形式，是集权化组织向分权化组织转化的一种改革，如图 8－7 所示。这种结构的组织按地区、市场或商品设立事业部，各事业部有相对独立的责任和自主权。企业的重大决策集中在总经理层，而事业部则在总经理的领导下，依据企业的战略方针和决策实行独立经营。各事业部作为总公司控制下的利润中心，实行独立核算。但事业部的独立性与控股型组织结构的子公司相比是不同的，事业部不具有法人资格，只是总部的一个分支机构。

事业部制组织结构的优点是：各事业部都有自己的经营范围并拥有较大的经营自主权，可根据市场情况做出快速反应；按产品划分事业部，便于组织专业化生产，形成规模经济，有利于节约经营和生产成本；事业部总经理负责领导一个自成系统、独立经营的企业，有利于培养全面发展的人才，为公司总部储备人才。其缺点是：各个事业部都需要设置一套齐备的职能结构，因而用人较多、费用较高，往往造成机构重复设置的情况；各事业部自主经营、独立核算，考虑问题往往从本部门角度出发，忽视整个企业的利益。

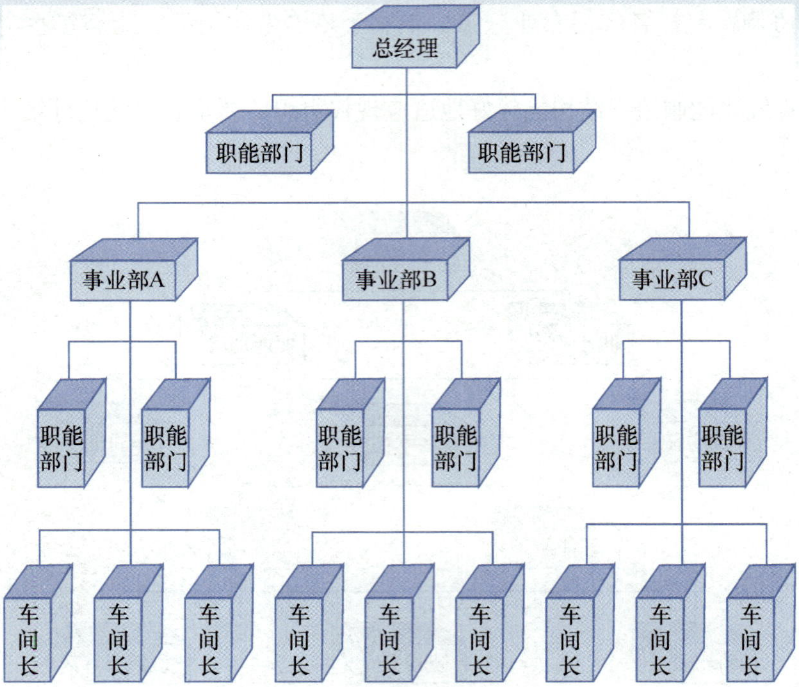

图 8-7　事业部制组织结构

延伸阅读

海尔的组织结构

海尔在发展过程中，为了营造使企业不断创新的机制，保持企业的高效运作和对市场的快速反应能力，其组织结构经过了一系列动态的调整。

起初，海尔实行直线职能制。随着海尔销售额的日益扩大，这种职能型组织结构使得公司高层领导者工作繁杂，无暇深入研究和妥善解决生产经营中的战略性问题。从 1994 年开始，海尔采用事业部制的组织结构。然而，对于各个事业部来说，事业部制组织结构仍是集权式，不利于事业部的长远发展。于是，海尔再次对事业部制进行了调整，建立了事业本部制组织结构，即在事业部的基础上成立了两级利润中心、一级成本中心。集团总部下设集团本部一级利润中心，本部下设事业部二级利润中心，工厂为成本中心。在两级利润中心，集团本部是很重要的协调部门，重要的利润职能在二级利润中心。随着企业外部环境由卖方市场向买方市场转变，海尔再次调整组织结构即业务流程再造，将事业部下面的职能部门合并。增设海外推进事业总部、海外销售事业总部等；由集团总部配送财务人员管理各本部财务。经过业务流程再造后，海尔的每一个本部都是利润中心，部门与部门之间、上下流程之间、上下公司之间都是市场关系，把海尔的外部市场压力转化为内部市场压力，解决了海尔集团规模扩大后如何继续保持创新能力的矛盾，并为每个员工提供了个性化创新空间，以满足客户个性化需要。

资料来源：http://www.doczj.com/doc/0e11091569.html.

（五）矩阵制

矩阵制组织结构是按职能划分的部门和按项目划分的小组结合组成的矩阵型结构（见图 8-8），它是美国在 20 世纪中叶创立的一种新的组织管理形式。矩阵制组织结构是由纵横两套管理系统组成的长方形组织结构，纵向为已有的直线职能系统，横向为完成某一特定的项目而组成的系统，也可以称之为非长期固定性组织。它的高级形态是全球性矩阵组织结构，目前，这一组织结构形式已在全球性大企业如杜邦、雀巢、菲利普·莫里斯等组织中进行运作。

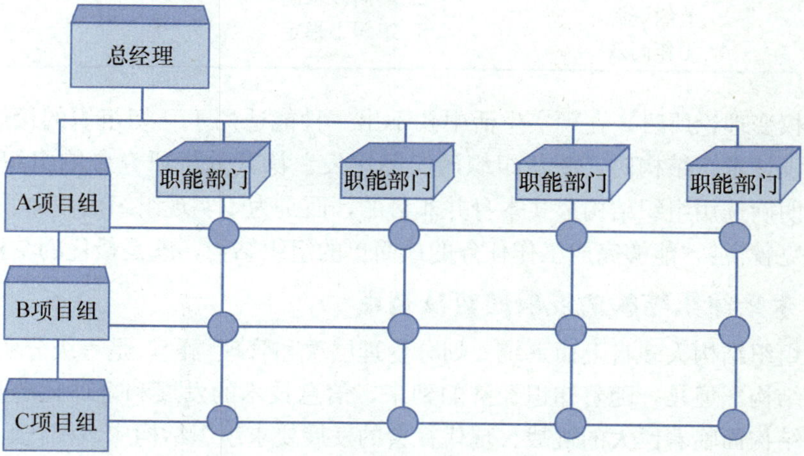

图 8-8　矩阵制组织结构

矩阵制组织结构的特点是，为了完成某一特别任务，由有关职能部门派人参加，以工作或产品为中心组织新的作业组织，协调部门的活动，以保证完成任务。

矩阵制组织结构的优点是：有利于组织跨职能的高度协调；有利于各部门人员之间的接触交流，增加彼此学习的机会和提高专业管理的水平；有利于针对特定任务有效配置，集众家所长，提高工作效率和项目质量。其缺点是：矩阵型组织结构多属临时性的组织，缺乏稳定性；两套的双重领导容易产生矛盾。

以上介绍了传统经济中常见的五种组织结构形式，其各自的优缺点和适用范围总结如下（见表 8-4）。

表 8-4　组织结构比较分析

组织结构	优点	缺点	适用组织类型
直线制	1. 命令统一 2. 权责明确 3. 组织稳定	1. 缺乏横向联系 2. 权力过于集中 3. 对变化反应慢	小型组织；简单环境
职能制	1. 高专业化管理 2. 轻度分权管理 3. 培养选拔人才	1. 多头领导 2. 权责不明	专业化组织
直线职能制	1. 命令统一 2. 权责明确 3. 分工清楚 4. 稳定性高 5. 积极参谋	1. 缺乏部门间交流 2. 直线与参谋冲突 3. 系统缺乏灵敏性	大中型组织

续表

组织结构	优点	缺点	适用组织类型
事业部制	1. 有利于回避风险 2. 有利于锻炼人才 3. 有利于内部竞争 4. 有利于加强控制 5. 有利于专业管理	1. 需要大量管理人员 2. 企业内部缺乏沟通 3. 资源利用效率较低	大中型、特大型组织
矩阵制	1. 密切配合 2. 反应灵敏 3. 节约资源 4. 工作高效	1. 双重性领导 2. 素质要求高 3. 组织不稳定	协作性组织；复杂性组织

正如权变理论所言，在现实生活中找不出一种能适用于一切组织的最好的形式。因此，在设计组织结构时，要从组织的实际出发，认真分析研究影响组织设计的因素。需要明确选用组织结构形式本身并非目的，而是为了实现组织的使命、目标和计划。德鲁克曾说："能够完成工作任务的最简单的组织结构，就是最优的结构。"①

二、未来组织结构的发展趋势及特点

传统组织结构大多自上而下统一划分管理层次和管理幅度，是等级分明的金字塔式的内部结构。但是，随着知识经济的到来，信息技术的发展和全球化趋势的加剧，传统组织结构面临着巨大的挑战。现代社会的发展要求组织结构应多样化，从集权走向分权，以确保组织正常有效地运行。未来的组织结构将在权力结构、信息结构、沟通结构等方面出现新的重要变化。

（一）组织结构扁平化

组织结构扁平化的一个重要手段在于尽量减少组织结构的中间层次，使指令下达、信息传递速度加快，从而保证决策与管理的有效执行，使组织变得灵活、敏捷，提高组织效率和效能。信息技术的迅猛发展使社会各层面的活动显著增加，知识流大大加速，时间的压力要求组织做出快速反应和决策以保持企业的竞争力。传统的等级制严重地阻碍了这种反应和决策，而网络组织减少了传统组织中的一些中间环节，管理层次的减少有助于节省管理成本，加快组织对市场和竞争动态变化的反应，使组织柔性化，反应更加灵敏，更好地为顾客服务。同时，组织结构的扁平化，为组织成员的工作提供了最大限度的空间，激励了士气并提高了效率。

（二）等级制弱化

传统组织的一个基本特征就是其官僚层级制度，具体表现为一种等级明确的组织结构形式。在未来社会中，网络技术的发展已经迫使每个组织在互联网上生存和发展。网络的优点在于信息共享和数据通信，组织利用其内部网络，把组织内各部门所有信息连接起来，这就使组织成员可以充分获得组织内的任何信息。内部网络的运用打破了公司内部信息和行政壁垒，使组织成员在平等的基础上进行对话和交流。网络组织不能完全取代传统组织中的等级制度，但会在一定程度上弱化这种等级制。

① L L 拜亚斯．战略管理．北京：机械工业出版社，1988：190.

（三）组织网络化

随着市场竞争的日趋激烈，越来越多的大公司认识到，庞大的规模和臃肿的结构越来越不利于竞争。因此，这些企业对组织结构进行整合，组建了网络化组织。网络化组织的重要特征是在网络化的基础上形成了强大的虚拟功能，网络化组织的中心有一个由关键人物组成的小规模内核，他们为组织提供持久的核心能力。通过互联网的开发，将企业所面临的众多分散的信息资源加以整合利用，通过一个界面观察到很多不同的系统，从而实现迅速而准确的决策。

（四）组织无边界化

组织更多的不是表现为一种有形的障碍，其界限越来越趋向于无形。企业再也不会用许多界限将人员、任务、工艺及地点分开，而是将精力集中于如何影响这些界限，以尽快地将信息、人才、奖励及行动落实到最需要的地方。“无边界化”并不是说企业就不需要边界，而是不需要僵硬的边界，这种边界使企业具有可渗透性和灵活性，以柔性组织结构模式代替刚性模式。传统组织具有纪律严明、队伍精干、重点突出、控制有效等优点，但通常缺乏自主创新意识，难以适应当今环境。在知识经济时代，由于科技的飞速发展，产品寿命相应缩短，组织必须对这种快速的变化做出反应。因此，柔性化已成为必然结果。柔性组织能够灵活地根据外部环境的变化，适时对组织结构、人员配置做出调整。

（五）组织多元化

企业不再被认为只有一种合适的组织结构，企业内部不同部门、不同地域的组织结构不再是统一的模式，而是根据具体环境及组织目标来构建不同的组织结构。目标决定战略，而战略决定结构。管理者要学会利用每一种组织工具，并且有能力根据某项任务的业绩要求，选择合适的组织工具，使组织从一种组织结构转向另一种组织结构。

（六）组织规模小型化

小型化意味着组织的精良化发展趋势，它去掉一切多余无用的东西，凡是不能为组织增加利益的部分就去掉，只留下最精干的部分。计算机等设备的运用，使中层监督和控制部门的工作重要性降低，从而使组织管理的层次和机构明显减少，而组织管理层次减少造成的管理幅度增大的困难可以用网络解决。再加之组织成员不再受专门化和专业化的限制，而是需要具有综合知识和综合能力的人，组织的人员规模也就不会很大。由于网络的使用，每个人所控制的领域都比传统的组织大，这样必然导致组织规模的小型化。小型化组织的出现，有利于组织在面对激烈竞争的知识经济时代，发挥小型化组织“船小好掉头”的灵活快捷的优势。

延伸阅读

互联网时代的平台化组织

如果管理大师德鲁克还健在，他一定会重新思考组织体系，因为传统的“公司＋雇员”这种持续了一百多年的组织体系，正被互联网时代平台化的组织所颠覆。在互联网经济还没有充分融入各个行业之前，“公司＋雇员”这种体系最大的好处是结构稳定、分工明确、效率高、成本低。组织中上下级关系明确，下级对上级提出来的要求、标准需要服从。

但是在互联网时代，这样的组织模式开始显现出它的“疲态”——波士顿咨询的一项研究报告显示：“在组织内部，相较于前辈，新一代的员工希望在较短的时间内实现自我成就，最大化其市场价值。因此他们会希望老板扮演‘辅导者’的角色，要求上层能够充分放权，赋予其更大的灵活性。”

美国的资本市场，如今排名前五的企业全部都是互联网公司，“这是历史上第一次，全部是互联网公司。”阿里研究院副院长宋斐说，这些互联网公司基本都是平台化的模式。

所谓平台化模式，就是去掉中间层，把整个组织变成根据业务需要成立的自由团队。传统的“公司＋雇员”的组织形态可以理解为“火车模式”，靠领头者的能力，而平台化组织则是“动车模式”，靠每节车厢共同驱动。无论是美国资本市场排名靠前的互联网公司，还是中国的百度、阿里巴巴、腾讯、京东，无一例外都是平台模式。而十年前，占据美国资本市场前列的几乎全是零售、石油、银行、电信这些传统行业。

“平台模式由来已久，但互联网时代之前的平台，无论在规模还是范围上，都无法与今天的互联网平台相比。”波士顿咨询资深合伙人兼董事总经理范史华称。

不仅如此，平台化的企业，用户群都是数亿规模，比如淘宝卖家数超过了1 000万、用户数超过4亿；滴滴平台上聚合了几亿用户及1 500万以上的司机，2015年全年的总订单量超14.3亿次，截至2016年10月，滴滴全平台每日移动出行规模超过1 400万人次。这是传统行业无法企及的数字。

“此时，无论对互联网公司本身而言，还是对整个社会来说，互联网平台已经成为一个新的基础设施，支持和激发全社会的创业和创新。”宋斐表示。

正因为如此，越来越多的小微企业依附于腾讯、阿里巴巴、京东这样的平台企业创业，韩都衣舍就是其中之一。这家互联网服饰品牌凭借“款式多、更新快、性价比高”的特点，在天猫平台上创下了多个销量冠军，2015年，收入达12.6亿元，净利润0.33亿元。它正是通过平台化组织来应对当前的不确定性，变“公司＋雇员”的组织体系为“平台＋个人”。这种变革不只发生在韩都衣舍，海尔、联想、万科、华为等大公司正在向平台型企业转型。范史华用“大平台＋小前端＋富生态＋共治理”来形容互联网平台模式的特点。实际上，互联网平台模式就是对全社会资源进行开放重组和融合再造的组织方式。

平台型的组织模式，正成为新经济领域中的一种主流模式。

资料来源：朱耘．平台化组织变革：从“公司＋雇员”到“平台＋个人”．中国经营报，2016-10-29.

三、新兴组织结构

（一）网络组织

网络组织是一种动态、松散的组织。网络组织结构有一个核心，它通过合同形式依靠其他组织进行制造、销售、开发或其他业务经营活动。这种组织结构的实质是突破企业的有形界限和延伸企业职能，充分利用外部新技术或低成本的原材料和劳动力等，以提高企业组织的适应性和竞争力。网络组织结构的一般形式如图 8-9 所示。

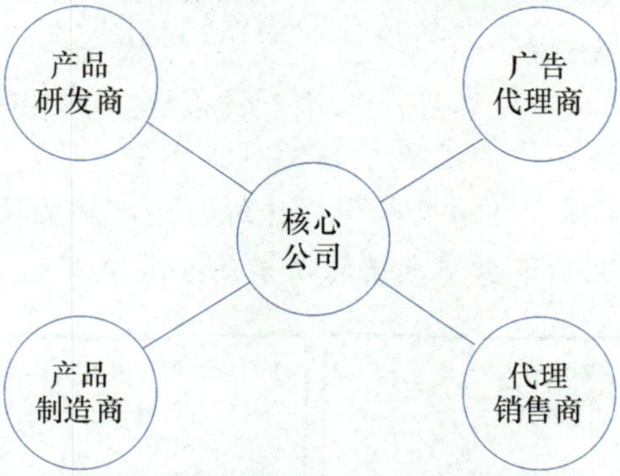

图 8-9　一般的网络组织结构

网络组织的主要优势是可以充分利用外部资源，分享技能、资金和市场，增加企业组织的灵活性和竞争力。它的主要不足是合作伙伴之间容易出现运作失控和对新兴技术缺乏战略控制，以及缺乏强有力的领导影响和能够协调问题的共同愿景。

（二）虚拟组织

“可以租借，何必拥有?” 这句话道出了虚拟组织的实质。虚拟组织是以市场模式组合代替传统纵向层级组织，以合同为纽带与其他组织进行经营活动的组织结构。虚拟组织是一种规模较小，但可以发挥主要商业职能的核心组织，它创造各种关系网，把公司基本职能交给比自己运作得更好、成本更低的外部组织，留下来的是组织的核心管理团体。公司同其他外部组织之间通常是一种契约关系，主管人员主要通过计算机网络联系的方式，把大部分的时间用于协调和控制外部关系上。

虚拟组织的特点是组织决策集中化程度很高，但部门化程度很低。其优点是灵活性强，缺点是公司总部对公司许多职能活动缺乏强有力的控制，员工的忠诚度较低。虚拟组织比较适合需要很大灵活反应能力和远距离跨国、跨地区开展经营活动的企业。

（三）模块化组织

模块化组织和上面讨论的虚拟组织，实际上都是不断变化的网络组织，这两种组织主要是基于价值链理论研究和设计的。模块化组织是指组织在进行全面战略控制的同时将一些非关键的职能外包，外取的资源可能是制造零部件、后勤服务或财会活动等。这种组织实际上是为外部的供应商和专业服务商所包围的一个中心机构，它可轻易地灵活获取这些资源。一般而言，制造企业和服务企业可以采用模块化组织结构。

在模块化组织里，将非关键的职能外包具有两个优点：一是它能够降低总成本，加快新产品的开发；二是可以使企业把重要资源集中于有竞争优势的方面，这样有利于将更多资金用于研究和开发，以及为销售人员和服务人员提供继续培训。

但是，模块化组织的成功必须具备或创立一定的前提条件。第一，公司必须与供货商密切合作，确保双方利益的实现；第二，模块化组织必须具有良好的内部人员素质；第三，公司采用模块化组织结构必须首先开发和制定一个战略规划，它要识别对企业未来发展起重要作用的核心能力和领域，然后把非关键的职能外包出去。

课堂讨论案例

六大科技公司组织结构图

2015年6月27日，网站设计师马努·科尔内（Manu Cornet）在自己的博客上画了一组美国科技公司的组织结构图（见图8-10），它们依次是亚马孙、谷歌、脸书、微软、苹果及甲骨文公司。这样一组有趣的图很快风靡网络。6月29日，它传入中国，在新浪微博上被转发了一万多次。

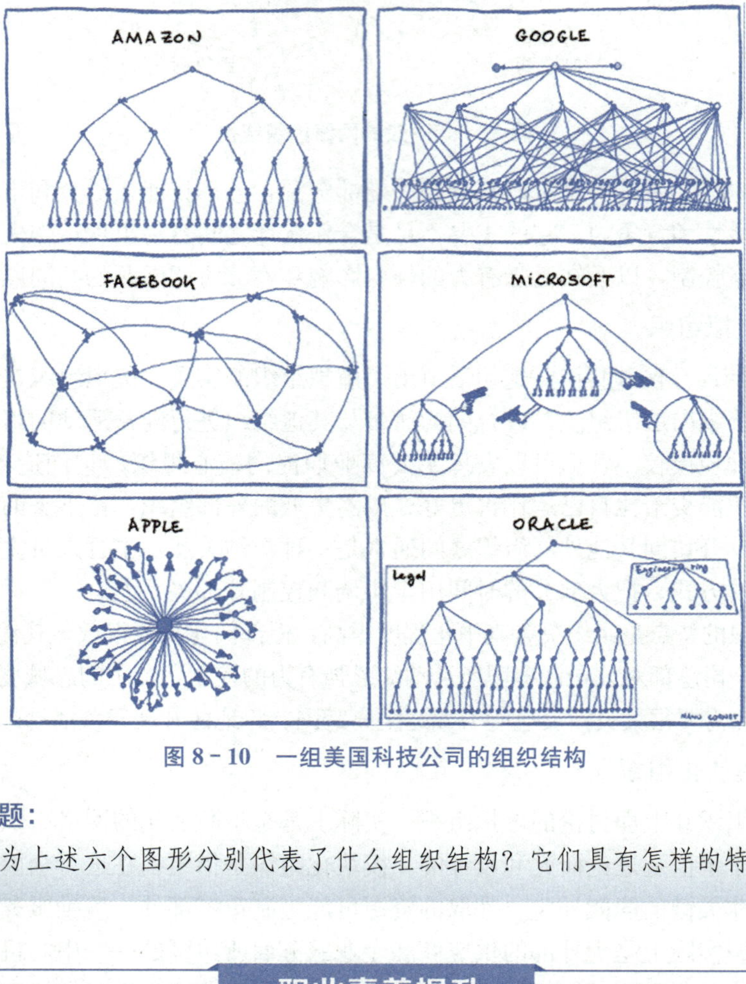

图8-10　一组美国科技公司的组织结构

思考题：

你认为上述六个图形分别代表了什么组织结构？它们具有怎样的特点？

职业素养提升

众所周知，恰当的组织结构是取得杰出绩效的先决条件，但并不存在"唯一、正确的组织形态"。权变管理思想告诉我们，各种不同组织形态，各有其长处、局限性和应用方式。组织结构不是绝对的，它是让人们有效地一起工作的工具。组织在不同时期、不同情况、不同任务下，应该选择不同的组织形态。所以，能够完成工作任务的最简单的组织结构就是最优的结构。

本章知识结构图

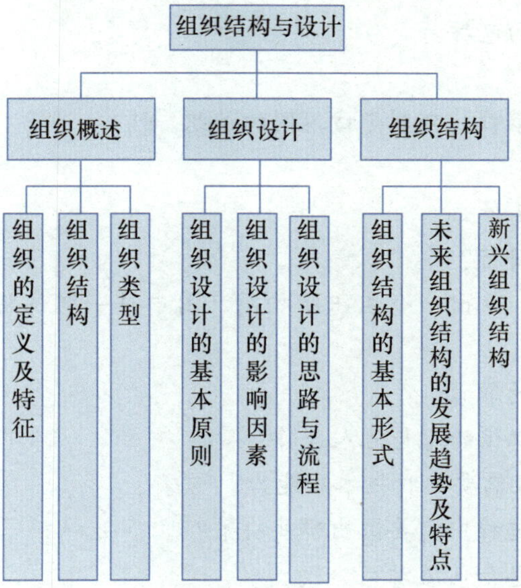

复习思考题

1. 组织的含义是什么？有哪些特征？
2. 组织结构的六个构成要素是什么？
3. 机械型组织与有机型组织各有什么特征？
4. 组织设计应坚持哪些原则？
5. 影响组织设计的主要因素是什么？
6. 组织结构的基本形式有哪些？各有什么特点？
7. 未来组织结构的发展趋势是什么？
8. 常见的新兴组织结构有哪些？各有什么特点？

认知与行为测试

官僚化倾向测试

团队作业

了解组织结构

一、调查目的

本调查将使你更好地了解组织结构的重要性。请在以下组织中选择一个展开调查活动：

1. 你所在的学院或大学。

2. 校园内或附近的一个新开业的快餐店。

3. 一个咖啡吧或面包坊。

二、调查要求

1. 学生以小组为单位，分别走访不同的组织。

2. 调查内容：

a. 该组织的目标是什么？

b. 如何实现组织目标？

c. 基于上述问题，画出一个组织结构图。图中每一职位将执行某一特定任务或负责某一结果。

d. 拟订每一职位的职责。

e. 如何保证每一职位的人与他人合作？

f. 每一职位和等级需要何种技术和能力？

g. 该组织在管理过程中需要做出哪些决策？

h. 该组织内的信息如何流动？

资料来源：理查德·L达夫特，等. 组织行为学. 北京：机械工业出版社，2004.

案例分析

腾讯公司组织结构变革

腾讯公司成立于1998年11月，是目前中国最大的互联网综合服务提供商之一，也是中国服务用户最多的互联网企业之一。

从成立到2004年底，职能制的组织结构形式帮助腾讯实现起步阶段的腾飞梦想。但是，公司高速成长的同时，管理运营成本也飞速攀升，到了2005年6月底，腾讯员工迅速增加到2 000多人，有多达30个业务部门，决策复杂，层次过多，关系不清晰，各个部门间的合作少、竞争多，效率下降快。针对高速发展后出现的机构膨胀和管理低效困境，2005年6月公司决定进行组织结构调整，及时从职能制改为矩阵制。

完成第一次组织变革后，腾讯产品创新加速，业绩增长迅猛，2006—2011年年均增幅高达66%。但是进入2012年后，腾讯内部问题集中爆发：一是组织规模急剧膨胀，运营效率急剧下降，员工人数和业务单元分别从2005年的2 000人、30个膨胀到20 000多人、100多个；二是层级过长，管理失控，项目重复多，资源浪费严重。同时，腾讯面临外部环境急剧变化：一是一站式的社交平台成为用户的首选；二是企业用户付费成为互联网公司的主要收入来源；三是全链条电商服务体系逐渐成为互联网企业可持续发展的源泉。为适应这种环境，腾讯的竞争对手通过创新组织结构，分别在企业用户付费方面和一站式的社交平台服务方面成为行业的标杆，企业的创新能力和盈利能力方面都是行业的引领者。

为应对技术创新和盈利模式上引领互联网行业所带来的挑战，适应互联网行业企业对技术创新、组织创新、管理创新的发展要求，腾讯于2011年6月开始对经营模式进行改革，将经营模式从原来的封闭式向开放式转变，而经营模式和盈利模式的改变需要组织结构的重大改变来支撑，于是便有了 2012 年 5 月 18 日腾讯宣布将开始新的一轮组织结构改革的行动。

腾讯组织结构变革的重点是整合一线产品线，优化业务系统结构，将原来的八大业务系统调整为六大事业群和一家电子商务公司，将组织结构从原来的矩阵制调整为职能制、矩阵制、事业部制、网络式混合型多维立体组织结构。这种组织结构将职能制的标准化和参谋功能，矩阵制的结构弹性，事业部制的分工清晰、决策快速、节约资源的优势和网络式的创新灵活、敏锐高效结合起来，既有大公司的平稳优势，又有小公司、小团队的灵活性和创业创新精神，符合当今企业组织结构小型化、扁平化和柔性化的发展趋势。调整后的腾讯减少了管理层级，提高了管理效率和技术创新能力，同时带动了合作伙伴的共同成长，做大做强腾讯的产业链，为腾讯获得持续竞争优势奠定基础。

资料来源：杨世信．知识转移视角下企业间组织结构转移案例研究．科研管理，2013（11）.

问题：

1. 结合案例，请说明职能制、矩阵制、事业部制和网络式组织结构各自具有什么特点。

2. 腾讯公司两次调整组织结构的原因是什么？

3. 这个案例给组织管理工作带来哪些启示？

第九章

组织文化

◎ 学习目标

知识目标

1. 掌握组织文化的概念及内涵。
2. 理解组织文化的功能。
3. 了解跨文化冲突的表现及管理策略。

能力目标

能根据情境识别并分析组织文化。

引例

顺丰快递员，为何如此拼命？

在人员流动率平均高达70%的快递行业，顺丰的员工流失率不到30%，这不能不说是个奇迹。除了外界盛传的高工资以外，顺丰凭什么留住这些基层快递员，并且还让他们这么拼命“跑腿”？顺丰基于直营模式下建立起来的企业文化，不失为快递业的一个标杆。

比罚款更“无情”的考核机制

“90后”快递员小王，幸运地成为顺丰的一员。高工资、正规、有影响力，成为他当初加入顺丰的几大原因。可最近小王因为一件事情闷闷不乐。站点监控记录到他“野蛮操作”，他因此被扣3分。事实上，他深知被发现“野蛮操作”的后果，所以一直很注意。他说当时他只是从小腿肚的高度把快件往下放，而公司要求普通快件离接触面之间的距离不超过30厘米。随后，他找到主管澄清，主管调看了监控记录后，很无奈地对他说：“你今天点儿背，就认了吧。”

小王被扣的是行政分，在顺丰，快递员把行政分看得比罚款都重要。从入职开始，每个人拥有20分的行政分，扣一分少一分。行政分不仅是内部晋升的必备条件，而且更重要的是，如果行政分低于10分，将会面临被劝退。分值被扣完的话，顺丰就会直接解除劳动合同。行政分一旦被扣掉，很难再增补回来。

顺丰有三条红线不能碰，即服务态度差、丢件、违反规章制度。只要触碰这三项，轻则扣行政分，严重的直接走人。基层快递员被处罚，管理层负有连带责任。点部主管、分部经理和分部主管，也会相应地被扣分。

顺丰几乎不罚款，原因在于顺丰管理层深知基层快递员的辛苦与不易。而且，在顺丰，有很多方式比罚款更能解决问题：除了扣行政分之外，还有培训、站点调整等手段。

比高收入更重要的是公平

而严厉的考核机制背后，是远远高于同行业的薪水。

几年前，北京国贸地区的一个顺丰快递员，连续两个月挣到了 12 万元。每天件都送不完，还叫来他的亲戚朋友帮着送。抛开特殊情况，顺丰将快递地区按快递员收入分为 A 类、B 类、C 类区域。“北上广深”属于 A 类区域，一个普通的快递员，在正常情况下，一个月能挣到 1.5 万元以上。

确保员工高收入只是一方面，顺丰更多在寻求一种内部收入的平衡。具体的做法是通过敏捷的调整体系，确保收入的公平性。而一个月挣 12 万元的情况，只是个例，发现这个情况后，顺丰快速调整了该快递员所在地区的作业体系。

从快递员到飞行员

“在顺丰，管理层都是内部提拔的，就连飞行员都会从基层快递员选拔。”小王口中的快递员到飞行员的逆袭故事，在他的同事中间广泛流传。这样的事情，恐怕只有在顺丰发生。

据了解，在顺丰，几乎所有招聘都是内部优先。只要公司有岗位需求，上到高管下到基层员工，都会收到招聘信息。所有人只要具备相应资历，就可以应聘任何一个岗位。通过内部选拔，员工可以从最基层的收派员一步步成长为副总裁。

顺丰向基层快递员不断传递着这样的信息：我期许你一个看得见的未来。你会看到，顺丰将如何改变你的一生。通过明确、公平的考核体系、晋升机制，顺丰会为员工展示一条非常清晰、明确的人生轨迹。而他们身边的直接领导，就是一个个鲜活的案例。

顺丰的发展很大程度上得益于员工的这种忠诚度，而这种忠诚度又来自对企业文化的认知程度。除了定期培训外，点部经理每几个月会被调换一次，A 站点的点部经理去 B 站点，B 站点的被换到 C 站点，以此类推。这样的好处是，基层员工的价值体系，已经不再是对某个基层管理者个人的认知，而是对企业整体价值观的认知。

资料来源：谢丹丹．顺丰快递员，为何如此拼命．国研网，2017－07－12.

通过以上案例，请思考：

1. 什么是组织文化？你认为顺丰的组织文化核心是什么？
2. 组织文化对企业发展能发挥怎样的作用？

第一节　组织文化概述

众所周知，每个人都有其鲜明的“个性”，它们由一些相对持久和稳定的心理特征所组成。例如，描述某人活泼热情、富有创新精神或者安静被动、现实保守。同样，一个组织也有自己的个性特征，例如，华为像一个大学校园，员工衣着休闲随意；宝洁的员工写备忘录不超过一页；杜邦的大多数会议是以安全问题作为开场……对这些看似神秘但反映组织个性的东西，我们称之为组织文化。

一、组织文化的概念与构成要素

20 世纪 80 年代以来，在起起落落、数量惊人的管理风潮中，组织文化可以说是最时髦的。然而，何谓组织文化，其真正内涵是什么，如何建立组织文化等问题，很多企业并未领会和掌握。

（一）组织文化的基本概念

组织文化也称企业文化、公司文化或企业精神。① 通常，组织文化是指组织在长期实践活动中所形成的，并为组织成员普遍认可和遵循的，具有本组织特色的价值观念、团体意识、行为方式和思维模式的总和。

简单地说，组织文化就是决定组织行为方式的价值观或价值观系统。价值观是指值得做的事情以及做某事的原因。组织文化使组织独具特色，并与其他组织相区别。尽管组织文化并不是唯一的决定性因素，却是影响组织成员做什么及怎样做的重要因素。

延伸阅读

某企业的核心价值观

1. 客户第一

——客户是衣食父母

尊重他人，随时随地维护企业形象。

微笑面对投诉和受到的委屈，积极主动地在工作中为客户解决问题。

与客户交流过程中，即使不是自己的责任，也不推诿。

站在客户的立场思考问题，在坚持原则的基础上，最终达到客户和公司都满意。

具有超前服务意识，防患于未然。

2. 团队合作

——共享共担，平凡人做非凡事

积极融入团队，乐于接受同事的帮助，配合团队完成工作。

决策前积极发表建设性意见，充分参与团队讨论；决策后，无论个人是否有异议，必须从言行上完全予以支持。

积极主动分享业务知识和经验；主动给予同事必要的帮助；善于利用团队的力量解决问题和困难。

善于和不同类型的同事合作，不将个人喜好带入工作，充分体现“对事不对人”的原则。

---

① 罗珉．管理学．北京：机械工业出版社，2006：79.

有主人翁意识，积极正面地影响团队，改善团队士气和氛围。

3. 拥抱变化

——迎接变化，勇于创新

适应公司的日常变化，不抱怨。

面对变化，理性对待，充分沟通，诚意配合。

对变化产生的困难和挫折，能自我调整，并正面影响和带动同事。

在工作中有前瞻意识，建立新方法、新思路。

创造变化，并带来绩效突破性的提高。

4. 诚信

——诚实正直，言行坦荡

诚实正直，表里如一。

通过正确的渠道和流程，准确表达自己的观点；表达批评意见的同时能提出相应建议，直言有讳。

不传播未经证实的消息，不背后不负责任地议论事和人，并能正面引导，对于任何意见和反馈“有则改之，无则加勉”。

勇于承认错误，敢于承担责任，并及时改正。

对损害公司利益的不诚信行为正确有效地制止。

5. 激情

——乐观向上，永不放弃

喜欢自己的工作，认同企业文化。

热爱企业，顾全大局，不计较个人得失。

以积极乐观的心态面对日常工作，碰到困难和挫折的时候永不放弃，不断自我激励，努力提升业绩。

始终以乐观主义的精神和必胜的信念，影响并带动同事和团队。

不断设定更高的目标，今天的最好表现是明天的最低要求。

6. 敬业

——专业执着，精益求精

今天的事不推到明天，上班时间只做与工作有关的事情。

持续学习，自我完善，做事情充分体现以结果为导向。

能根据轻重缓急来正确安排工作优先级，做正确的事。

价值观到底是什么？它们既不是普遍的伦理准则，也不是纯粹的道德价值观。它们是一种构成组织文化的共同理念，是关于“我们如何去做”和“我们是什么人”问题的一系列设想。与伦理不同，一个组织的价值观就是深层次的理念，诚实正直的人们或许也会反对它。问题不在于一个公司的价值观是否比另外一个公司的价值观好，而在于哪一种价值观更适合帮助公司实现自己的目标。可见，真正的评估标准就是适合与否。

（二）组织文化的构成要素

为了更深入、清晰地理解组织文化的内涵，我们可以通过剖析它的构成要素来进行。根据著名的组织文化理论研究者埃德加·沙因的观点，组织文化包括三个构成要素（如图 9-1 所示），即人工环境、价值观信条和基本假设。

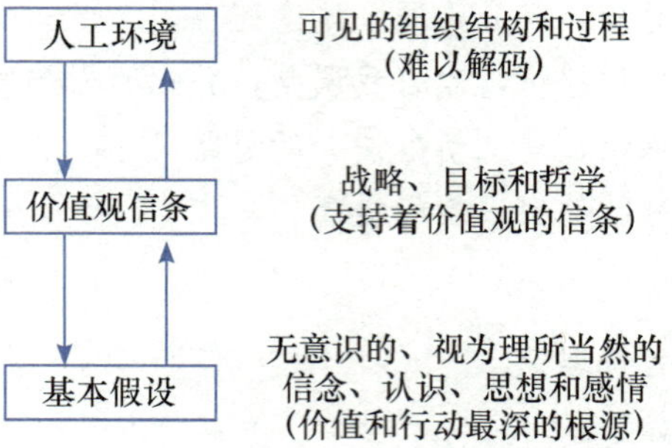

图 9-1　组织文化的三个构成要素

资料来源：EDGAR H SCHEIN. Organizational culture and leadership. 2nd ed. San Francisco：Jossey-Bass Publishers，1992：17.

1. 人工环境

人工环境是指当一个人进入有着陌生文化的新群体时，所见、所闻及所感，包括产品、服务以及组织成员的行为举止。例如，当你走进一家公司，你注意到该公司的总经理穿着随便，而另一家竞争对手公司的总经理却身着深蓝色名牌西装。你所观察到的这种不同的人工环境实际就是两种迥然不同的文化的证明。

人们工作时的衣着风格，他们如何安排自己的办公室，他们待人时言行举止的方式，他们交谈的实质以及他们如何谈论和对待顾客等，这些都是组织的人工环境。组织中人工环境无处不在，通过留心观察可以帮助我们了解组织文化。

2. 价值观信条

沙因将组织文化的第二个层次称为价值观信条。价值观信条是对本组织从事某事及如何行事的解释。价值观体现了一种共同的目标，即哪些事情值得人们竭尽全力去做。与人工环境相比，虽然价值观信条是观察不到的，但可以从人们解释或辩解自己行为的方式中察觉，组织成员往往有意识地坚持这类价值观。例如，3M 公司的全体员工都知道，公司文化推崇创新并予以重奖。

沙因认为，大多数企业组织文化中的价值观信条可以追溯到该文化的创始人身上。例如，在杜邦公司，很多程序和产品都是它所信奉的安全价值观的产物，这与杜邦是制造火药起家有关。引用杜邦一个管理者的话："要么你安全地制造火药，要么你干不长。尽管火药制造早已不是杜邦的主要业务，但安全价值观依然在杜邦文化中无处不在。"

3. 基本假设

基本假设是沙因观点的第三个文化层面。基本假设是指组织成员视为理所当然的信条。组织文化正是通过心照不宣的假设来反映组织中的"做事方式"。

人工环境、价值观信条以及基本假设构成了理解组织文化的基本要素，并反映出组织文化的两个层次——“外在”文化和“核心”文化，如图 9-2 所示。“核心”文化是组织文化的基础，是影响成员行为的核心价值或基本信念，属于无形的、更深的层次。而“外在”文化是有形的，除了人们可以观察识别到的人工环境外，组织往往通过故事、仪式和典礼、英雄人物、符号等形式，增强组织成员对共享价值观和假设的认同。正如中国著名企业家张瑞敏在分析海尔经验时所说：“企业发展的灵魂是企业文化，而企业文化最核心的内容应该是价值观。”

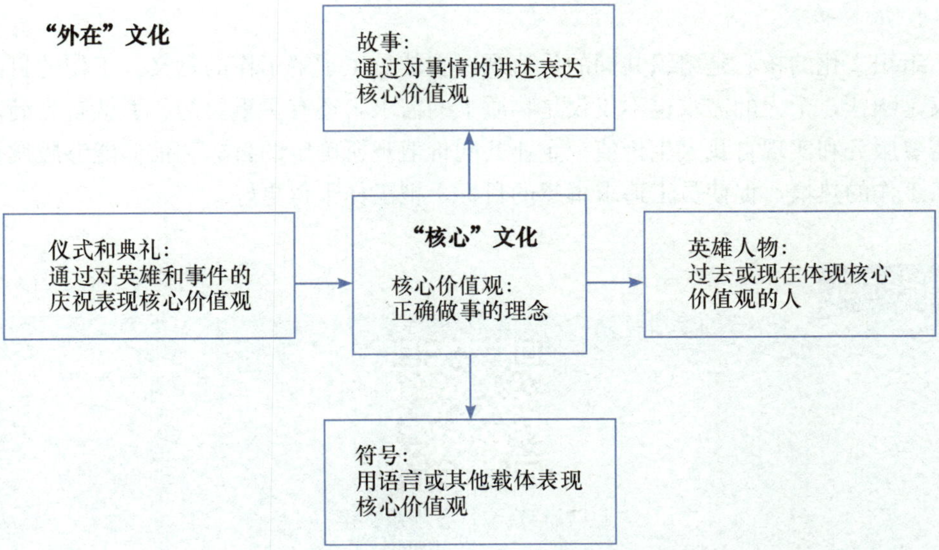

图 9-2 组织文化的两个层次——“外在”文化和“核心”文化

二、组织文化的功能

组织文化作为组织系统中的“软件”，对组织行为和效率产生重大影响，具体表现为正、负两个方面，即积极功能和消极功能。

（一）组织文化的积极功能

1. 导向功能

组织文化作为员工的共同价值观念，一旦形成，必然对员工具有强烈的感召力，这种感召力将员工的行为动机逐步引导到组织的目标上来。组织提倡什么、抑制什么，员工的注意力也就转向什么。导向功能往往在组织文化的形成初期就已经存在，并将长期地引导员工为实现组织的目标而努力。

2. 规范功能

在一个特定的组织文化氛围中，员工由于合乎特定准则的行为而受到组织管理层的承认和赞扬从而获得心理上的平衡与满足。组织文化的规范功能是通过员工自身感受而产生的心理认同过程来实现的。不同于规章制度这类“硬约束”，组织文化是一种“软约束”，在组织文化影响下，员工通过内省产生一种自律意识，从而自觉地、心甘情愿地接受组织文化的规范和约束，并按照价值观念的指导进行自我管理和控制。

3. 凝聚功能

企业中每一个群体、每一个员工都有自己的价值评判标准和行为准则。要想把这些具有个性特征的员工凝聚为一个整体，只有依靠企业共同价值观。组织文化正是以其微妙的方式，沟通组织内部人们的思想，将个人价值观与企业价值观融为一体，使组织成员产生对组织目标、行为准则、经营观念等的认同感和使命感。同时，在组织氛围的作用下，组织成员产生对本职工作的自豪感和对组织的归属感。

4. 激励功能

组织文化的核心是组织共同的价值观，它使员工了解工作的意义。工作的目的不仅仅是赚钱，个人的需求也不仅仅是物质上的需求，还有更重要的，那就是为满足社会需要服务和实现自我人生价值。企业共同价值观所确定的目标和信仰能够激发企业员工工作的热情，促使员工追求卓越的目标，把工作干得更好。

微课时间

从校招宣传片看组织文化

请思考：

1. 视频展示的两家公司的组织文化分别是什么？
2. 两段视频给你留下了怎样的印象？哪个更吸引你，为什么？

（二）组织文化的消极功能

组织文化在一定条件下存在消极功能，主要表现在以下几个方面。

1. 变革的障碍

如果企业的某些共同价值观与进一步提高企业效率的要求不相符合，组织文化就成为一种束缚。在企业处于迅速的动态变化环境下，这种情况最可能出现。对于许多已形成强文化的企业，其文化促成了今天的成功，但当环境发生变化，组织需要变革时，既有的组织文化就可能产生观念的惰性，阻碍变革的实施。

2. 多样化的障碍

在一个存在多元文化背景的企业中，由于员工具有不同的种族、性别、价值观，不同的员工群会产生不同的文化。然而，组织文化通常代表企业中的强文化，强调观念、行为规范的一致性，这在一定程度上束缚了文化的多样化。美国学者研究显示，美国有20%～50%的经理无法胜任海外工作，原因就在于面对与美国差异甚大的欧洲人、亚洲人的文化背景时，他们仍沿袭美国本土的管理方式。①

3. 兼并和收购的障碍

以往企业在进行兼并或收购决策时，融资优势、市场规模或产品协同性是考虑的关键因素。而现在，诸多这种策略下的并购活动的失败，迫使人们更注重文化的相容性。例如，戴姆勒与克莱斯勒的并购、明基电子牵手西门子手机等，这些失败案例的最重要原因在于企业之间巨大的文化差异和抵触。

加强组织文化建设和组织文化管理是为了充分发挥组织文化的积极功能，避免其负面影响，从而促进组织经营业绩的持续增长。

课堂讨论案例

汇源与德隆分手：成败皆在文化

2001 年初，德隆以战略投资者身份入股汇源集团，并持有 51%的股权。两年后，德隆选择了退出，并购整合以失败告终。究其深层原因，是双方高管身体里积淀的“文化元素”差异，造成了无形的合作障碍。战略发展思路上的不一致，合作双方的现场高管磨合不顺畅，财务安排的矛盾等只是表面原因。

严谨、纪律性强、强调忠诚是汇源的核心组织文化。而德隆文化则突出地表现为散漫的、自由的、自控式的。汇源及其董事长朱新礼对德隆董事长唐万新能力、经验、人格力量的认可，不能等同于他们对德隆高管团队的认可。企业独特的文化特质处处体现在企业高管、员工的行为之中。正是因为双方组织文化的巨大差异，合作团队最终无法达到和谐共处的目标，只得在无奈中和气分手，由此产生国内并购史上第一个有影响力的并购整合失败案例。

资料来源：马作宽．组织文化．北京：中国经济出版社，2009.

思考题：

上述案例带给你哪些启示？

第二节　组织文化建设

一、组织文化的创建

在组织文化的创建过程中，组织创始人的价值观、性格特征、经营理念等对组织文化起着最主要的影响作用。组织创始人在创业阶段会开发并试图实施一个共同愿景和商业战略，如果在随后的实践中，这些愿景和战略被证明是成功的，组织成员就会在此基础上达成一致并以此来行动，这时他们也就分享了组织的知识和设想，进而组织文化就形成了。因此，可以说组织文化是组织创建者的价值观和组织成员自身经验

① 吴燕霞．文化冲突与跨文化管理．中共福建省委党校学报，2004 (12).

相互作用的结果。

（一）组织文化产生的一般模式

科特和赫斯克特在《企业文化与经营业绩》中提出了组织文化产生的一般模式[①]，如图 9-3 所示。

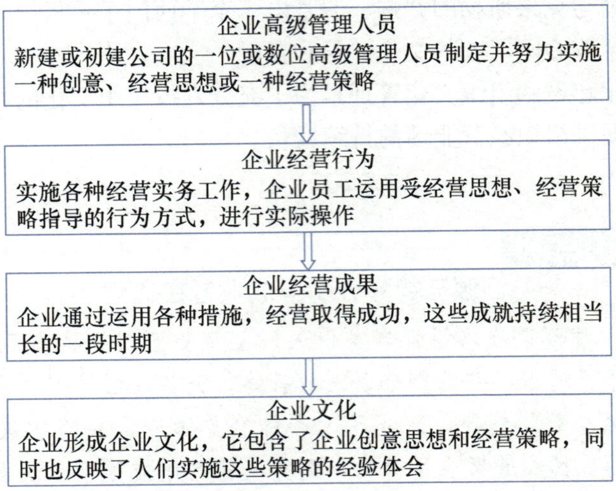

图 9-3　企业文化产生的一般模式

（二）组织文化产生的必要条件

沙因及其同事曾经论证说：组织文化产生的必要条件在于企业成员能够在相当长的一段时间里保持相互间的密切联系或交往，并且该企业无论从事何种经营活动均获得相当的成就。当他们处理所遇到的问题时，不断重复使用的解决问题的方式、方法就会成为他们组织文化中的一部分。有效使用的时间越长，它们就会越深入地渗透于组织文化之中。这些融入组织文化的价值观念或特定问题的解决方法可以从企业不同层次的人员中产生：它们可以是个人的或群体的，也可能源于企业基层或企业最高管理者。但是，组织文化力量雄厚的公司企业中，这些价值观念大都出自公司发起人或企业初创时期的其他领导人士。

然而，任何组织都是存在于一定的社会背景之下的，一种组织文化的形成，是多种因素共同作用的结果。时代背景、民族传统文化，甚至于组织所处的地区和所从事的行业特征也会对组织文化产生重大的影响。因此，组织创始人或者组织的领导者在创建组织文化的过程中，首先要找准文化定位。组织的技术环境、人力资源环境、金融环境、投资环境、市场需求环境等，是组织发展所依存的客观环境，直接影响组织的短期效益和生存。政策、法律、社会评价、公平竞争、社会信誉等主要由人为因素控制的社会发展软环境，对组织文化发展的影响看起来较为间接，然而实际上对组织长期的经营业绩和组织的竞争力有潜在而深刻的影响。组织文化的内涵也要反映出环境的复杂性和紧迫性所带来的挑战和压力，对组织内部要保持较高的整合度，对外要有较强的适应性，通过对组织主导价值观和经营理念的改革推动组织发展战略、经营

---

① 约翰·科特，等．企业文化与经营业绩．北京：华夏出版社，2001.

策略的转变，使组织文化成为蕴藏和不断孕育组织创新与组织发展的源泉，从而形成组织文化竞争力。其次要充分发挥管理人员的示范作用。成功组织文化的形成是一个长期的过程，在此过程中，组织的创始人或者管理者的举止行为对组织文化的真正建立有巨大的影响。在组织文化的建设中，组织的领导并非只是在办公场所挂上文化标识、写上几句警句、发放给员工企业文化手册，而是要自觉履行企业的核心价值观和理念，不能凌驾于企业文化之上，随心所欲，靠主观愿望来管理企业。

二、组织文化的维系

维系组织文化的具体方法不仅仅是招聘合适的人员和解聘不合适的人员。组织文化的维系也不仅仅是组织管理者的口号和形象设计，而是应该从组织文化的物质层面、制度层面和行为层面全面推行。

（一）物质层面

（1）组织故事。组织文化的许多基本信仰和价值观被表达在故事中，成了组织中民间故事的一部分。这些故事把当前的文化从老员工传到新员工，强调了文化的重要方面。我国历史上，曾经提出了许多具有强大激励作用和指导作用的精神和口号。一说“铁人精神”，我们立刻想到“铁人王进喜站在泥浆里，代替搅拌机搅拌泥浆制伏井喷”；一说“雷锋精神”，我们立刻想到一个解放军战士，抱着孩子、扶着大娘、打着伞行走在泥泞的路上……正是这些有着典型形象的精神，能让人们联想起具体事件或人物的口号，才会具有那么大的激励作用。

（2）仪式和典礼。组织的仪式和典礼是有计划的活动或形式，有着重要的文化意义。仪式和典礼包括提升仪式、各项庆祝典礼等。

（二）制度层面

（1）人员的选聘和配备。招聘、选拔、提升和解聘的程序以及有关如何配备员工到相应的工作岗位的制度，都将强化并证明组织文化的存在。这些制度被组织员工充分知晓并接受，能够更好地维系当前的组织文化。

（2）奖励和地位的定位。员工会通过组织的奖励系统地学习组织的文化，同各种行为相关的奖励和惩罚，把管理者个人和组织的优先考虑和价值观传达给员工。但是，组织可能无效地使用奖励和地位象征。如果这样，它就错过了影响文化的好机会，因为在组织成员心目中，组织的奖励实践和它的文化有强烈的联系。

（三）行为层面

（1）角色训练、教学和培训。组织文化的各个方面通过管理者履行他们的角色这种方式传达给员工。此外，管理者和团队可以把重要的文化信息并入训练中。价值观对行为的规范远胜于有形的约束，组织的行为不可能全部用文字规范下来，只有靠文化的力量才能实现，比如没有文字用来规范领导与员工谈话时要用什么样的语气等。以海尔为例，海尔在员工文化培训方面进行了丰富多彩、形式多样的培训及文化氛围建设，如通过员工的“画与话”、灯谜、文艺表演、找案例等，用员工自己的画、话、人物、案例来诠释海尔理念，从而达成理念上的共识。

（2）关注事件和对危机的反应。组织处理事件时系统地将关于什么是重要的和它们期望的东西这些强烈的信号传递给员工。当一个组织面临危机时，管理者和员工对危机的处理揭示了文化的许多内涵。危机的处理方式既能强化现有的文化，也能带来新的价值观念和准则，它们在某种程度上改变了文化。

延伸阅读

华为建设企业文化的实践

华为公司于1988年成立于深圳，是一家通信设备供应商，经过30多年的发展，现已跻身全球通信设备供应商的前列，业务遍布全球。华为在业内以制度和文化著称，企业文化建设始于1996年起草的《华为基本法》。

"狼性文化""床垫文化""雷锋文化"在华为员工内部流传，也为外界所熟知。随着竞争的深入，许多困惑使总裁任正非意识到需要某种思想上的变革。从1995年开始，在任正非的带领下，华为人进行了系统的总结和提炼，试图"确立企业处理内部矛盾关系的基本法则，确立明确的企业共同语言系统即核心价值观，以及指导华为未来成长与发展的基本经营政策与管理规则"。

成立专家组、高层管理者的特别重视、无数次的倡导，以及全公司上下的大讨论和深入挖掘，华为上上下下经历了一次思想上的洗礼。历时三年，《华为基本法》出台，共6章103条，16 000多字，内容包括华为的核心价值观和一般的管理政策，规定了华为的基本组织目标和管理原则，是所有制度的起源。第一章阐述了企业宗旨，其他部分是制度体系设计的一些具体指导原则，如基本经营政策、组织政策、人力资源政策、控制政策等。

出台《华为基本法》并不是华为企业文化建设的结束，而是开始。在《华为基本法》得到不断贯彻的同时，随着市场环境的变化及后来流程上的变革，它显得有些不合时宜，所以后来又经历了不断的修改，而每次修改的都不是条条框框，而是思想上的大触碰。值得强调的是，在华为不断发展过程中，与企业文化建设同时进行的是与国际接轨的基于IT的管理体系的建设，两者的不断磨合是华为独特企业文化形成的重要影响因素。

《华为基本法》是华为人日常行为的指导原则，同时也使外界对华为的基本经营理念有了清晰的认识，使客户对华为品牌的认同度加深。它的出台曾经轰动一时，引得众多企业纷纷效仿，但多没有达到效果，最重要的原因是企业文化不是一句口号或是一本小册子，而是渗透于企业运营各个环节中的精神。为此，企业管理者应有意识地从自身实际出发，建设具有自身特色的个性企业文化。

资料来源：张磊．企业文化建设的路径——以华为的实践为例．经营与管理，2012（3）.

第三节　跨文化管理

随着世界经济全球化和一体化的日益发展，跨国公司和各种形式的合资企业的数量和规模都不断增长，企业之间的兼并也日益频繁，这使不同国家和地域的人们比以往任何时代都有了更多的接触。这种接触不仅包括资本、技术、商品、劳务方面，还包括深层次的文化、管理等。在跨国经营中产生的国际企业，由于处于多元化的文化背景、地域环境中，必然将遇到前所未有的机遇与挑战。如何有效地进行跨文化管理，是企业在跨文化背景、地域下成功运营的保证，这对正在融入全球经济的中国企业尤其具有现实意义。

一、组织文化多元化的表现形式

组织文化的多元化主要表现在员工个体的多元化和文化背景的多元化两方面。

（一）员工个体的多元化

员工个体的多元化是指组织内部员工年龄多元化、工作阅历多元化、教育背景多元化、工作行为多元化、心理特征多元化、员工学历、家庭与婚姻状况多元化、收入差距、社会地位的差异、工作经验的差异等。

（二）文化背景的多元化

文化背景的多元化主要是指组织内部员工在种族和文化背景上的差异，如跨国公司的员工可能因有不同的宗教文化、来自不同的国家或地区、来自不同的民族等而存在差异。

文化背景的多元化带来的跨文化管理的重要任务是增强企业的凝聚力，保证组织成员一致的努力方向。

延伸阅读

“玻璃天花板”效应

“玻璃天花板”现象产生于20世纪80年代，主要是指欧美主流社会中，外来移民只能担任低层职务，或者做到相对高层职位后便很难晋升，无法进入核心决策层的现象，就像玻璃天花板一样，抬头可见，却难以突破。引申到现在就是有名的“玻璃天花板”效应：由于性别差异，女性的职业选择和职务晋升被一层玻璃挡着，可望而不可即。“玻璃天花板”将女性隔离在职业阶梯的中下层，让她们从事着支持性、辅助性的工作，而这其实可以看作女性扮演服务、照顾性的传统家庭角色在职场上的延伸。研究估计，在1 000家最大的美国公司薪酬最高的经理人员中，男性占据高层职位的97%，而女性所占比例不到0.5%。

二、跨文化差异

（一）文化边际域：文化冲突与挑战

文化是一把“双刃剑”，它给企业开展国际运营带来了机遇，但同时也带来了巨大的挑战。

文化不是一种个体特征，而是具有相同的教育和生活经验的许多人所共有的心理程序。因此，不同的群体、区域、国家的这种程序就互有差别。这是因为人们的心理程序是在多年的生活、工作、教育下形成的，因而具有不同的思维模式、行为方式。到不同的文化地域、背景进行跨国经营所形成的国际企业，作为“一种多文化的机构”，必然会面临来自不同的文化体系的文化域的摩擦与碰撞。我们可以说，这样的企业处于一个“文化边际域”中，即处在不同文化交汇与撞击的区域内。在这个区域中，不同的文化环境，不同的经济、社会和政治等因素，必然会形成较大的文化差异。由于文化的演变是一种漫长而缓变的过程，这种文化差异对企业来讲，在一段时间内是不会消灭的，并且可在一段时间内保持稳定。文化差异的客观存在，势必会在企业中造成文化之间的冲突，并使企业经理人员与员工在心理上形成“文化休克”的反应。

文化边际域的存在是进行跨国经营的国际企业所必须面对与重视的现实，它是企业中文化差异与文化距离的产物，是国际企业跨文化冲突与困惑的真正发端，从而成为企业跨国经营的重大挑战。

美国著名学者戴维·A. 利克斯就指出过这一挑战，他认为，“但凡跨国公司大的失败，几乎都是仅仅因为忽视了文化差异——基本的或微妙的理解所招致的结果”。在一个这样的企业中，处于不同文化背景的各方经理人员由于不同的价值观念、思维方式、习惯作风等差异，对企业经营的一些基本问题往往会产生不同的态度，如经营目标、市场选择、原材料的选用、管理方式、处事作风、作业安排及对作业重要性的认识、变革要求等，从而给企业的全面经营埋藏下危机。

（二）霍夫斯泰德的跨文化研究

对于文化差异和距离，荷兰文化协作研究所所长吉尔特·霍夫斯泰德的理论给人们提供了认识的途径，为分析国际企业组织中的文化冲突问题提供了理论依据。20世纪80年代初，他对分布在世界各地的64个IBM分公司的雇员，进行了长达7年、资料总数涉及11.6万张问卷的大规模调查（每份问卷大约有50个问题，涉及价值观、知觉和满足），最后，在问卷分析的基础上写成了《文化的结局》一书。书中归纳出描述文化差异的四个维度，即权力距离、不确定性规避、个人主义与集体主义、价值观的男性化与女性化。

1. 权力距离

所有社会共有的一个基本问题是不平等。权力距离是指在一个组织中，权力的集中程度和领导的独裁程度，以及一个社会在多大的程度上可以接受组织中这种权力分配的不平等，在企业中，权力距离可以理解为上下级之间的社会距离。霍夫斯泰德把企业领导们试图扩大自己与下属之间的距离，而同时下属又试图缩小这种差距的现象加以理论化。他根据上司决策的方式、同事对上司持不同意见的恐惧心理，以及下属希望上司采用的决策方式等指标来确定权力距离。根据上述问题的回答，霍夫斯泰德建立了“权力距离指标”。结果，不同国家的领导者的期望值是不一样的：在权力距离指标高的国家很难引入参与方式，而在该指标低的国家，如瑞典和挪威，参与方式的引入就容易得多。

2. 不确定性规避

不同的社会采用不同的方式来适应生活中预期会发生的不确定性事件。规避的方法很多，如提供更大的职业稳定性，制定更多的正规条令，不允许出现越轨的思想和行为等。根据调查显示，在不确定性规避程度高的国家，人们普遍有一种高度的紧迫感和不安全感，因而易形成一种努力工作的内心冲动。而在不确定性规避程度低的国家，人们普遍有一种安全感，倾向于放松的生活态度和鼓励冒险的倾向。

3. 个人主义与集体主义

个人主义是指在一个松散的组织结构中，人们只关心自己的价值和需要。集体主义是指在一个紧密的社会组织结构中，人们对在群体之内和在群体之外区别对待，他们期望得到群体之内的人员的照顾，并对该群体报以绝对的忠诚。

4. 价值观的男性化与女性化

价值观的男性化与女性化反映社会上居于统治地位的价值标准。对于男性社会而言，居于统治地位的是男性气概，如自信果断、进取好胜、对于金钱的索取执着而坦然；而女性社会则完全相反，强调平等、团结，关心别人，注重生活质量。

霍夫斯泰德通过对上述文化四个维度调查数据的分析，证实了不同民族的文化之间确实存在很大的差异性，而且这种差异性根植于人们的头脑中，很难轻易改变。但是，任何一个国家都不具有比其他国家“更为优良”的文化，它们仅仅是不同而已。表 9－1 列出了在一些国家调查计算得到的四维指标值。

表 9－1　一些国家的四维指标

	权力距离	不确定性规避	个人主义	男性化
日本	54	92	46	95
美国	40	46	91	62
法国	68	86	71	43
英国	35	35	89	68
意大利	50	75	76	70

从霍氏的各文化维度指标值中，可得出东西方的文化差异是十分明显的，就是同属东方文化圈的中国、日本、新加坡等地的文化差异也是较明显的。如中日两国文化都是一种集体主义导向，但两种集体主义却有较大的不同。文化差异是由各国的历史传统以及不同的社会发展进程所产生的，表现在社会文化的各个方面。此外，除了民族、地域文化差异之外，不可否认，还有投资合作伙伴公司“组织文化”的风格差异。可以说，公司内文化差异越大，产生文化冲突与困惑的可能性与强度就会越大。

延伸阅读

学习对方文化

- 不要急于去界定对方文化。很多普通的线索，如名字、语言、口语、地点，并不可靠。在经济全球化和多元化的社会，有些人被一种以上的文化所塑造。

● 要注意西方人善于行动的价值导向。

● 不要简单地形成对外国文化的印象。大多数文化很复杂，层面很多。

● 不要认为你的价值观就是对组织最有利的。比如，美国文化崇尚个人主义，并被看成是富有生产效率的。个人之间的竞争以及个人成就感在一定程度上说是好的，但在印度、中国，人们强调家庭、友谊以及社会关系。这样的价值导向使得员工对自己的组织较为忠诚，这些也是好的。在美国，员工对企业的忠诚度弱一些。

● 要注意在有些文化中，人们将与外人交往和与自己人交往看成是不一样的。在有些文化中，信任极其重要，并影响人与人之间的交往。

● 对公开出版的有关国家文化的说法也要谨慎对待，因为根据这些信息形成的对人的价值和行为的判断未必准确。一个国家里，不同的年龄、性别、地理等因素也会影响价值观和行为。

资料来源：迈克尔·希特，等．组织行为学——基于战略的方法（原书第2版）．冯云霞，笪鸿安，译．北京：机械工业出版社，2012.

三、跨文化冲突与跨文化管理

（一）跨文化冲突

跨文化冲突的产生原因主要有：种族优越感、不恰当地运用管理习惯、不同的感性认识、沟通误会、文化态度等。如果一位国际企业中的经理自认为自己的文化价值体系优越，坚持以自己的管理观对待与自己不同文化价值体系的员工，必然会导致管理失败，甚至遭到抵制，这类例子在中国的外资企业中并不鲜见。不同的文化背景、语言与习俗，会形成不同的文化态度和感性认识，还会造成沟通上的误会。

从跨国经营的角度看，跨文化冲突是国际企业经理人员在不同文化背景下经营管理所必须避免与妥善解决的问题，否则跨文化冲突便会导致文化困惑，文化困惑又加剧跨文化冲突，二者的相互影响，会出现以下不良结果：

（1）极度保守。跨文化冲突影响了跨国经理与当地员工的和谐关系，经理们也许只能按照呆板的规章制度控制企业的运行，对员工更加疏远；与此同时，员工则对工作变得不思进取，经理的行动计划实施起来也十分艰难，结果双方都不会有所作为。

（2）沟通中断。当经理与员工的距离大到一定程度时，自下而上的沟通便自然中断，结果经理们无法了解实情，双方在不同的方向上越走越远。

（3）非理性反应。经理人员如不能正确对待跨文化冲突，就会凭感情用事。这种非理性的态度很容易引起员工非理性的报复，结果误会越多，矛盾越深，对立与冲突更趋剧烈。

（4）怀恨心理。对于发生冲突的结果，冲突双方如不耐心地从彼此的文化背景中寻求文化“共相”，而一味地抱怨对方的鲁莽或保守，结果只会造成普遍的怀恨心理。

企业跨国经营，由于处在不同“文化边际域”而产生的跨文化冲突，对一个渴望实现成功经营的企业来说，无疑是巨大的挑战，如不进行有效管理，还会造成国际企业市场机会的损失和组织结构的低效率。在内部管理上，人们之间不同的价值观、不同的生活目标和行为规范，必将导致管理费用的增加，增大企业目标整合与实施的难度，提高企业管理运行的成本。在外部经营上，语言、习惯、价值等文化差异，使得经营环境更加复杂，从而加大市场经营的难度。

（二）跨文化管理

美国著名管理学家德鲁克认为，国际企业的经营管理“基本上就是一个把政治上、文化上的多样性结合起来而进行统一管理的问题”。面对企业在跨国经营中所受多重文化的挑战，减少由文化摩擦而带来的交易成本，必须把公司的运营放在全球的视野中，建构自己的跨文化管理战略，从而实现企业跨国经营的成功。一般而言，企业跨文化管理的方法主要有以下几种。

1. 识别文化差异，发展文化认同

不同的文化所造成的文化差异和文化摩擦的程度和类型是不同的。只有首先识别文化差异，才能采取有针对性的措施。发展文化认同，意味着必须建立跨文化沟通和理解的机制。一方面，企业领导层需要有意识地建立各种正式的和非正式的、有形的和无形的跨文化沟通组织与渠道；另一方面，需要跨国经营的管理人员发展跨文化沟通与跨文化理解的技能与技巧。

2. 开展跨文化培训

开展跨文化培训是防止和解决文化冲突的有效途径。要解决好文化差异问题，搞好跨文化管理，有赖于一批高素质的跨文化管理人员。因此，双方选派的管理人员，尤其是高层管理人员，除了要具有良好的敬业精神、技术知识和管理能力外，还必须思想灵活，不墨守成规，有较强的移情能力和应变能力，尊重、平等意识强，能够容忍不同意见，善于同各种不同文化背景的人友好合作。跨文化培训常见的主要内容包括：对对方民族文化及原公司的认识和了解；对文化的敏感性、适应性的培训；语言培训；跨文化沟通及冲突处理能力的培训等。

延伸阅读

敏感性训练

敏感性训练，也叫T小组训练，是跨文化培训中的一种重要方式，是为了加强人们对不同文化环境的反应和适应能力，促进不同文化背景的人们之间的沟通和理解。敏感性训练的目标一般包括：(1) 使一个人能更好地洞悉自己的行为，自己在别人心目中是如何“表现”的；(2) 更好地理解具体的活动过程；(3) 在集体活动过程中培养判断问题和解决问题的技能。具体措施是把不同文化背景的人或在不同文化地区工作的经理和职员结合在一起进行多种文化培训，打破每个人对不同文化环境的适应性，加强不同文化之间的合作意识和联系。这样可减少驻外经理人员遇到的跨文化冲突，使之迅速适应当地环境并发挥有效作用；维持企业内良好的人际关系，保障有效沟通；实现当地员工对企业经营理念的理解与认同等。

3. 建立共同价值观，建设“合金”组织文化

通过文化差异的识别和敏感性训练等，公司员工提高了对文化的鉴别和适应能力。在文化共性认识的基础上，根据环境的要求和公司战略的需求建立起共同价值观，建设“合金”组织文化。同时，通过文化的引导，使个体与集体相律动，这样不断减少文化摩擦，使得每个员工能够把自己的思想与行为同公司的经营业务和宗旨结合起来，在国际市场上建立起良好的声誉，增强企业的文化变迁能力。

4. 管理本土化

越来越多的国际经营公司意识到本土化对于在异国投资取得成功的重要性。本土化战略除了包括尽可能雇用本地员工，培养他们对公司的忠诚外，最重要的是聘用能够胜任的本地经理，这样可以很好地避免跨文化冲突，顺利开展业务。以ABB公司为例，尽管在世界各地共有300家子公司，但它却自称是一家“多国籍”的公司，鼓励其子公司淡化母公司的民族背景，完全按照东道国本地公司的方式运作。只有根据东道国的国情，依靠东道国员工实行本地化管理，让本地的优秀人才参与各种管理活动，并不断地提供各种机会提高他们的管理能力，公司才能充满生机和活力。

5. 立足长期，实行互惠

国际经营中，合作双方应该为了共同的利益，精诚合作，从整体利益出发，兼顾双方的需求，要有长期办好企业的共同目标，不能“捞一把就走”或“打一枪换一个地方”，这样才能实现双赢的目标。

课堂讨论案例

跨文化管理，中国企业出海的必经之路

《出海征途：解码中国企业全球化之道》一书中提到，早期被外派的中国员工很多会遭遇剧烈文化冲击，而外籍员工对中外文化差异需要6～12个月适应期。

这意味着，双方需要大量的时间和精力去慢慢接受和磨合，同时对协作效率产生负面影响。所以每个出海企业对中外员工的跨文化管理需要做好充分准备。

案例一

2010年吉利收购瑞典企业沃尔沃后，发现两国文化在语言沟通、价值观、经营理念方面有明显的差异。为了进行跨文化管理，吉利在以下四个方面做了改善：

第一，加强两国员工的语言培训，提高员工的双语交流能力；

第二，使用通用的财务标准，方便高层领导对企业集团的评估；

第三，两国员工进行跨文化培训，减少沟通协作方面的摩擦；

第四，保留瑞典团队原有的核心经营理念，相互独立，又相互包容和尊重。

案例二

中国石油在苏丹项目跨文化管理中，为了让两国员工更好地交流和共事，经常组织汉语、阿拉伯语、英语培训，同时还会介绍一些两国的文化知识。另外，考虑到苏丹员工忌讳当众批评，如果会上有什么争论，会在会下交流解决。

公司坚持以“文化留人”为指导，在跨文化培训中，培养了一大批国际人才，使中方员工更适应海外本地文化，也让异国本地的员工更了解并认同中方文化。

思考题：

以上案例带给你哪些启发？

职业素养提升

文化自信是一个国家、一个民族发展中更基本、更深沉、更持久的力量。中华文化源远流长，积淀着中华民族最深层的精神追求，代表着中华民族独特的精神标识，为中华民族生生不息、发展壮大提供了丰厚滋养。自 1984 年组织文化理论进入中国，组织文化建设经过了 30 多年的发展，形成百花齐放的局面。在大中型骨干企业和事业单位中，党组织、团组织、妇联、工会等在组织文化建设中发挥着重要作用。近年来，很多非公企业也先后设立了党组织。组织文化与思想政治工作你中有我、我中有你，这种互相交叉、互为依存的关系，已成为中国特色企业文化的风景线。

本章知识结构图

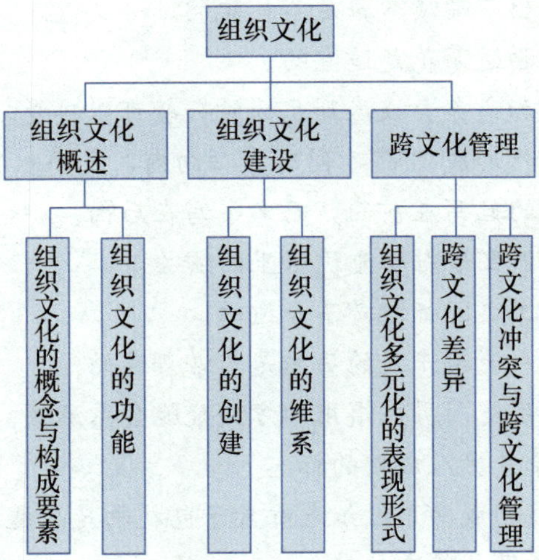

复习思考题

1. 什么是组织文化？

2. 如何理解组织文化的构成要素？
3. 如何认识和发挥组织文化的功能？
4. 在我国企业组织文化建设中存在哪些不足？原因是什么？
5. 如何认识跨文化差异？
6. 企业跨文化冲突有哪些表现？如何解决？

认知与行为测试

你适合哪种组织文化？

团队作业

国际礼仪

一、背景说明

世界各地的风俗习惯千差万别，一种文化中被接受或重视的可能在另一种文化中被视作非常无礼。许多商业交往和关系往往是由于彼此缺乏了解而受到伤害。作为一名外派人员必须对当地的风俗习惯有所了解，比如问候、介绍、馈赠、用餐举止等。下面，你的小组将与其他小组一起完成一项关于国际礼仪的测试。

二、作业要求

第一步　每个人独立完成下面的小测试，在每一项后面选择T（正确）或F（错误）。

1. 在日本，喝汤发出“啧啧”声是不礼貌的。　T　F
2. 在意大利，过节赠送菊花是适宜的。　T　F
3. 在厄瓜多尔，参加商务会议迟到几分钟一般可以接受。　T　F
4. 在英格兰，用两指形成“V”，同时掌心向内，是个粗鲁的手势。　T　F
5. 在中国，一个人的姓写在前面，而名字写在后面。　T　F
6. 在日本，通常不能穿着鞋子走过家里的玄关。　T　F
7. 在巴西，公司员工之间拥抱是不合适的。　T　F
8. 在德国，称呼别人使用正式的头衔是非常普遍的。　T　F
9. 在沙特阿拉伯，用美国男性惯用的方式跷腿会惹麻烦。　T　F
10. 在中国，绿帽子是男人成就的标志。　T　F
11. 在中国，庆祝谈判成功用红纸或红盒子包礼物是合适的。　T　F
12. 在印度，用皮革做礼物会被接受。　T　F
13. 在日本，用双手呈上礼物是非常得当的。　T　F
14. 在伊拉克，用左手递碗盘是合适的。　T　F

15. 在沙特阿拉伯，在公共场所无视一位遇到的女性，对这个女性的家庭来说是无礼的。 T F

第二步 老师进行安排或指导，组成 5～6 人的小组。

第三步 小组讨论小测试，并形成小组统一的答案。

第四步 由老师进行分工，各小组分别查阅各题的标准答案，然后交给老师汇总后公布答案，并使用下面表格完成统计。

我的正确答案数：__________

小组中人均正确答案数：__________

在讨论之后，小组正确的答案数：__________

参考评价：国际礼仪精通：答对 13～15 题

国际礼仪胜任：答对 9～12 题

国际礼仪缺乏：答对 5～8 题

国际礼仪危险：答对 1～4 题

第五步 每组指派一位同学汇报小组总分，并解释小组错题所使用的逻辑信息。

资料来源：迈克尔·希特，等．组织行为学——基于战略的方法（原书第 2 版）．冯云霞，笪鸿安，译．北京：机械工业出版社，2012.

案例分析

华为的企业文化为什么厉害?

"文化为华为发展提供土壤，文化的使命是使土壤更肥沃、更疏松，管理是种庄稼，其使命是多打粮食"。任正非用生动形象的比喻，刻画了文化的价值。

华为从诞生的那一天起就精心培育自己的企业文化，并不断地总结提升，使华为的企业文化成为华为凝聚力的源泉。

任正非给《华为基本法》加入文化命题

在《华为基本法》第七稿讨论中，任正非加入了文化命题，任正非讲："目的是让后代记住我们是一无所有的。只有靠知识、靠管理，在人的头脑中挖掘出财富。"

关于文化，《华为基本法》是这样描述的：

"资源是会枯竭的，唯有文化才会生生不息。一切工业产品都是人类智慧创造的。华为没有可以依据的自然资源，唯有在人的头脑中挖掘出大油田、大森林、大煤矿……精神是可以转化成物质的，物质文明有利于巩固精神文明。我们坚持精神文明促进物质文明的方针。"

从心开始，避免山头主义林立

任正非曾经专门提到找中国人民大学彭剑锋等六位教授合作撰写《华为基本法》的缘由：

"公司内部的思想混乱，各路诸侯都显示出他们的实力，公司往何处去，不得要领。我请人民大学的教授们，一起讨论一个基本法。经过几上几下的讨论，不知不觉中'春秋战国'就无声无息了，从此，开始形成了所谓的华为企业文化。"

彭剑锋教授后来多次提及任正非是人性大师，从任正非所说的"我什么都不会，就是一桶糨糊，将十几万人粘在一起"这句话中或许可以找到答案。人性大师，首先是人心的凝聚。

价值观第一

有人讲企业文化就是宏大的愿景、使命，比较能体现企业家的气魄、胆量与想法，因而多被鼓吹，并在多种场景中被领导拿出来鼓舞士气。而华为，比较少讲愿景、使命，即使讲战略，也多是任正非所说的“活下去”这样通俗甚至有点卑微的语言。华为大多只讲价值观。

为什么华为以价值观为先？因为价值观是是非标准、行为准则。当时华为的七条核心价值观，是愿景实现的基础，是使命成功实现的保障。如果只遥想愿景，没有价值观作底，企业就如同大海中的航船，即使前景无比宽阔但可能没有舵，始终到不了目标。

人力资本增值优先于财务资本增值

华为公司二十几年前就提出，人力资本增值优于财务资本增值，这种提法与境界，在中国是史无前例的。

更重要的是，华为公司并不只是喊口号。2019 年，华为用最高 201 万元年薪的规格招聘优质毕业生，并产生令人啧啧称赞的成果，而按照华为的计划，还要按此规格，在全球招募更多的天才。

可见，华为企业文化中对人的尊重、对奋斗者的认同可以从任何一个角度和细节来检验。

资料来源：华为的企业文化理念怎么就这么先进．企业观察报，2022－02－07.

问题：

1. 结合案例，你认为组织文化的核心是什么？
2. 作为创始人，任正非在华为组织文化建设中起到怎样的作用？
3. 以小组为单位，查阅更多信息，分析组织文化是如何促进华为成功的。

第十章
组织变革与发展

◎ 学习目标

知识目标

1. 理解组织变革的意义及模型。
2. 明晰组织变革的阻力来源及克服策略。
3. 掌握组织发展的概念及主要方法。
4. 了解学习型组织的内涵。

能力目标

1. 能运用组织变革模型分析变革实例。
2. 能运用学习型组织模式分析组织实例。

引例

柯达如何把自己送进博物馆?

“你只要按下快门，其他的交给我们。”这是名扬世界的美国柯达公司洋溢着自豪和霸气的口号。但拥有130多年历史、曾经在摄影和胶卷领域称霸全球的柯达公司，在2012年新年伊始便接到纽约证券交易所的退市警告，1月19日公司正式申请破产保护。实际上，柯达自2008年以来就一直严重亏损。柯达帝国的大厦曾经看起来是那样坚固，遍及全球各个角落的黄色包装胶卷盒就是这个大厦支架上的密密麻麻的螺栓，今天大厦却轰然倒下。

柯达公司通常被援引为未抓住科技转型的机遇从而断送自身前途的经典案例。人们常常假设：如果柯达在经营胶卷业务的同时，也在早期投入数码成像技术方面的研发并进行商业化开发，柯达公司还是有可能再续辉煌的。

然而，真实的情况是，胶卷并不是柯达公司的唯一业务内容，其他的业务还有包括相机的摄影器材、医疗影像和商业影像服务等。柯达进入数码影像领域也并不晚，甚至是数码摄影技术的发明者。早在1975年，柯达就开发出了数码相机技术，并将这一技术运用于航天领域。在1991年，柯达就有了130万像素的数码相机。1996年，柯达推出了其首款傻瓜相机。但是，柯达高层似乎将在数码成像方面的技术开发当成了向社会炫耀的一种摆设，并没有真正重视数码技术的发展及其商业化应用，仍把关注的重点放在传统模拟相机的胶卷生意上，放在如何防止胶卷销量的下降方面。

与此同时，立足低端市场的日本富士尽可能多地从胶卷业务抽离资金，它正在为数码时代的转型做积极的准备，不断开发新的业务。而柯达直到 2003 年才明确提出发展数码相机业务，试图转型成为一家数码相机厂商，但那时的日系数码相机品牌早已整体崛起。在数码成像技术日新月异的背景下，这一转型实在太慢了，失去了在曾风靡全球后又日渐衰落的胶卷基础上凤凰涅槃的机会。

柯达高层在战略决策方面的重大失误，除了与他们对技术发展和市场需求缺乏敏锐的洞察力有关外，还与利润和品牌有关。与胶卷相比，数码相机的利润率和利润贡献比当时还不高。在他们的观念中，柯达的品牌主要依靠胶卷来支撑，因为当时只靠卖胶卷他们就能获得高昂利润。不过，随着数码相机的爆炸式发展，柯达的胶卷红利最终结束了。2009 年，拥有 74 年历史的柯达胶卷正式成为历史。柯达启迪了未来，却错估了形势，主动放弃了未来。

资料来源：叶德磊．柯达如何把自己送进博物馆．解放日报，2012－01－19.

通过上述案例，请思考：

1. 作为世界上第一台数码相机发明者的柯达公司最后却申请破产，你认为最主要的原因是什么？

2. 这个案例带给你什么启示？

第一节　组织变革

一、组织变革的意义及动因

21 世纪的重大特征之一就是社会的快速变化。正如迈克尔·戴尔（戴尔计算机公司的创始人）所言："商场中唯一永恒不变的就是所有事情都在不断变化。"因此，处于变化环境中的组织要想取得持续的成长与发展，就必须随着环境的变化进行组织变革。

组织变革是指依据外部环境变化和内部状况的变化，及时调整并完善自身的结构和功能，以提高生存和发展能力的过程。

（一）组织变革的意义

组织变革的含义表明，变革是组织实现动态平衡的发展阶段。当组织原有的稳定和平衡不能适应形势变化的要求时，就需要通过变革来打破它们。但打破原有的稳定和平衡本身不是目的，目的是建立适应新形势的新的稳定和平衡，因此，应当把组织的变动性和稳定性有机地结合起来。

美国管理学教授卡斯特和罗森茨韦克指出，一个组织的动态平衡包括以下几方面：

（1）足够的稳定性，以利于达到组织的目标。

（2）足够的持续性，以保证在目标或方法上进行有秩序的变革。

（3）足够的适应性，以对外部的机会和要求及内部的变化情况做出反应。

（4）足够的革新性，以使组织在条件适宜时富于主动性实施变革。

现代组织要想维持和发展，必须不断调整与完善自身的结构和功能，提高在变化的背景下生存、维持和发展的灵活性和适应能力，即不断地对组织进行变革。可见，组织变革的目标主要在于实现组织结构的完善、组织功能的优化以及组织成员满意度的提高。

（二）组织变革的动因

组织变革是多因素综合作用的结果。一般来说，组织变革的基本动因可以分为外部原因和内部原因两大方面。

1. 组织变革的外部原因

（1）社会经济环境的变化。社会经济不断发展，国家有关法律法规的颁布与修订，国家宏观经济调控手段的改变以及国家产业政策的调整与产业结构的优化，市场需求的变化及市场竞争激烈程度的加剧，加上工作自动化程度的提高等，均会迫使组织进行变革。

（2）科学技术的发展。科学技术的迅速发展及其在组织中的应用，如新发明、新产品、自动化、信息化等，使得组织的结构、运行要素等都产生了巨大变化，这些变化也会推动组织不断地进行变革。

（3）管理现代化的需要。管理的现代化，新的管理理论和管理实践，都要求组织变革过去的旧模式，对组织要素和组织运行过程的各个环节进行合理的协调和控制，从而对组织提出变革的要求。

2. 组织变革的内部原因

（1）组织目标的选择与修正。组织目标并不是一成不变的，当组织目标在实施过程中与环境不协调时，需要对目标进行修正。

（2）组织结构与职能的调整和改变。组织会根据内、外环境的要求对自身的结构进行适时的调整与改变，如管理幅度和层次的重新划分、部门的重新组合、各部门工作的重新分配等。同时，组织在发展过程中，亦会不断抛弃旧的不适用的职能并不断承担新的职能，如社会福利事业、防止公害、保护消费者权益等。这些均会促使组织进行不断的变革。

（3）组织员工的变化。随着组织的不断发展，组织内部员工的知识结构、心理需要以及价值观等都会发生相应的变化。现代组织中的员工注重个人的职业发展和管理中的平等自主。组织员工的这些变化必将带动组织的变革。

组织变革往往在组织面临危机时变得分外重要。危机会通过各种各样的形式表现出来，成为组织变革的先兆。管理学家西斯克研究认为，当组织出现下列症候之一时，就必须进行变革：

（1）决策过程过于缓慢，以致错失良机或造成错误。这种状况提示情报信息系统可能有问题，或组织官僚化严重。

（2）沟通渠道不畅。组织处于上情不能下达，下情不能上达，协调困难，人事纠纷频繁的状况。

（3）组织效能不佳。例如不能按时完成任务，成本过高，产品质量下降，产品滞销积压，资金周转困难，财力不足，人员素质难以胜任工作，组织成员绩效降低。

（4）缺乏创新精神。墨守成规，无力开发新产品，无法开拓新市场，工作停滞。

延伸阅读

危机意识及危机管理能力自测

1. 危机意识能力自测

武松在景阳冈显神威打死吊睛白额老虎之后，名震天下。十年后，景阳冈虎患再生，受乡人邀请，武松再度欣然出山。喝了三碗景阳冈白酒之后，武松踌躇满志地上山了。那么这次将会出现什么样的结局？

两种可能：一是武松在第一次打虎之后，仔细分析了老虎攻击的特点，勤奋练习，发明了一套打虎拳，结果三下五除二再次为民除害。二是武松成了打虎英雄之后，趾高气扬，把偶然的成功当作必然，不思进取。结果在第二次打虎时丧失危机意识，掉以轻心，落入虎口。

生于忧患，死于安乐。企业何尝不是如此呢？企业要不断地稳步发展，就必须树立这样一种意识：危机迟早都会到来。危机意识是企业发展的原动力。

危机意识是一种对环境时刻保持警觉并随时做出反应的意识，它建立在这样一个基础认识上：我们的头顶都高悬着达摩克利斯之剑。企业中的每个人都必须清楚：任何一个人都可能因失误或失职而将整个公司拖入危机。因此，企业的全体员工，上到高层管理者，下到一般的员工，都应"居安思危"，将危机的预防作为日常工作的组成部分。

海尔张瑞敏："永远战战兢兢，永远如履薄冰。"

联想柳传志："我们一直在设立一个机制，好让我们的经营者不打盹，你一打盹，对手的机会就来了。"

华为任正非："华为总会有冬天，准备好棉衣，比不准备好。我们该如何应对华为的冬天？"

把一只青蛙扔进沸水中，青蛙会马上跳出来，但是如果把一只青蛙放入凉水中逐渐加热，青蛙会在不知不觉中失去跳出的能力，直至被热水烫死。这就是危机管理中的青蛙原理。企业中的危机也是这样，企业内部的一些小问题日积月累，就会使企业逐步失去解决问题的能力和机制。

当你被鲜花和掌声所包围时，当你在为无往而不胜的纪录骄傲时，当你陶醉于"没有过不去的坎！"的豪情时，你应该经常扪心自问：我们的企业是温水中的青蛙吗？

2. 危机管理能力自测

有一只野猪对着树干不停地磨它的獠牙。

一只狐狸问："现在既没有猎人，也没有猎狗，为什么不躺下来休息享乐呢？"

野猪回答说："如果我现在不磨锋利牙齿，等到猎人和猎狗出现，我就只能坐以待毙了。"

当危机来临，你有锋利的牙齿和危机搏斗吗？

企业的危机管理能力表现在以下四方面：

(1) 对危机的前兆有敏锐的嗅觉。

(2) 当危机来临时能临危不惧，迅速做出正确反应。

(3) 在解决危机时能有条不紊，按部就班。

(4) 化危机为契机，在危机中获利。

曹操率80万大军进攻孙吴联军，为了解决北方士兵不习水战的问题，把战船用锁链连成一体，人马在上面行走如履平地。如此周密的计划加上具有绝对优势的军事实力，应该胜券在握了吧？没有想到的是，对方使用火攻又赶上当日东南风大作，于是，在赤壁之战中曹军一败涂地。

其实，这不仅是一个故事。很多企业都经历过“赤壁之战”，虽然计划极为周详，部署也十分严密，却总会遇到一些出乎意料的状况。这就需要具备随需应变的能力——对突发事件进行实时响应，从而可以突破旧有模式，把握新的商机。

资料来源：营销传播网。

二、组织变革的内容及模式

如何进行有效的组织变革？国内外学者从不同的角度进行了研究。下面主要介绍三种经典的组织变革理论。

(一) 组织变革的系统模式

在许多组织变革模式中，莱维特的系统模式较流行，它是从组织系统互相联系、互相影响的要素体系出发探讨组织变革模式的。莱维特认为，组织是个多变量的系统，它包含有变革相互作用的四个变量，即结构、任务、人员和技术，如图 10－1 所示。

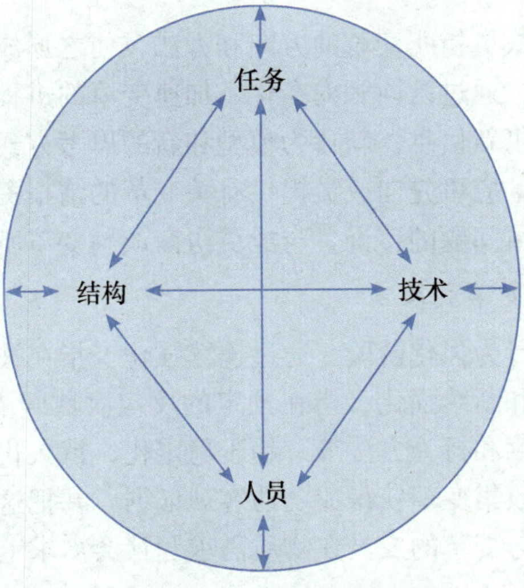

图 10－1 组织变革的系统模式

（1）结构。结构是指组织的权责体系、信息沟通、管理层次和管理幅度、工作流程等。

（2）任务。任务是指组织存在的意义、使命以及工作的性质（简单和复杂、新的和重复的、标准化和独特性）。工作任务的性质能够影响组织内个体和部门之间的关系。

（3）人员。人员是指达到目标的个体、群体、领导人员，包括他们的工作态度、个性和激励等。

（4）技术。技术是指组织解决问题的方法、手段和技术装备。

这四个变量相互依赖，任何一个变量的改变都会引起其他一个或多个变量的改变。同时，组织是一定环境中的组织，组织内的各项因素都与环境发生着相互的作用，环境也通过上述四个变量影响着组织的变革。组织变革可以引用单一变量或者结合多个变量，但是管理人员必须了解全部四个变量的相互作用，可以通过改变组织的工作任务、组织结构，改变人们的态度和价值观念、人们的行为和组织成员之间的沟通程序，改变解决问题的机制和方法，以及顺应环境的变化来进行组织变革。

（二）勒温的三阶段变革模型

美国社会心理学家库尔特·勒温认为，组织变革过程涉及放弃旧的态度和习惯，以及学习和建立新的态度和习惯。因此，他特别重视组织变革过程中人的心理机制，"解冻—变革—再冻结"就是他针对组织成员的心理态度和行为而提出的变革三阶段。

1. 解冻——创造变革动力

解冻是变革前的心理准备和思想发动阶段，让员工了解问题及变革的需要。这一阶段改变人们原有的态度、习惯和传统，鼓励人们接受新的观念，刺激人们变革的动机。解冻开始后，组织往往先给员工提供相关信息，以显示理想的行为或业绩与目前状态的差异。

2. 变革——实现变革

变革阶段是向组织成员指明变革的方向和方法，使之形成新的态度和接受新的行为方式，实现行为转化，通过认同和内在化，加速变革的进程。作为变革过程的学习部分，它涉及向员工提供新信息、新行为模型和新的思考方式。

变革阶段需要注意，应事先向成员提供有关变革的情报资料，鼓励成员参与变革计划的拟订，提供对变革问题的咨询，与成员协商谈判变革所引起问题的解决办法。

3. 再冻结——巩固变革成果

再冻结是变革后的行为强化阶段。通过连续强化（指在被改变的人每次接受新的行为方式时予以强化）和断续强化（指在预定的反应次数间隔时间内给予强化），使已经实现的变革（如态度和行为方法等）趋于稳定化、持久化，形成模式行为。

再冻结阶段要注意收集变革获得成功的客观证据，并把这些信息及时提供给变革的参与者，注意应使参与变革的成员在物质需求和社会需求上得到变革带来的利益。

（三）科特的领导变革模型

哈佛大学著名的约翰·科特教授提出了基于领导的计划变革模型，将"解冻—变革—再冻结”三阶段扩展为八个有明确定义的步骤。尽管在现实中这八个步骤常有重叠，但这种细分可使经理注意成功实施重大变革所需的每一因素。

1. 确立紧迫感

经理要确立一种紧迫感，即确实需要变革。在某些情况下，危机可使员工有一种明确的紧迫感。例如，经营饭店设备的MCF公司在其大客户复兴酒店集团被人收购后，失去了80%的收入，员工可以很容易地意识到公司要变革才能生存下去。但在很多情况下，并没有近在眼前的危机，因此，经理要设法使众人理解变革的需要。经理要仔细观察内外部环境，注意竞争形势、市场状况、社会趋势、技术趋势、人口趋势、财务业绩、运营情况以及其他因素。在确定潜在危机或重大机会后，经理要设法广泛突出宣传该信息，以造成变革的紧迫感。

2. 组织联盟

接下来，组织必须组织一个有足够力量的联盟，以引导变革过程，然后再建立一种内部的团队感。要使变革进程成功，就必须对变革需要及可能性有共同的承诺。高层经理是联盟的核心，但让中低层经理参与进来也是极为必要的。可以采用相关机制（如到郊外休养地开会）将员工集中起来，并帮助他们共同评价问题及探讨解决的办法。在Master Brand Industries公司，变革进程是从一次郊外休养地会议开始的，相关部门经理一起考察了变革的需要，并讨论了如何将公司改造成以团队为基础的组织。

3. 确定远景及战略

经理在确定远景及战略阶段应制定一个有说服力的远景，由其引导变革，然后制定达到远景的战略。在惠尔浦洗衣机公司，经理制定的远景是，将公司从传统的、营销技能有限的公司变成一个强有力的营销组织，同时拥有从属的制造及工程技术，从而在面对新竞争时力量更强大。

4. 宣传远景

远景形成后，经理要尽力广泛宣传远景，即战略。在宣传远景阶段，变革实施者联盟应以身作则，展示员工所需的新行为。除非组织中大部分人愿意为组织尽力（并常常达到做出个人牺牲的地步），否则重大的变革是不可能的。

5. 授权员工采取行动

在宣传远景后，就应授权全体员工就远景采取行动。这包括破除变革障碍，而这涉及修订影响或破坏变革的制度、结构或程序。例如，当罗尔斯-罗伊斯汽车公司的生存危在旦夕之时，劳资双方修订了影响重大变革的狭窄的工作分类规定，该公司过去有几百项有关工作的精确叙述，而现在新合同规定，员工能力之内的工作视需要都可以承担。在授权员工采取行动阶段，经理还应鼓励、奖励冒险等非传统理念及行为。

6. 产生短期成果

为让员工看到自己努力的结果，并让变革努力不失去势头，很关键的一步是使他们体验到短期成果。变革实施者为可见的业绩改进列出计划，努力予以实现，并对参与改进的员工给予奖励。在一家美国制造业公司，经过起引导作用的联盟 20 个月的变革努力，推出了一种极明显和成功的新产品。这一成功提高了变革进程的可信度，也使员工的承诺和热情再度被激发。

7. 巩固成就

巩固成就阶段利用短期成果取得的可信度，对改进予以巩固，解决较大的问题并产生更大的变革。经理会修改不适应远景及尚没触动的制度、结构和政策，他们雇用、提升和培养能实施变革远景计划的员工。此外，经理在需要时可用新的项目、主题或变革力量来重振整个流程。

8. 使变革制度化

一旦变革已经实施，很重要的是使新做法在组织文化中制度化。正是这一后续的阶段才使变革得以扎根。经理会宣传新行为与组织成功之间的联系，新的价值观及信念会注入公司文化，使员工认为变革是公司运营方式的正式不可分的一部分。此外，评价及奖励制度也得到修订，以支持和激励新的行为。

三、组织变革的阻力

进入 20 世纪 80 年代以来，虽然组织变革已呈不可逆之势，然而超过半数的组织变革却以失败告终，主要原因是组织变革遭到抵制。

（一）组织变革阻力的来源

大量的观察和研究表明，对组织变革的抵制一般来自两大方面，即个人和组织。

1. 个人原因

（1）心理因素。人们对自己所长期从事的工作是熟悉并感到稳定的，这在心理上是一种安全感和心理平衡。而组织变革本身充满着不确定性，人们处于不确定的环境中会对未来产生不安全感和恐惧感，如担心变革会影响自己在组织中的地位，担心变革会破坏原有的人际关系的协调等。一旦产生这种心理恐慌，人们往往会出现抵制变革的情绪和行为。

（2）经济因素。对个人损失的担心，可能是组织变革面临的最大障碍，是决定人们对变革持何种态度的关键。人们担心变革会影响个人收入、福利，甚至是工作，损害自身利益。

（3）领导因素。变革意味着对旧秩序的破坏，变革的过程与结果存在诸多不确定因素，因而领导者对变革要承担一定的风险。领导者和组织成员担心一旦变革失败，会危及自身地位和既得利益，因而大多数人对变革有一种畏惧心理和求稳怕乱的倾向。

2. 组织原因

（1）组织结构因素。组织变革会打破原有的各层次权力与责任的界限，调整不同层次的管理机构，因而会触及旧有各层次管理机构的利益和权力，招致这些群体的抵制。

（2）组织规范因素。组织规范一旦制定出来，就有一种惯性，在较长时间内约束和规范人的行为。组织变革会改变旧的行为规范和原有的组织目标，而旧的行为规范的影响力在没有消退之前，对新的组织规范和组织目标就会形成一种抵制。

（3）经济利益因素。组织变革意味着废除旧有的、过时的东西，建立新的制度和秩序，而所有这些都是需要成本的，需要投入人力、物力和财力，在人们对这种投入的预期效果感到不确定和存在顾虑时，组织变革的动力就会减弱。

（4）人际关系因素。变革意味着打破旧有的人际关系，重新调整组织成员之间的关系，这种新旧关系的交替、新关系的确立需要一个较长的过程。在旧有关系仍在起作用而新的关系尚未建立时，组织成员之间的关系可能会变得紧张，从而引起一些人对组织变革的不满。

（二）组织变革阻力的类型

奥康纳对组织中可能会遇到的变革阻力做了一个分类。他认为，阻力可能是公开的，也可能是隐蔽的。公开的阻力容易处理，因为人们可以公开进行讨论，这样可能减少对变革的恐惧。而暗藏的阻力是引入变革的人无法觉察的，也就很难处理。另一个维度是阻力的动机，它被分为有意识的和无意识的两类，在无意识阻力情况下，个体完全不清楚他们的行为已构成对变革的阻力，他们甚至还认为自己是在采纳变革。而有意识的阻力是很清楚的，他们是在对变革进行挑战。

从以上两个维度出发，形成四种阻力，具体见图 10－2。

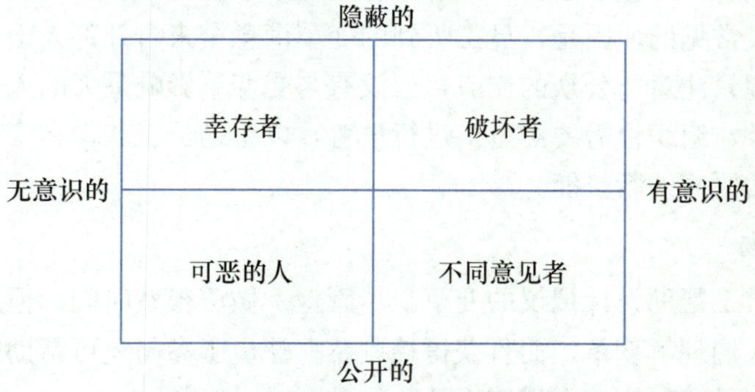

图 10－2　组织变革阻力的四种类型

1. 破坏者

破坏者是非公开并有意识的阻力。因为某些原因（可能是为了减少对个人的影响或害怕损失），个体对抗变革，但并不公开表示。在一些情况下，也可能是希望如果他们忽视了变革，就可避免变革发生。

2. 幸存者

幸存者似乎意识不到正发生的变革，而他们实际上正以任何可能的方式，起着破坏变革的作用。他们的对抗是隐蔽的并且是无意识的，还固执地认为什么事情都没有发生，而一旦指出他们对变革很不合作，会使他们感到非常震惊或受到了伤害。

3. 可恶的人

一开始可恶的人不让人喜欢，他们公开对抗，但他们自己又是无意识的。奥康纳指出，这种人其实是幸存者的一个极端的特例。他们同意必要的变革，但缺少贯彻变革的意愿和能力，他们将逐渐地公开改变他们最初的行为。一旦回想起变革的需求，他们又会恢复努力，但不再会持续很久。他们将自己看作是努力合作的人，并不认为自己是抵抗者。

4. 不同意见者

不同意见者公开并有意识地表明自己对变革的反对意见。对他们的意见应该倾听，因为在他们的挑战性意见中可能存在对变革有帮助的信息。这一群体是最容易应付的，因为他们的挑战是公开的，而且通常采用的是讲道理的争论方式。他们也未必是依赖性的，既可能处于反依赖状态又可能处于相互依赖状态。在这种情况下，不同意见者是有能量的，这些能量是可以利用的。个体的依赖状态出现在幸存者和可恶的人的情况中，他们的能量很低，也很难被激发。破坏者更可能具有反依赖性，因此能量也很高，通过一定的技术，可以使他们转到积极的方向。

（三）克服组织变革阻力的方法

组织要想实现有效的变革，就必须采用科学的思维和方法克服变革的阻力。归纳国内外研究与实验的结果，克服组织变革阻力的方法主要有以下几种。

1. 加强沟通

管理层可向员工介绍有关变革及其可能的后果的全部信息，从而减少抵制。这种交流培养了信赖感，防止了谣言和误解，并避免了怨恨。一项关于变革努力的调查表明，变革失败最常见的原因是，员工听到的变革消息全来自外部人士而不是组织的领导者。高层经理只注意与公众的交流，但没有与受变革影响最大的人——自己的员工进行交流。另外，组织也需要对员工进行教育，以帮助员工获得在变革过程及自己新职责中发挥作用所需的新技能。

2. 员工参与

参与可使员工帮助设计拟议的变革。尽管这一做法很费时间，但还是划算的，因为这可以帮助人们理解变革，而且获得控制感。让员工参与还可帮助管理层确定潜在的问题，并理解员工对变革在感知上的差异。

3. 协商谈判

协商谈判是达到参与及合作的一个更正式的途径。变革实施者力图用谈判为抵制者提供有价值的东西，以获取其对拟议变革的合作和接受。当抵制是来自一个强大的来源（如工会）时，谈判常常是必要的。如果公司内部有强有力的工会，则公司必须经常与工会正式谈判。变革可能成为合同的一部分，从而反映了双方达成的一致协议。

4. 强制执行

作为最后一招，经理用正式权力克服对变革的抵制。组织告诉员工或是接受变革，或是冒失去奖励、晋升甚至工作岗位的风险。在出现危机，需迅速反应的情况下，强制执行有时可能是需要的。对于某些自上而下的行政变革，强迫也可能是必需的。但作为一般准则来说，不应采取强迫的做法，因为员工会感到自己是受害者，对实施变革的经理感到愤怒，并可能破坏变革。

以上四种方法适用时机不同，且各有利弊，具体见表 10-1。

表 10-1 克服组织变革阻力的四种方法

变革方法	适用时机	优点	缺点
加强沟通	员工需要得到准确信息以便理解技术性的变革，员工需要新技能	澄清误解	缺乏理解信任时无法奏效
员工参与	员工需要有参与感；变革的设计及实施需要他人的信息	增加参与，获得支持	费时，可能做出不太高明的决策
协商谈判	工会之类的集团（对变革实施有控制权的集团）可能在变革中成为失败者	获得人心	潜在代价高
强制执行	存在危机，需要做迅速的反应；其他战术已失败	容易获得支持	不合法，有损名誉

延伸阅读

为什么企业的组织变革如此艰难?

若要实现真正的组织变革，仅靠战略规划是不够的。CEO 必须了解自己及其员工带有的偏见行为及决策影响力，并承认这些会对实现企业目标造成阻碍。

CEO 须特别注意偏见对潜意识和选择的微妙影响力。这些影响力中最常见的就是损失规避心态（loss a version）和从众行为（conformity）。

损失规避心态

试想一下有这样一支高管团队，成员皆成就非凡，且在公司任职多年。在公司的年度计划会议上，任职 5 年的 CEO 面对公司的突出业绩和股价的可观增长，仍然有着不安和烦恼，担心市场趋势会不利于公司的长期发展。而且，当下的决策会影响公司未来的发展方向。那么在这种情况下，他的团队会怎么做呢?

研究表明，作为个体，我们都会抱有“一种消极的偏见”。简单地说，就是我们对损失的担忧程度大于对成功的喜悦和渴望程度。相比愉快的面孔，我们总是更容易关注和在意人群中的愤怒面孔。当某个事件的成功和失败的概率各占一半时，一般人只有潜在收益超出潜在损失的两倍时心里才会觉得平衡。

这种在收益与损失等价的情况下，宁愿选择规避损失而不选择实现收益的倾向总是驱使我们采取规避风险的行为。但这种行为可能将我们置于危险之中，即使变革更符合公司的发展需求，很多时候企业也宁愿选择维持现状。

在组织层面，这种倾向更为常见。个体规避风险的行为（每个人都喜欢已知的工作模式，而不喜欢变革所带来的未知风险）集合起来会形成强大的组织惰性。最终的结果是：我们拒绝改变，组织僵化，并逐渐面临风险。

从众行为

对于重视转型机遇并能够承受风险的人而言，还有一个潜在影响因素：从众行为。他们有着很好的判断力，但是有一部分人还是容易受到周围同事的影响并与之趋同。他们会向大多数意见低头，对于某些决策即使有不同想法也不会反驳并坚持己见。很少有人有勇气选择孤身奋战。

这些偏见对需要实现组织变化的CEO来说，他必须认识到，很多公司的转型计划由于损失规避心态而无法按时实现或受到阻碍。这种规避心态表现在个体层面，继而影响至整个组织，并通过从众心理的影响在公司得到进一步强化。当组织意识到必须做出改变时，局面往往已经变得非常被动，甚至来不及了。由于这类原因失败的企业比比皆是。比如说，1991年道琼斯工业指数的30家公司中，如今只剩下50%仍在经营。

资料来源：肖恩·瑞安．正是这2个影响因素让企业的组织变革如此艰难．哈佛商业评论，2017（2）．

第二节　组织发展

一、组织发展的概念

随着组织变革理论研究和实践的不断深入，有关组织成长、组织发展的主题也越来越多地成为专家、学者以及实践管理者所关注的焦点。

（一）组织发展的基本概念

目前，关于组织发展的定义很多，有代表性的有以下几种：

（1）组织发展是一个通过利用行为科学的技术和理论，在组织中进行有计划的变革的过程。

（2）组织发展指的是在外部或内部的行为科学顾问，或有时被称为变革推动者的帮助下，为提高一个组织解决问题的能力及其外部环境中的变革能力而做的长期努力。

（3）组织发展指的是一个有计划的、涵盖整个组织范围的，同时由高层管理者控制的努力过程，它以提高组织效率和活力为目的，该过程利用行为科学知识，通过在组织的“进程”中实施有计划的干预而进行。

（4）组织发展是一个数据收集、诊断、行为规划、干预和评价的系统过程，它致力于增强组织结构、进程、战略、人员和文化之间的一致性，开发新的创造性的组织解决方法，以及发展组织的自我更新能力。这是通过组织员工之间及其与使用行为科学理论、研究和技术的变革推动者之间进行合作来达到的。

以上定义各有不同的着重点。综合多种观点后，我们可形成以下定义：组织发展是一个有计划的系统的变革进程，它应用行为科学知识和技术来改进组织的健康和有效性，具体说就是使组织能适应环境、改进内部关系、增强学习及解决问题的能力。简言之，组织发展将行为科学知识广泛应用在根据计划发展、改进和加强那些促进组织有效性的战略、结构和过程上。

上述定义突出了几个特征使得组织发展区别于其他推动组织变革和改进的措施，

例如管理咨询、技术创新、业务管理以及培训和开发，它也有助于将组织发展同另外两个相关领域——变革管理和组织变革区别开来。

（二）组织发展与几个相关概念的关系

(1) 组织发展与变革管理。组织发展和变革管理都要处理计划变革的有效实施问题，都关心那些能够改善组织的行动、过程和领导层问题所产生的后果。然而，两者价值倾向是不同的。组织发展的行为科学基础支持人类的潜力、参与和发展的价值，变革管理则更关注经济潜力和获取竞争优势的价值。因此，组织发展与变革管理相互区分的特征是：组织发展更加关注知识和技能的转移，以便系统在将来能够更有效地进行变革；而变革管理并不一定非得要求这些技能发生转移。简而言之，所有的组织发展都有变革管理，但变革管理并一定包含组织发展。

(2) 组织发展与组织变革。组织变革与组织发展有着十分密切的关系，但是组织变革的概念比组织发展范围更广。如前所述，组织发展是一种长期的、全面的、更为复杂且代价更大的变革途径，目的是使组织提高到一个更高的层次，显著地改进工作人员的工作效率和对工作的满意程度。可见，组织发展能够运用在管理组织变革上，然而它最初是通过改变知识和技能来提高组织实现目标和解决问题的能力的方式与组织变革相关联的。组织发展的目标是在特定的方向上进行组织变革，向改良程序、负担责任、提高工作生活质量和组织效果等方向变革。相比之下，组织变革可以把目标定在更广的范围内，能够在任何一种变革上应用，包括技术和管理创新、组织精简或系统变化。从组织发展的内涵看，这些变革有可能或不可能使得组织更加向前发展。

但同时，组织发展在促进组织变革方面发挥着越来越大的作用。组织发展帮助组织评估自己及其所处的环境，重新制定组织的发展战略、结构和过程，以使它们更具有活力；组织发展使组织成员不驻足于表面上的变革，而是不断地改变着控制他们行为的设想和价值基础。

二、组织发展的特征

组织发展是提高全体员工积极性和自觉性的手段，也是提高组织效率的有效途径。组织发展包含以下几个显著的基本特征。

（一）组织发展包含深层次的变革，包含高度的价值导向

组织发展意味着需要深层次和长期性的组织变革。例如，许多企业为了获取新的竞争优势，计划在组织文化的层面实施新的组织变革，这就需要采用组织发展模型与方法。由于组织发展涉及人员、群体和组织文化，包含着明显的价值导向，如强调人的发展、公平、开放、不受强迫及个人自治权，特别注重合作协调而非冲突对抗，强调自我监控而非规章控制，鼓励民主参与管理而非集权管理。

（二）组织发展是一个诊断-改进周期

组织发展的思路是对企业进行“多层诊断”“全面配方”“行动干预”和“监控评价”，从而形成积极健康的诊断-改进周期。因此，组织发展强调基于研究与实践的结合。组织发展的一个显著特征是把组织发展思路和方法建立在充分的诊断、裁剪和实践验证的基础之上。组织发展的关键部分之一就是学习和解决问题，这也是组织发展

的一个重要基础。

（三）组织发展是一个渐进过程

组织发展活动既有一定的目标，又是一个连贯的不断变化的动态过程。组织发展的重要基础与特点，是强调各部分的相互联系和相互依存。在组织发展中，组织中的各种管理与经营事件不是孤立的，而是相互关联的；一个部门或一方面所进行的组织发展，必然影响其他部门或其他方面的进程。因此，应从整个组织系统出发进行组织发展，既要考虑各部分的工作，又须从整个系统协调各部分的活动，还要调节组织发展与外界的关系。组织发展着重于过程的改进，既解决当前存在的问题，又通过有效沟通、问题解决、参与决策、冲突处理、权力分享和生涯设计等过程，学习新的知识和技能，解决相互之间存在的问题，明确群体和组织的目标，实现组织发展的总体目标。

（四）组织发展是以有计划的再教育手段实现变革的策略

组织发展不只是有关知识和信息等方面的变革，而更重要的是在态度、价值观念、技能、人际关系和文化气氛等管理心理各方面的更新。组织发展理论认为，通过组织发展的再教育，可以使员工抛弃不适应形势发展的旧规范，建立新的行为规范，并且使行为规范建立在员工的态度和价值体系优化的基础之上，从而实现组织的战略目的。

（五）组织发展具有明确的目标与计划性

组织发展活动都是订立和实施发展目标与计划的过程，并且需要设计各种培训学习活动来提高目标设置和战略规划的能力。大量的研究表明，明确、具体、中等难度的目标更能够激发员工的工作动机和提高工作效能。目标订立与目标管理活动，不但能够最大限度地利用企业的各种资源，发挥人和技术两个方面的潜力，而且能产生高质量的发展计划，提高长期的责任感和义务感。因此，组织发展的一个重要方面就是让组织设立长远的学习目标和掌握工作计划技能，包括制定指标和计划、按照预定目标确定具体的工作程序以及决策技能等。

延伸阅读

阿里巴巴的员工发展与组织发展

作为全球企业间（B2B）电子商务的著名品牌，2005 年 8 月 11 日，阿里巴巴迅速与雅虎达成了协议，收购雅虎中国全部资产。与此同时，阿里巴巴的内部也一直都在进行结构调整。业务发展迅猛无比、组织架构变化惊天动地，许多公司或许也曾经历过类似的风光，却往往因为人员发展无法适应组织变革的速度，最终被各种暗流吞没。而阿里巴巴却深知，组织结构变化越是迅速，越是需要员工有很强的适应能力，这点对于新兴的互联网行业更是如此。阿里巴巴能够从容度过了一次又一次变革，人力资源管理团队在组织发展方面给予的坚实支持功不可没。

1. 组织发展人先行

正所谓“兵马未动，粮草先行”。要确保组织发展平稳又迅猛，就要保证阿里巴巴无论发展速度有多快，都能在需要用人的时候有人可用。因此在阿里巴巴，组织发展部门并不叫 OD（Organization Development），而叫 P&OD（People and Organization Development），以此体现“人员发展”对组织发展举足轻重的影响。

2. 创造快乐学习的氛围

面对业务快速发展、迫切需求人才的瓶颈，外部引进人才可以快速从数量上满足用人需求。然而，阿里巴巴也同样面临着一些在行业内处于领先地位的公司所面临的共同问题：在电子商务行业里，阿里巴巴已经走在了最前列，单纯依赖从其他公司大批量吸收成熟的人才，很难满足每年成倍增长的业务对人才的大量高质需求。而且，阿里巴巴独特的文化氛围和深入人心、深植于骨的价值观，外来人员很难在朝夕之间充分理解。如果不能在价值观上达成一致，那么在长远业务上也很难形成统一的共识。因此，在人才战略上，阿里巴巴采用的是“外招内养相结合，同时侧重于内部培养”的策略。

所谓“内养”，包含“培养人”和“选拔人”两个方面。首先，快速地培养人才以适应业务发展的需要。如阿里巴巴根据员工的层级、职能，建立了不同的学习组织。其次，针对庞大的销售队伍，阿里巴巴还组建了专门的销售培训部门，“送课下乡”项目确保了培训学习资源到达一线员工。这样创造了一个满足员工多元需求、充满活力与趣味的立体学习环境。最后，针对关键岗位的关键人才，阿里巴巴还设有“接班人计划”，针对不同岗位，制定胜任力模型，培养后备力量。结合胜任力模型，P&OD 的组织发展部门配合各层级的管理人员以及各业务部门的人力资源管理人员，逐步在阿里巴巴所有管理人员乃至全体员工当中推行量身定做的个人发展计划，达到提升员工能力的目的。

3. 员工关系，“润物细无声”

员工关系是加强团队凝聚力、向心力的关键。阿里巴巴主张，要“贴心”、不要“花哨”，员工关系工作主要从两个方面进行。

第一，贯彻企业文化。阿里巴巴一直主张，企业文化要做到“润物细无声”，不要挂在墙上，而要印在员工心里；不依靠任何大张旗鼓的宣传，于细节处施以点点滴滴的影响，浸润每一个员工。比如，关心员工的生活起居、策划员工的集体婚礼、建立员工俱乐部、创办内部邮件杂志“感动阿里”和内刊“阿里人”等。高管公开信箱，内网畅所欲言，网站群体博客，令员工有任何不解和疑惑都有倾诉的地方，可以找到正确的答案。尽管对于很多公司而言，企业文化是个容易说出来却苦于做不到的形而上的东西，但在阿里巴巴，企业文化却是每个员工都能准确理解并努力去做的平凡朴实的东西。

第二，创造一个愉快的工作氛围。其目的就是要把阿里巴巴打造成一个轻松又有活力的集体。只有员工快乐工作，才能快乐生活，才能更有激情。工作不再仅仅是养家糊口、买车供房的手段，也是人生中充满激情、享受其中的过程。

令员工喜爱和参与的活动，让员工能充分发挥能力的民间组织，加强了员工和员工、员工和公司之间的纽带，这千丝万缕的连接，把公司营造成了家，把同事变成朋友和亲人。爱，走进了心灵深处。

三、组织发展干预的方法与技术

组织发展的基础包括对人的尊重和使他们全面参与自我指挥的变革过程，即员工参与实际的行动。组织发展通过团队故事和支持建设性的变革来集合组织的人力资源，为了直接推动变革过程而采取的种种不同的组织干预行动证实了这一点。

组织发展干预是在组织系统内有目的、有计划地引入并展开变革改进的活动过程，以帮助组织改变内在不良状态，促进组织有效发展。随着组织发展活动的深入，一批组织发展干预技术已被成功应用。下面以组织内不同层次——个体、群体、组织作为干预分类维度，介绍常见的组织发展干预措施。

（一）组织干预

在组织层次的组织变革的实施中，系统任何一个部分的变化，都会引起其他部分的变化。组织的文化对成员的态度和士气具有重要的影响。人们确信，可以通过组织结构和工作设计，将人、技术和系统结合在一起，形成先进的生产力和满足工作的需要。以组织效益为重点的组织发展干预行为通常包括：

（1）调查反馈。调查反馈是指全面、系统地搜集数据，确认态度与需要，分析结果，计划建设性行动。

（2）碰头会议。通过一整天高强度的、有组织的会议，搜集关于工作环境问题的数据，并计划建设性行动。

（3）结构设计。结构设计是指重新安排结构以满足环境和相关因素的要求。

（4）目标管理。目标管理是指在组织中使目标管理正式化，以将个人、群体和组织目标结合在一起。

（二）群体干预

团队在组织发展中起着非常重要的作用。组织发展的实践者认识到了这方面的两个原则：首先，团队是有助于人们满足重要需要的载体；其次，团队内部合作的改善能够改进组织的绩效。用于改进团队有效性的组织发展干预措施有：

（1）团队建设。组建团队的经验帮助团队成员设置目标、改善人际关系，从而形成更有效能的团队。

（2）进展过程咨询。进展过程咨询是指第三方对关键性的团队活动过程（如沟通、冲突以及决策）进行观察并提出建议。

（3）群体间活动。团队建设旨在改进群体或团队内的关系，而群体间活动通过设置共同目标，旨在改进群体、团队或部门之间的关系，实现更好的协调。

（三）个体干预

关于个体，组织发展实施者通常认为，一个积极的、充满挑战的环境能够满足个体成长与发展的需要。他们认为，大部分人是能够对自己的行为负责的，并能够为组织的绩效做出自己积极的贡献。以这些原则为基础，一些有助于改进个人绩效的常见的组织发展干预方法有：

（1）敏感性训练（团队）。在群体结构未定型的阶段，参与者需要学习人际关系技能，以增强对他人的敏感性。

（2）管理培训。安排开发重要的管理技巧与能力的教育机会。

（3）角色扮演谈判。安排一起共事的人参与互动活动，以确认和磋商对角色的预期。

（4）工作再设计。重新安排任务内容，以更好地适应个人的能力与需要。

（5）职业生涯规划。安排建议和讨论的阶段，以帮助个人规划职业生涯及规划个人的发展。

延伸阅读

大群体干预：通用电气的“群策群力”计划

早期的组织发展活动大都涉及小群体，并专注于逐渐增多的变革。但近年来，人们对将组织发展技术应用于大群体环境日益感兴趣，因为它更适合于在处于复杂环境的组织中引发激进或改革性的变革。大群体干预这种做法将公司各部门成员，常常还有公司外的重要人士，拉到公司以外的一个地方开会，讨论问题或找机会并为变革做计划。大群体干预可能涉及50～500人并持续数天。到公司之外的地点开会，可以免除干扰和分心，使员工专心探讨新的做事方法。

通用电气公司的“群策群力”计划是一个现在仍在使用的程序，它旨在解决问题、学习及改进。该计划开始时，会在公司之外的地点召开大型会议。这种会议源自通用前CEO杰克·韦尔奇的一个愿望，建立一个“无边界文化”，即与全球30万名员工沟通并激励他们。他坚持认为由于变革要发生在前线，那么前线的员工应能自己创造变革，而不是由高层经理强迫他们变革。他认为这一文化对于学习及发展具有关键的意义。

通用电气公司的这种“群策群力”计划在开始时必须搞一个大型会议，参加者有高层经理、外部的组织发展咨询人员及人力资源专家。公司各单位都派来代表，全职员工和兼职员工，大家非正式地聚会3天，专门讨论和解决问题。这类活动慢慢地也包括了外部人士，如供应商和客户。“群策群力”不是一个事件，而是通用电气公司完成工作及解决问题的一个过程。

群策群力的程序有以下七步：

（1）选一个要讨论的工作流程或问题。

（2）选一个合适的跨职能团队，要包括外部人士。

（3）选一个“冠军”来跟踪建议的落实。

（4）开几天会，并提出改进流程或解决问题的建议。

（5）会见高层经理，并要求他们当场就建议给予答复。

（6）根据需要再开几次会，以落实建议。

(7) 重新开始以上过程，只不过另选一个流程或问题。

通用电气公司的这种群策群力过程不仅为公司解决问题，提高生产率，还给了员工一种新的经历，可以超越垂直或水平界限而公开诚实地互动。

大群体干预（例如通用电气公司的“群策群力”计划）反映出组织变革方面的做法已发生重大的变化，不再是早期的组织发展做法了。在新方法中，重点是整个系统，它体现了组织与环境的互动。至于供讨论的信息，其来源已经扩大，包括了客户、供应商、社区成员，甚至竞争者。而且，这一信息是广泛分享的，使每个人都对组织及其环境有相同的了解。

当整个系统都参与进来后，变革的加速是十分惊人的。此外，组织的各单位或部门都同时在学习，而不是某些个人或小群体在学习。结果是，大群体干预方法更可能导致整个文化发生基本的、激进的改造，而传统的方法只能引发少数个人或小群体的渐增性变革。

第三节　学习型组织

自 20 世纪 90 年代以来，组织发展呈现出诸多趋势：一方面，由经济全球化引起的跨国公司大量增加，组织的规模迅速扩大；另一方面，信息技术的飞速发展对企业管理模式产生了深远的影响，改变了人们的行为方式和工作方式。环境的剧烈变化，迫使组织变革的频率加快，组织更加关注人性，并通过提高学习与创新的能力，保持组织的活力和竞争力。

一、学习型组织的基本概念

随着信息革命和知识经济时代进程的加快，学术界和企业界都将关注的焦点转向组织如何适应新的知识经济环境，从而保持和增强自身的竞争能力以及延长组织的寿命。在这样的背景下，学习型组织这一概念也越来越受到人们的重视。人们发现，比竞争对手学习和变化得更快是许多组织唯一持久的竞争优势。

“学习型组织”于 20 世纪 90 年代初由美国麻省理工学院的彼得·圣吉教授在《第五项修炼》中提出，随后立即在世界范围内引起强烈反响。

所谓学习型组织，是指通过培养弥漫于整个组织的学习气氛、充分发挥员工的创造性思维能力而建立起来的一种有机的、高度柔性的、扁平的、符合人性的、能持续发展的组织。这种组织具有持续学习的能力，具有高于个人绩效总和的综合绩效。

学习型组织的真谛可以概括为以下三个方面：

(1) 学习型组织是全体成员全身心投入并有能力不断学习的组织。按学习型理论，企业竞争说到底就是学习力的竞争。所谓学习力就是学习动力、学习毅力和学习能力三个要素的统称。

（2）学习型组织是让成员体会到工作中生命意义的组织。对企业来说，必须注意双元双层原则。所谓双元，第一就是企业的发展，第二要注意员工的发展。一个只注意企业发展而不注意员工发展的企业是不会成功的。所谓双层，即一个企业要注意双元的发展；作为员工来讲，既要注意到个人的发展，又要想到企业的发展，没有企业的发展也就没有个人的发展。因此，组织的各层领导、各部门领导，不仅要告诉员工工作中的生命意义，还要让员工体验到工作中生命的意义。

（3）学习型组织是通过学习创造自我、扩大未来能量的组织。学习型组织中的学习强调把学习转化为创造力。

二、学习型组织产生的动因

与理论界相呼应，20 世纪 90 年代以来，大批优秀企业也纷纷表示了对学习型组织的兴趣，有的还积极推进组织学习或导入学习型组织辅导项目。

为什么学习型组织会受到人们如此的关注？其中必有深刻的原因。

（一）企业的短命现象

自 1970 年以来，人们已经注意到，在世界范围内，企业平均寿命缩短了。一般大企业平均寿命为 40 年，是人类寿命的一半。许多名噪一时的大企业叱咤风云过后，纷纷退出历史舞台。人们固然可以找出种种外部原因，如环境的多变、竞争的加剧等，但不可否认，其组织内部存在某种障碍，妨碍了企业的成长，使其在日趋激烈的商战中败北，甚至被淹没。

（二）危及企业寿命的七大“智障”

（1）局限思考。人们长久以来一直接受固守本职的观念，多数人认为自己对于整体只有很小或毫无影响的能力。他们在自己的工作岗位上埋头苦干，结果把自己的责任局限于职务范围之内，而忽视整体绩效。

（2）归罪于外。当工作出现了问题，人们往往倾向于归罪于外。这实际上是局限思考的副产品，是以片段的方式来看外在世界。这种倾向在企业中最为明显。

（3）整体思考缺乏主动积极性。主动积极意味着不应一再拖延，必须有所行动，并在问题扩大成危机之前，加以解决。

（4）专注于个别事件。一般人们常将日常生活中的遭遇看成一件又一件的孤立事件，总认为每一事件都有一个明显的原因，至于一些虽然重要但隐藏在事件背后、长期而复杂的原因，反而容易被人们忽视。

（5）习而不察。研究表明，导致许多公司失败的原因，常常是对于缓缓而来的致命威胁视而不见、习而不察。一个公司在发生巨变时往往会有反应，而公司对发生缓慢的事件往往麻木不仁。

（6）从经验中学习的错觉。传统组织习惯于就最近的情况来探讨问题发生的原因，这样往往无法找到真正的问题症结所在。这是由于真实世界中许多问题的因果环环相扣，而且在时间和空间上复杂交错，致使人们不能完全依赖经验来学习。

（7）团队的谜思。一般认为，团队能将组织中跨部门的复杂问题理出头绪。但哈佛大学研究团队学习行为的教授阿吉瑞斯指出，大部分团队都会在压力面前出现“智障”，表现为：为保护自己，不提没有把握的问题；为维护团结，不提分歧性问题；为不使人难堪，不提质疑性问题；为使大家接受，只做折中性结论。

（三）以修炼克服“智障”

圣吉教授在研究了大量企业兴衰史和参加了大量的企业管理实践后，认为传统企业由于自身的缺陷，在学习过程中会出现各种“智障”，这些“智障”必须通过不断的组织修炼加以克服。对于组织而言，修炼就是通过学习和训练，提高组织内部结构和机能对社会、市场变化的适应能力。具体而言，就是通过五项修炼，迈向学习型组织。学习型组织就是有能力比竞争对手学得更快、更好的组织。

三、五项修炼：学习型组织的前提

学习型组织的前提是五项修炼，具体包括以下内容。

（一）自我超越

自我超越是学习型组织的精神基础。自我超越需要不断认识自己，认识外界的变化，不断地赋予自己新的奋斗目标，并由此超越过去，超越自己，迎接未来。

（二）改善心智模式

心智模式是指根深蒂固于每个人或组织中的思想方式和行为模式，它影响人或组织如何了解这个世界，以及如何采取行动的许多假设、成见或印象。个人与组织往往不了解自己的心智模式，故而对自己的一些行为无法认识和把握。第二项修炼就是要把镜子转向自己，先修炼自己的心智模式。

（三）建立共同愿景

如果有任何一项理念能够一直在组织中鼓舞人心，凝聚人群，那么这个组织就有了一个共同的愿景，就能够长久不衰。第三项修炼就是要求组织在今天与未来环境中寻找和建立这样一种愿景。

（四）倡导团队学习

团队学习的有效性不仅在于团队整体会产生出色的成果，而且个别成员学习的速度也比其他人的学习速度快。团队学习的修炼从“深度会谈”开始，即团队的所有成员，说出心中的假设，从而实现真正一起思考的能力。

（五）进行系统思考

组织与人类其他活动一样，它是一个系统，受到各种细微且息息相关的行动的牵连而彼此影响，这种影响往往要经年累月才完全展现出来。作为组织的一员，置身其中而想要看清整体的变化，非常困难。因此，第五项修炼是要让人们形成系统观察、系统思考的能力，并以此来观察世界，从而决定正确的行动。

总之，学习型组织强调的是把学习转化为创建，学习型组织是逐步建成和发展的。我们传统的组织是权力型的，要形成学习型组织，就得不断地自我超越，不断地向极限挑战，不断地改善心智模式，不断地建立共同愿景，不断地进行团队训练，不断地进行系统思考的修炼。这是一种心灵的转变，一种思维模式的转变，是一个比较艰苦的过程。

微课时间

VUCA 时代：企业管理面临哪些挑战？

请思考：

1. 什么是 VUCA 时代？
2. VUCK 时代对传统管理带来哪些挑战？
3. 环岛交通案例带给你哪些启发？

职业素养提升

马克思指出：现在的社会不是坚实的结晶体，而是一个能够变化并且经常处于变化过程中的有机体。企业作为社会组织的一员处于不断发展的过程中，如果一直坚持原来的经验，而没有对未来可能出现的风险产生预估，那么企业将没有任何承担未知风险的能力，进而无法适应外界环境变化的要求。正如邓小平所言："发展才是硬道理。"只有树立风险意识、创新意识，坚持全局观、发展观，保持变革性，才可能保证基业长青、企业长存。

本章知识结构图

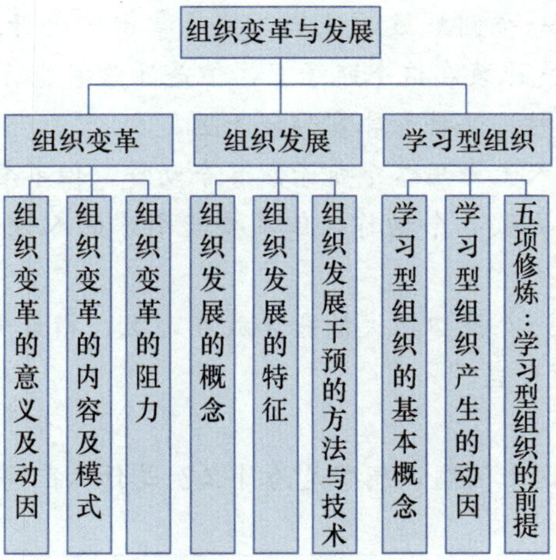

复习思考题

1. 什么是组织变革？如何理解张瑞敏所说的"市场唯一不变的法则就是永远在变"？
2. 勒温变革模型的主要内容是什么？

3. 组织变革的阻力有哪些？如何克服？

4. 组织发展与组织变革有何区别与联系？

5. 组织发展干预的主要方法与技术有哪些？

6. 什么是学习型组织？如何创建学习型组织？

认知与行为测试

测试：你对变革的反应如何？

团队作业

团队游戏：瓶子与变化

一、背景

变化是世间万物的常态，静止只是相对的，流水不腐，一个企业只有不断地变化才能适应不断变化的外在环境，做到与时俱进。

二、基本要求

参与人数：集体参与。

时间：30 分钟。

场地：室内。

道具：两个瓶子，气球。

应用：解释企业管理内涵，鼓励人们积极进取。

三、规则与程序

1. 教师首先拿出来一个圆鼓鼓的气球，然后拿出一个开口很小的瓶子，然后问大家有什么办法将这只气球装在这个瓶子里，但是注意不能将气球弄破。

2. 大家可能会想各种办法将气球塞到瓶子里。

3. 教师现在请一个人上来用这个瓶子做 5 个动作，但不要重复。

4. 请另一个参与者再做 5 个动作，但不要与刚才的人做过的动作重复。这样一直继续下去。

5. 教师从包里拿出一个开口很大的瓶子放在台上，指着那只装着气球的瓶子说：“谁能把它放到这只新瓶子里？”

四、思考并分析

如果你没有解答出这个问题，想想是为什么？是什么阻碍了你的思路？

案例分析

案例一　海尔：指数型组织

全球比较时髦的一种组织是指数型组织，张瑞敏是最早在国内提出要将传统企业转型为指数型组织的。

指数型组织就是企业如何通过组织的变革实现高速的成长，如何激发组织内部的活力，实现企业的变道超车，让企业的产出跟同行相比，可以发生不成比例的大幅增长的扩张型组织（至少十倍），激发组织内部创新活力。

指数型组织有内部的特征和外部的特征。这些特征从组织变革的发展方向，围绕着平台化、员工创客化、用户个性化三个最基本的方向去改造整个组织。

指数型组织的 11 个特征属性分别为：良好的界面；适应力强的实时仪盘表，进行绩效检测；新的产品开发通过实验快速迭代；员工高度的自治；借助社交技术实现员工之间的协同；随时随需随聘员工；大量组建社群，吸引消费者、吸引大众；每个人拥有自己独特的算法；用杠杆资本取代实体预算；让用户、粉丝参与到整个产品设计的过程中；激发组织内部的创新创业精神，真正开放，去满足消费者个性化需求，让消费者一起参与。

案例二　小米：平台型 + 生态型组织

小米经过探索，已经形成了独特的小米生态圈。某种意义上，小米不再是简单做手机的企业，它现在形成的生态系统、生态圈是在连接客户、交互客户价值，通过连接和交互实现数倍的成长。

有人说，今天看小米是什么企业、什么组织形态的时候，已经“看不懂了”，在这么一种生态型组织体系下，企业应该干什么，生态连接应该干什么，在企业和生态之间到底是一种什么样的交易关系，内部如何进行协同，内部的责权利关系如何进行划分等，这些都是全新的课题。

不管怎么样，小米的模式核心就是以客户及技术为基础，通过产品和服务的方式构建一个全新的产业生态。所以，除了手机、电视由小米负责，其他产品都由小米投资，提供供应链、智能互联系统和品牌，而生产、制造、设计都交给合作方负责。

这样，小米就可以以较低的成本迅速扩展它的智能生态链，让消费者能够以较低的成本享受到相对优质的智能生态的硬件产品与服务。

这种生态型组织模式下，面临的最大问题是内部的任务市场如何开发、如何进行资源的共享、如何进行内部的责权利划分。

资料来源：个人图书馆官网。

问题：

1. 未来组织进化的方向是什么？
2. 上述案例带给你哪些启发？

参考文献

1. 熊勇清．组织行为学．长沙：湖南人民出版社，2006.

2. 刘燕．组织行为学案例集．上海：立信会计出版社，2006.

3. 顾琴轩．组织行为学．4 版．上海：格致出版社，2015.

4. 丁利国，周伟韬．组织行为学．成都：西南交通大学出版社，2006.

5. 张贯一，任慧军．组织行为学．修订本．武汉：武汉理工大学出版社，2008.

6. 魏江，等．管理沟通：成功管理的基石．北京：机械工业出版社，2006.

7. 李谦．现代沟通学．北京：经济科学出版社，2002.

8. 余世维．有效沟通：管理者的沟通艺术．北京：机械工业出版社，2006.

9. 周菲．组织行为咨询与诊断．北京：中国经济出版社，2003.

10. 陈国海，等．组织行为学．6 版．北京：清华大学出版社，2020.

11. 罗珉．管理学．北京：机械工业出版社，2008.

12. 孙健敏．组织行为学．北京：中国人民大学出版社，2018.

13. 张超．办公室政治：写字楼里的潜规则．北京：中华工商联合出版社，2003.

14. 王乐夫．领导学：理论、实践与方法．广州：中山大学出版社，2006.

15. 胡晓梅．人生必做的 N 个测试：帮你把握人生的方向．北京：中国物资出版社，2008.

16. 周瑜弘．组织行为学案例精选精析．北京：中国社会科学出版社，2008.

17. 王晶晶．组织行为学．北京：机械工业出版社，2006.

18. 唐宁玉．组织行为与管理．北京：北京师范大学出版社，2012.

19. 刘欣．组织行为管理．北京：高等教育出版社，2008.

20. 王里．组织行为学．北京：北京大学出版社，2012.

21. 李建生，潘娅媚．管理学基础．长沙：湖南师范大学出版社，2011.

22. 王雪莉．组织行为学案例．北京：中国发展出版社，2012.

23. 石森．管理心理学．北京：机械工业出版社，2005.

24. 杜子建．微力无边．沈阳：万卷出版社，2011.

25. 马作宽，等．组织变革．北京：中国经济出版社，2009.

26. 马作宽，等．组织文化．北京：中国经济出版社，2009.

27. 刘延平．多维审视下的组织理论．北京：清华大学出版社，2007.

28. 王忠．组织行为学．2 版．北京：中国人民大学出版社，2020.

29. 斯蒂芬·罗宾斯．组织行为学．18 版．张健敏，李原，译．北京：中国人民大学出版社，2021.

30. 迈克尔·希特．组织行为学——基于战略的方法（原书第 2 版）．冯云霞，笪鸿安，译．北京：机械工业出版社，2012.

31. 詹姆斯·库泽斯，巴里·波斯纳．领导力．徐中，沈小滨，译．北京：电子工业出版社，2004.

32. 罗伯特·克赖特纳，等．组织行为学．10版．宋超威，译．北京：中国人民大学出版社，2018.

33. 波特·马金，等．组织和心理契约：对工作人员的管理. 2版．王新超，译．北京：北京大学出版社，2000.

34. 弗雷德里克·莱卢．重塑组织：进化型组织的创建之道．进化组织研习社，译．上海：东方出版社，2017.

35. 伊斯梅尔，马隆，等．指数型组织．苏健，译．杭州：浙江人民出版社，2015.